みる
よむ
あるく

東京の歴史 8

地帯編5

足立区・葛飾区・荒川区・江戸川区

池　享
櫻井良樹
陣内秀信
西木浩一
吉田伸之 編

吉川弘文館

刊行のことば

シリーズ『みる・よむ・あるく 東京の歴史』は、世界でも有数の巨大な都市（メガロポリス）である東京の歴史を多様に描く試みです。この東京という都市はどこにいつ造られ、またいかなる歴史の時を刻み、現在に至ったのでしょうか。これらを考えるため、具体的な史料——古文書や、絵図、地図、写真など——を素材とし、「みる」ことを入口に、これを深く「よむ」ことを基礎として過去の事実に迫り、さらに、明らかになった歴史の痕跡を「あるく」ために、その手がかりを用意しました。

東京の歴史は、支配者や自治体の歩みを辿り、政治や制度の変遷を追うだけでは把握できません。それぞれの時代の日本列島全体や世界の動きとも連動しながら、時を刻んできました。そこで過去や現在の時代を生きてきた人びとの営みのすべてが、東京の歴史を形作っています。大切にしたいのは、歴史の歩みの基盤には、つねにふつうの人びとの営みが存在する、という見方です。いつでもどこにいても、誠実に働き、ふつうに暮らし、生きた証としてかけがえのない遺産を今に伝える人びとの無数の歩みに共感し、これに寄りそうことが大事だと思います。

このシリーズは、東京の「歴史概説」や、政治の動きを辿るだけの「通史」ではありません。現在の東京都を構成する基礎自治体の区分に応じ、豊かに積み重ねられてきた個性溢れる歴史の具体的なすがたを、部分的にではあれ、ていねいに叙述することをめざしました。

私たちが働き、暮らし、楽しむかけがえのない場である東京の歴史の実像に触れ、ここかしこに埋もれる過去の痕跡を再発見し、「東京」が歩んできた道を振り返りながら、未来を見通すきっかけが得られることを心から願っています。

二〇一七年八月

『みる・よむ・あるく 東京の歴史』編者一同

目　次

シリーズの読み方

このシリーズは、三冊の「通史編」と七冊の「地帯編」で構成されています。

「通史編」一～三巻では、現在の東京都の範囲を対象に、舞台となる空間の地形や地盤、また領域の枠組みに触れたあと、歴史時代を、原始・古代、中世、近世、近現代に区分し、それぞれ各時代から選ばれた史料などの素材を窓口に、時代の流れに沿って叙述します。

「地帯編」四～一〇巻では、現在の二三の特別区、二六の市、五つの町、八つの村からなる、全部で六二の基礎自治体を枠組みとし、四～八巻で区部を、九～一〇巻で多摩地区の市町村や島嶼の町村を取り上げます。ここで「地帯」というのは、人びとの生活世界である村や町のような「地域」よりは大きくて広く、国や都道府県のような支配や行政の枠組みである「領域」よりは小さな、まとまりのある社会・空間の中間的な枠組みを意味します。そして、それぞれの地帯に固有な歴史を、具体的な素材を通じて描きます。

各巻は、冒頭の序章と四つの章から構成されています。各章では、章の主題についての解説（章の「はじめに」）が置かれ、選ばれた五つのテーマが節としておかれています。これらの節は各巻の本文に相当し、「みる・よむ・あるく」という三つの見開き六頁で構成します。こうして各巻の本文は四章二〇節からなり、シリーズ全体では二〇〇の節があります。これら二〇〇の節によって、東京の歴史のすべてが隅々まで記されるものではありません。しかし個々の素材から、領域や地帯の特性や歴史の流れをできるだけ深く広くわかりやすく叙述するように努めました。

「みる」は、領域・地帯・地域や時代の特徴を示す素材を掲げる導入部です。ここでは、古文書や記録、絵図・地図や写真など（「基本史料」）を一点取り上げて解説します。古文書・記録を基本史料とする場合、その釈文、現代語訳を付し、読み下しや語釈を添えたものもあり、古文書を学ぶテキストとしても活用できるように工夫しています。釈文は原史料の表記のままではなく、常用漢字やひらがな表記を用いています。また絵図・地図を基本史料とするときは、原則として図版の読み取り図を掲げ、図中の文字情報の読み取りも部分的に行っています。

「よむ」では、「みる」で取り上げた基本史料の内容をさらに細かく読み解き、そこから過去の事実に迫ります。また、関連する史料や事項にも触れながら、取り上げたトピックの歴史的な意味やその背景を考えます。

「あるく」は、「みる」・「よむ」を前提に、関係する史跡や現状を辿るための案内をしたり、過去の事実に向かってさらに「あるく」ための道筋を記したりします。こうして読者のみなさんが、身近にある史跡や歴史的景観に触れ、博物館、資料館、図書館などを利用し、新たな史料に出会い、自分で調べ考えるきっかけがここから得られることをめざします。

なお年代の表記は、「西暦（年号）」を原則としました。また、一八七三（明治六）年一月一日の太陽暦施行以前は、和暦の年月日を用いました。

序 章

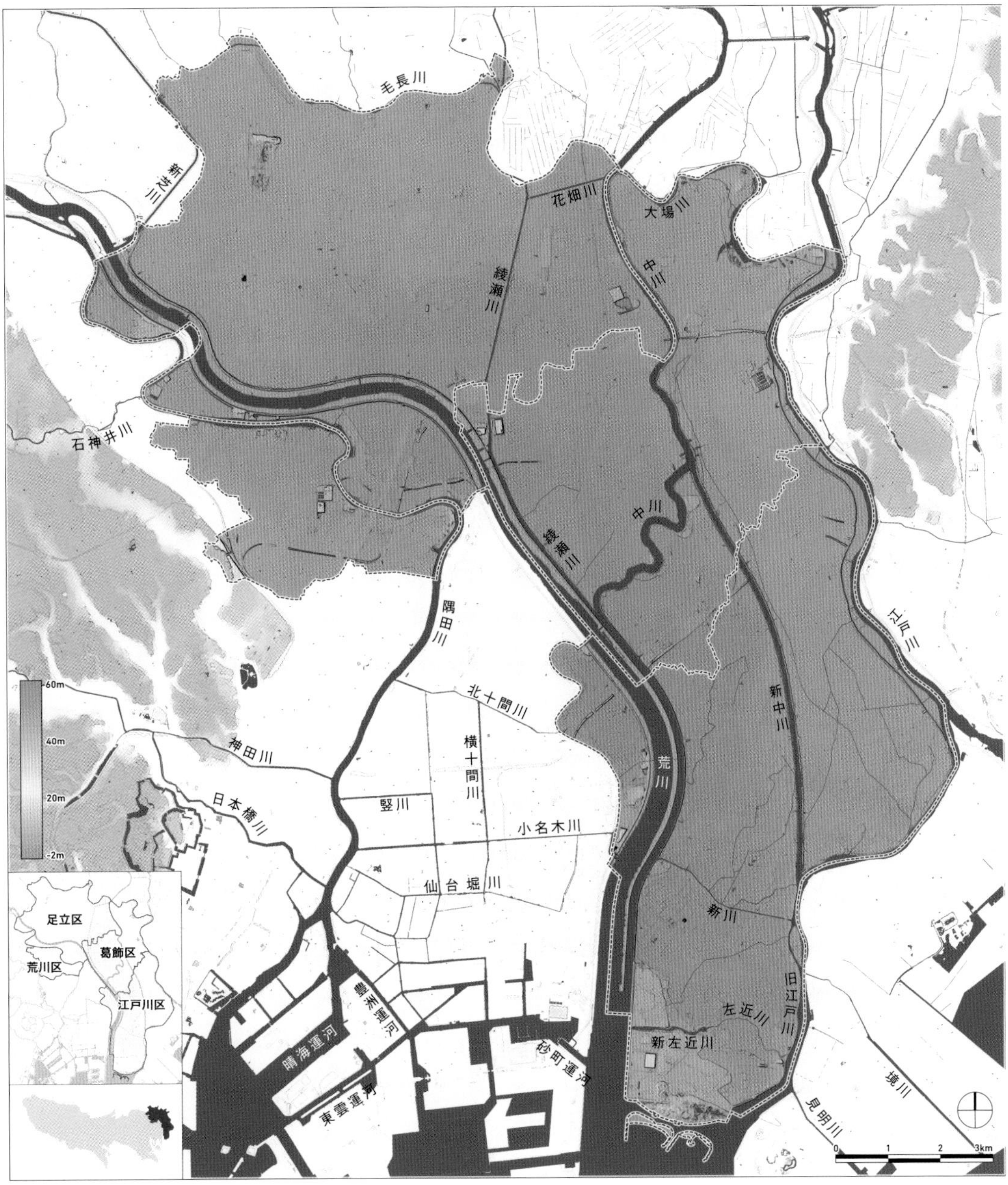

足立区・葛飾区・荒川区・江戸川区の地形（国土地理院発行の基盤地図情報を使用）

水と生きる―東京低地《とうきょうていち》の環境と生活―

西木浩一

本シリーズの第八巻は地帯編の五冊目にあたり、二三の特別区の最後を飾って足立《あだち》区・葛飾《かつしか》区・荒川《あらかわ》区・江戸川《えどがわ》区を取り上げます。これらの四区は、武蔵野《むさしの》台地《だいち》と下総《しもうさ》台地に挟まれる形で東京都域の東部に広がる東京低地に位置し、一九三二（昭和七）年に区として成立しました。同じく低地にありながら、江戸期から区域の全部または一部が江戸御府内《ごふない》に位置づき、一八七八（明治十一）年に一五区六郡が設置された際に区となった中央区（日本橋《にほんばし》区・京橋《きょうばし》区）、墨田《すみだ》区（本所《ほんじょ》区）、江東《こうとう》区（深川《ふかがわ》区）についてはすでに第五巻に収録しています。

1 東京低地という規定性

約一万八〇〇〇年から二万年前の最終氷期《さいしゅうひょうき》の後、気候温暖化と海水面の上昇が全地球規模で進行しました。海水準《かいすいじゅん》が上昇して陸地に向かって海が侵入していくことを海進《かいしん》といいますが、そのピークがほぼ縄文《じょうもん》時代前期にあったため、日本では縄文海進と呼ばれています。東京低地の土地はこの時期海面下にあり海成《かいせい》の軟弱《なんじゃく》地《ち》層《そう》が形成されました。やがて逆に海の後退（海退《かいたい》）が進み始めると、利根川《とねがわ》・荒川などの河川から土砂が運搬され堆積《たいせき》していきました。東京低地は巨大な三角州《さんかくす》としてできた沖積低地《ちゅうせきていち》なのです（一巻一章二節参照）。

足立区・葛飾区・荒川区・江戸川区は東京低地の以下のような特徴を地域特性として共有しています（本章扉の図参照）。

（一）荒川区の西端部分で山の手台地に接する道灌山《どうかんやま》・諏訪台《すわだい》付近を除いて、ほぼ高低差の少ない平坦な土地であること。

（二）河川による堆積作用によって形成された沖積低地であり、軟弱な地盤の低地帯となっていること。

（三）荒川・隅田川などの大きな河川とそこから枝分かれした支川などが縦横《じゅうおう》に流れていること。

2 水を統御《とうぎょ》する——社会基盤の整備

東京低地そのものが河川の運ぶ土砂堆積により形成されてきたということは、大規模な水害リスクは常に存在していたということを意味します。このため人工的な流路の開《かい》削《さく》による河川付替え工事が数多く試みられてきました。

日本有数の大河川である利根川は、江戸時代以前は現在の古利根川《ふるとねがわ》筋を南へ流れ下って東京湾に注いでいました。江戸幕府はその本流を東へ東へと付け替える改流工事を一六二一（元和《げんな》七）年から本格的に開始し、幾度も困難に直面しながらようやく一六五四（承応《じょうおう》三）年に至って利根川が銚子《ちょうし》河口から太平洋に流れ出ることになりました。この大規模な付替え工事により、水害リスクの軽減、流域の新田開発が進み、何よりも江戸と関東各地を結ぶ舟運の発達がもたらされました。古くは渡良瀬川《わたらせがわ》の下流であった太井川《ふといがわ》は利根川東遷《とうせん》工事に伴って利根川の支流となり、江戸へつながることとなりましたが、江戸に至る水運の動脈として江戸川と呼ばれることになりました。江戸川区の地名の由来となっている江戸川は、まさに東京低地の水を統御しようとする壮大な営みの結果生まれてきたことになるのです。

その後も治水《ちすい》のための努力はたゆみなく続けられました。一九〇七（明治四十）、一〇年に起こった大洪水を契機に、下町を洪水から守るため荒川下流に開削された荒川放水路は、一九一一年以来二〇年の歳月を費やして一九三〇（昭

図1 東京低地の治水事業
（「東京の低地のおいたち」東京都建設局ウェブサイト〈http://www.kensetsu.metro.tokyo.jp/jimusho/chisui/jigyou/teichi.html〉をもとに作成。背景となっているのは両方とも現在の区域図）

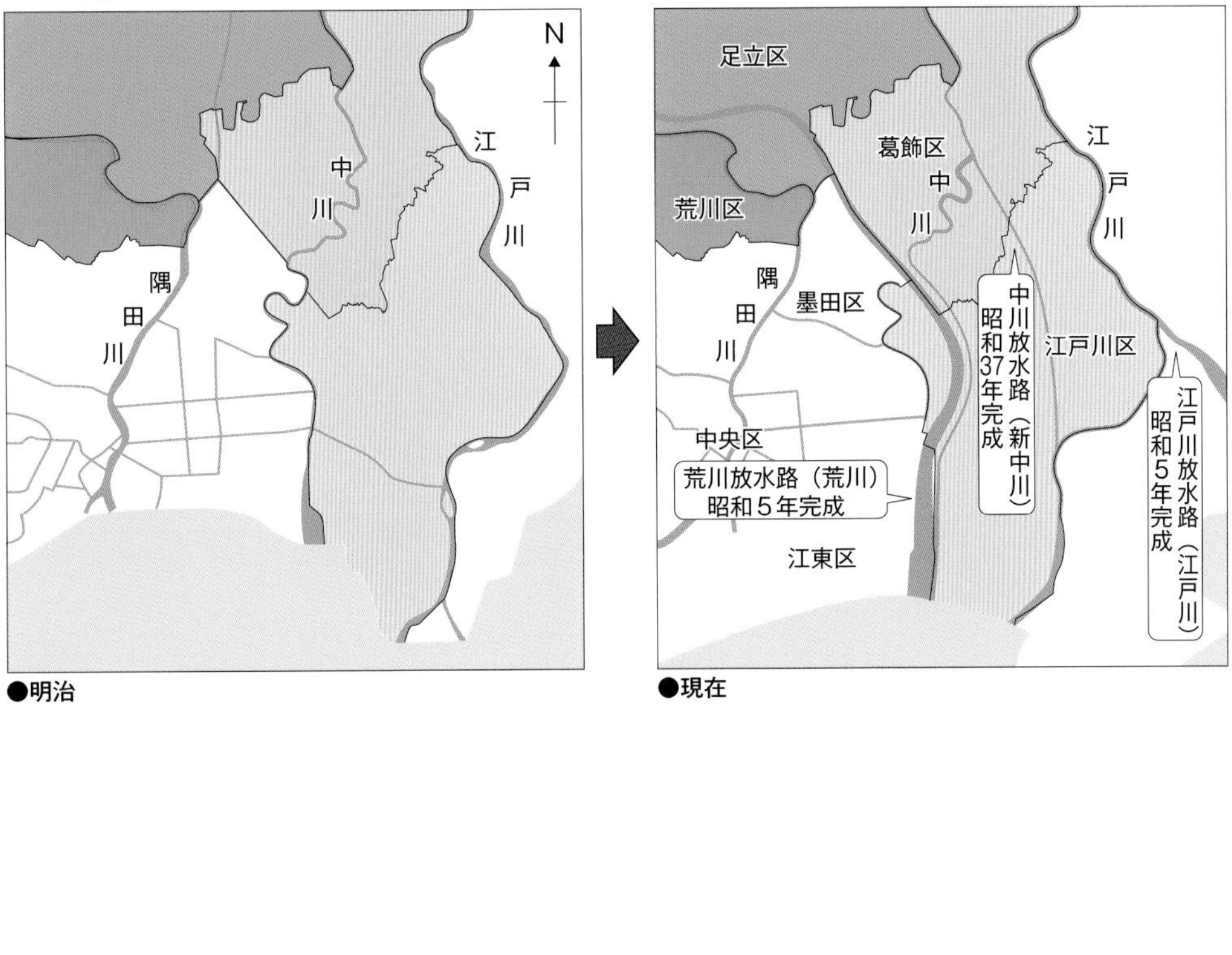

●明治　●現在

和五）年に完工しました。また一九三八年に襲った高潮《たかしお》による洪水被害への反省から、葛飾区高砂《たかさご》付近で中川《なかがわ》を分派する新たな放水路が計画されました。翌年には東京府中川改修事務所が設置され工事が開始されましたが、一九四五年四月には戦争の激化により中断を余儀なくされます。しかし、一九四七年のカスリーン台風による浸水被害に直面して、四九年から工事を再開、六三年に至り中川放水路として完成しました（一九六五年に新中川《しんなかがわ》と改称）。これらの大規模な河川付替え事業は東京低地の地勢そのものを改変する規模のものでした（図1参照）。

治水に対して利水《りすい》施設としての灌《かん》漑《がい》用水も発達を見ました。多くの河川が走る東京低地ですが、高低差のない平坦な土地であるため、淡水と塩水が潮の干満《かんまん》によって上下する場合もありました。塩害《えんがい》を避けるため河川下流からの取水をせずに農業用水の利用がさかんに行われたのです。

一六六〇（万治《まんじ》三）年、関東郡代《ぐんだい》伊奈《いな》忠克《ただかつ》が江戸幕府の命により、現在の埼玉県東部に開削した灌漑用水である葛西《かさい》用水は、一七一九（享保《きょうほう》四）年には大規模な改変工事が施され、現在の足立区・葛飾区域の村々に水を供給し、墨田区域へと流れていました。また、現在の都立水元《みずもと》公園内（葛飾区）にある小合溜井《こあいためい》を水源とする上下《かみしも》之割《わり》用水は、一七二九年に幕府勘《かん》定方《じょうがた》井沢惣兵衛《いざわそうべえ》により整備されたもので、上流域で東井《ひがしい》堀、中井《なかい》堀、西井《にしい》堀を分岐し、さらに江戸川区方面へは東井堀、中井堀などが給水していました。江戸時代に建設された灌漑用水や排水路が形成する水路網も、東京低地の歴史的景観を形作っていたのです（図2参照）。

図2 葛西用水絵図（部分，見沼代用水土地改良区蔵，『埼玉県立文書館収蔵見沼代用水土地改良区文書97「葛西用水絵図」』）

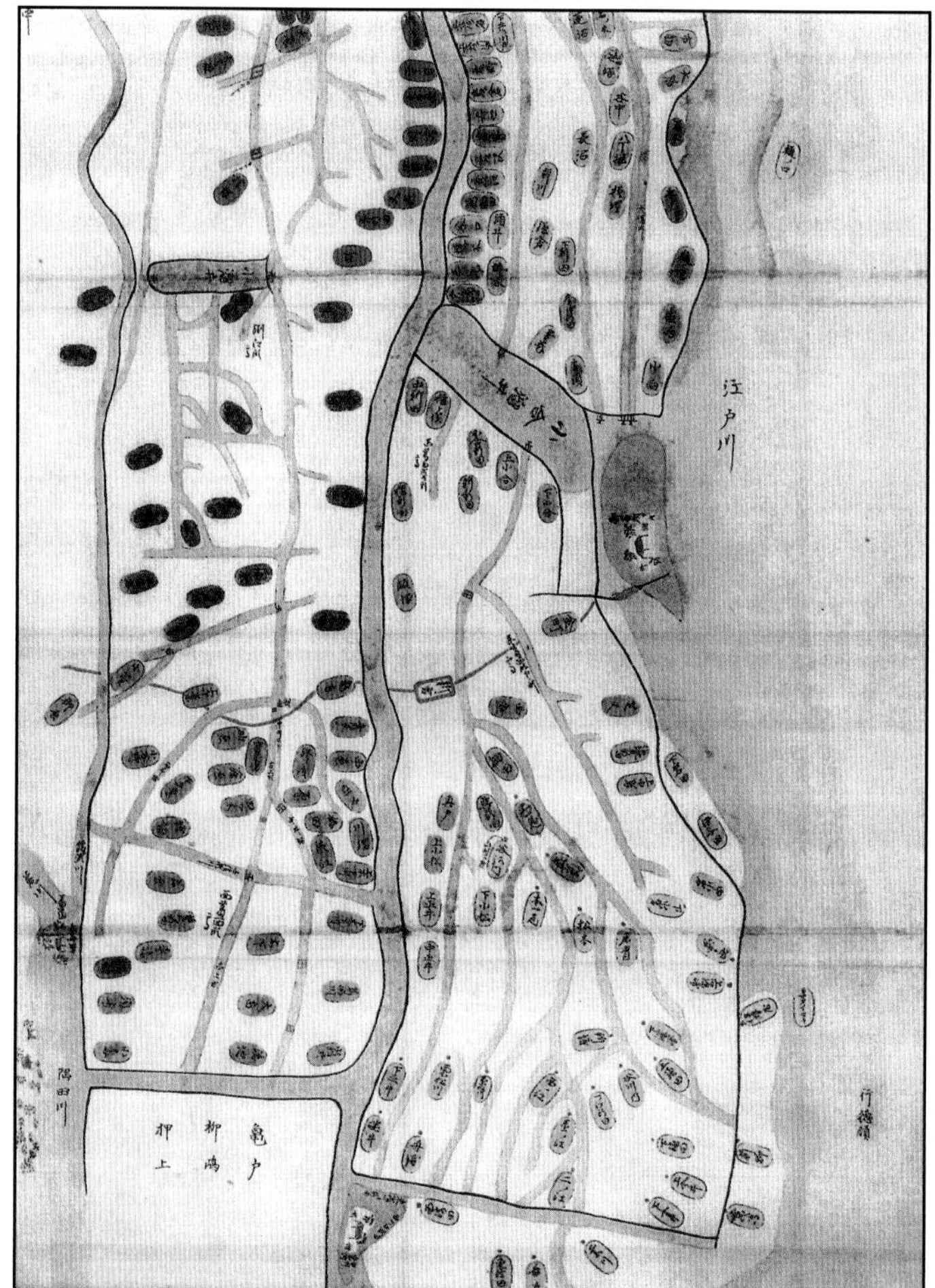

3 東京低地の生活と生業

自然環境に直接働きかける幕府や近代国家主導の治水・利水工事に対して、当該地域の環境に適応して生活を守り、さまざまな生業を展開していく民衆の知を確認することもできます。

度重なる洪水から生命と財産を守るため、宅地の一部分を人為《じんい》的《てき》に高く土盛りし、その上に蔵などの建物を建てて万一に備える水防建築を水塚《みづか》と呼んでいます。そこには避難用の船も備え付けられていることが多かったといいます。葛飾区内東水元・西水元地区では十数棟の水塚が確認されています。

肥沃《ひよく》で水の豊富な低湿地《ていしっち》の特質を活かした農業生産は水田を中心としつつも、江戸時代から明治にかけて特産野菜を生み出しています。武蔵野台地上の村々が、地下水位が低く乾燥しやすい土質に対応してごぼう・人参などの栽培を展開したのに対して、東京低地では、葉物野菜やねぎ、蓮根などの栽培が盛んでした。江戸時代からの特産としては千住《せんじゅ》ねぎ・千住なす、三《み》河島菜《かわしまな》、亀戸《かめいど》大根・寺島《てらじま》なす、小松菜・中川そら豆、そして蓮根がありました。明治になると、さらに三河島枝豆、金町《かなまち》小かぶ・矢切《やぎり》ねぎなどが加わります（図3参照）。

図3 東京東郊の特産野菜
（『足立区郷土博物館常設展示図録』足立区教育委員会，2009年）

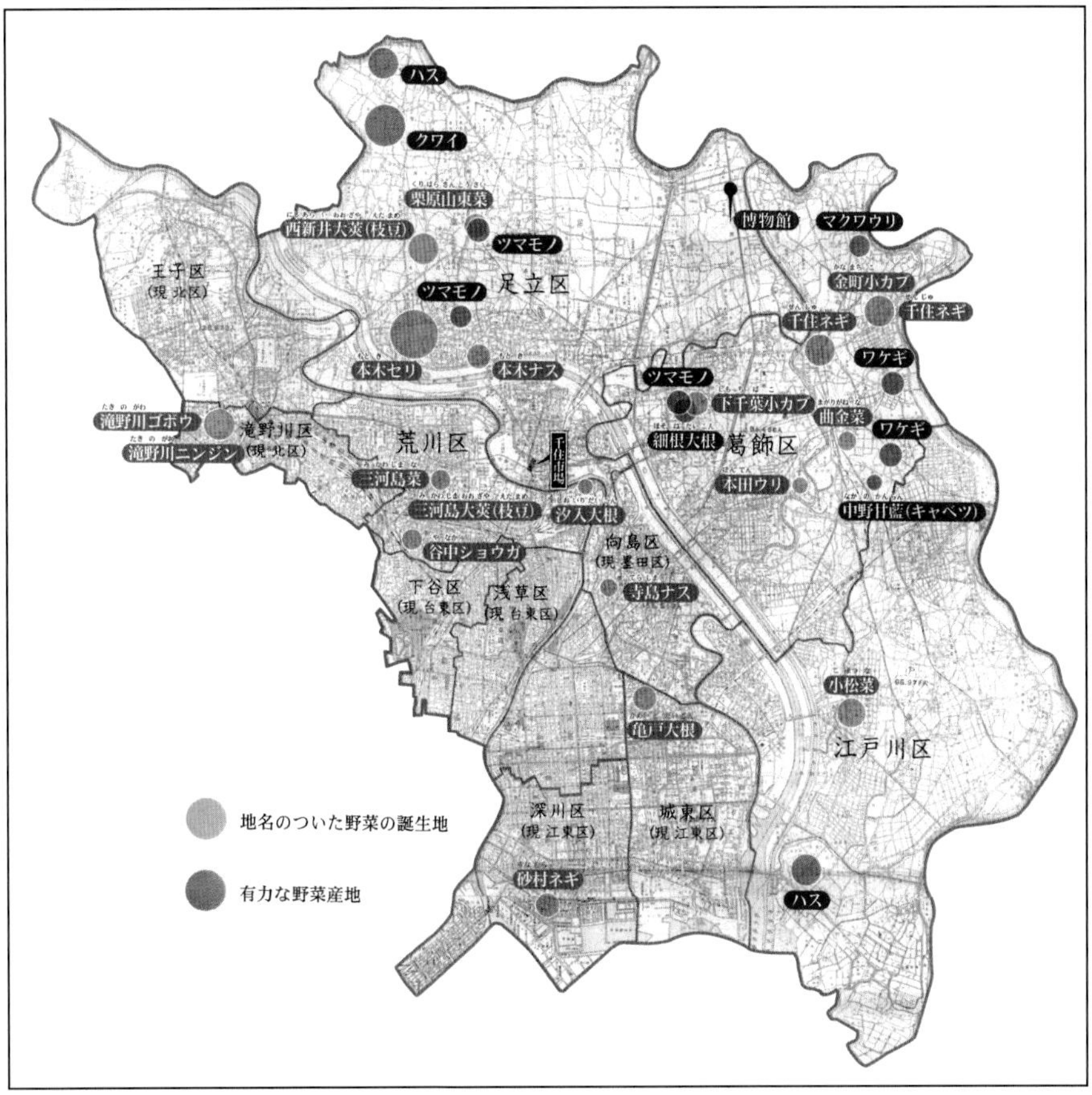

新鮮さを要求される葉物野菜は、舟運の便を活かして夜間の運搬で江戸・東京の市場にもたらされました。そして帰りには良質な肥料である江戸・東京の下肥《しもごえ》を運んでいたのです。

ところで、当該地域の名産に蓮根があったように、足立・葛飾・江戸川区域の村々には、年中水が抜けない湿田《しつでん》が多く残っていました。これらの区では農家の副業としてしめ飾りを作っていました。しめ飾りを青々と美しく仕上げるためには、まだ稲穂が出ない七月下旬から八月上旬のうちに乾燥させた特別な稲藁《いねわら》を使用しました。これをミトラズと呼んでいました。湿田では米を作っても収穫量が少ないため、無理に通常の稲作を行うより、ミトラズを作りしめ飾りにして販売したほうがよい現金収入になったようです。

大消費地江戸・東京に近接していること、水運の発達という条件と、低湿地という地質的条件を最大限に活用した特徴ある生業の展開を見て取ることができます。

4 工業の展開と公害としての地盤沈下《ちんか》

東京低地では近代以降も「水」をめぐる地域特性を活かした産業の展開が見られました。なかでも東京湾に面し、内部を縦横に走る運河を擁《よう》した江東地区は日本屈指の工業地帯となっていきました。その際、水運の便に加えて、沖積低地の地質は豊富な被圧《ひあつ》地下水《ちかすい》を存在させており、これが工業用の冷却水や洗浄水として利用できたことも重要でした。

一八七二（明治五）年、小菅村《こすげむら》に建設された小菅煉瓦《れんが》製造所は英国人技師ウォートルスの指導のもと良質な煉瓦の製作を実現し、それらは銀座煉瓦街《れんががい》の建築や歩道に利用されました（図4参照）。

一八七九年には官営の千住製絨所《せいじゅうしょ》が操業《そうぎょう》を開始、軍服・制服など毛《け》織物《おりもの》の国産化に端緒《たんしょ》を開きました。中川の水運を利用するため農村地帯に立地したこの工場は、ラシャ場と呼ばれ、地域の発展の礎となっていきます。こののち荒川区域では明治中期から後期にかけて、東京板紙《いたがみ》株式会社、東京瓦斯《ガス》株式会社千住製造所、

図4 銀座煉瓦街（The New York Public Library Digital Collections）

東京紡績《ぼうせき》株式会社橋場《はしば》工場などが、葛飾区域では大正時代に入り日本紙業、三菱製紙《みつびしせいし》中川工場、江戸川化学工業所等の設立が相次ぎました。江戸川区域では醸造《じょうぞう》、染色《せんしょく》、人工肥料などの小規模な町工場建設が主でしたが、大正末期以降に化学工業等の工場の進出を見ます。また足立区域では一九二六（大正十五）年に稼働を開始した千住火力発電所が注目されます。東京電力の前身となる東京電灯が建設したこの火力発電所の「お化け煙突」は、八〇mを超す四本の煙突が、見る方向によって一本にも二本にも三本にも見えることから付けられた愛称で、地域のランドマークとして親しまれていました。この火力発電所では大量に消費する石炭を東京港から船で運ぶのに、満潮時に逆流する川の流れを利用していたといわれています。

　ところで、このような東京低地における近代産業の発展は負の影響も地域にもたらすことになりました。大正時代の中頃から進んだ下町低地の地盤沈下は、高潮被害の頻発や、湿地化による疫病《えきびょう》　罹災《りさい》の増加として注目され、昭和初期には社会

図5　河川の水面より低くなった家（小名木川検潮所）
（東京都環境局提供）

図6　河川の水面より低い土地（荒川河口付近）
（東京都環境局提供）

問題に発展しました（遠藤毅・川島眞一・川合将文「東京下町低地における〝ゼロメートル地帯〟展開と沈静化の歴史」『応用地質』四二－二、二〇〇一年）。

当初地盤沈下の原因には自動車やトラックの振動説や地表を埋め立てた埋土の荷重《かじゅう》説等諸説がありましたが、一九三六（昭和十一）年には地下水揚水《ようすい》による被圧地下水位の低下説も唱えられました。しかし、確定的な判断はできないまま有効な対策がとられずに推移していたのです。結果的にはアジア・太平洋戦争末期、この地域が大空襲を受けて工場群が壊滅、地下水の揚水が停止したことによって地盤沈下が停止したことで、原因が突き止められたのでした。

しかし、問題はこの原因究明にもかかわらず、産業活動の活発化に伴って再び揚水量が増加しさらなる地盤沈下がもたらされたことにありました。これに加えて、昭和二十年代半ばに荒川河口付近の地下五〇〇m以深に水溶性天然ガスの存在が見つかり、地盤沈下のさらなる促進が懸念されたにもかかわらず、当時の社会情勢としては経済性が重視され開発が進められました。この結果、一九六八年、江戸川区南部の測定地点では年間沈下量二三・八九cmを計測、現在に至るまで都内で測定された年間最大沈下量を記録することになりました。

ようやく昭和三十年代になるとゼロメートル地帯の拡大を防ぐため、低地一帯についての揚水量や井戸の分布・深度の実態調査が行われ、その結果をもとに地下水揚水の規制措置が講じられるようになりました。また荒川河口付近の水溶性天然ガスについては、一九七二年に東京都が業者から鉱業権を買い取る形で採取が中断されています。これらの対応によって一九七〇年代後半以降、東京低地の地盤沈下は大幅に減少し、現在ではほぼ沈静化の状態にあり、部分的には隆起《りゅうき》も認められます。

しかし、沈下量に比べると隆起の値はごく小さなものでしかなく、地下水揚水に伴う東京低地の地盤沈下問題は不可逆《ふかぎゃく》的《てき》な影響をもたらし、依然として広範な地域がゼロメートル地帯の状態にあり、護岸や水門によって護られているのです（図5・6参照）。

この序章においては、東京低地の地形・地質的特質に規定されつつ、時にはそれらに対して働きかけ、時にはその前提条件を利用して展開した、生活と産業の諸相を概観してみました。もとより、現実の地域の歴史はより複雑な要素の絡み合いの中で多様な姿をとって現れるでしょう。それらについては以下の各章でご味読《みどく》いただきたいと思います。

第一章

足立区

千住の街道に面した元問屋と絵馬屋（足立区）

はじめに

1 足立区のなりたち

足立区は河川下流域に位置し、ほとんど河川が区界となっています。武蔵《むさし》国足立郡の最南部に位置していたことから一九三二（昭和七）年に「足立区」と命名されました。区域全体が沖積平野《ちゅうせきへいや》で海抜〇～四mで、低湿地帯らしく近世後期の地誌学者、池田定常《いけださだつね》が植物の葦《あし》が群生することから「足立」になったとした説も知られています（『武蔵志』所収）。

0-1 足立区の地域図

現在の足立区は東京特別区の最北部にあり、北と西部にかけて埼玉県、東から東南を中川《なかがわ》と古隅田川《ふるすみだがわ》を隔て葛飾《かつしか》区、南は旧綾瀬川《あやせがわ》を境に墨田《すみだ》区、隅田川《すみだがわ》を境に荒川《あらかわ》区、北区と接しています。面積は五三・二五㎢あり東京二三区内で三位です。人口は二〇一九（令和元）年九月には六九万八〇二人（うち外国人三万三一九四人）の区民が居住しており、二三区中四位で漸増を続けています。この区域の成り立ちは、一八七八（明治十一）年に四五町村で成立した東京府南足立郡におおむね相当します。その後、一八八九年施行の町村制で郡内は一〇ヵ町村となります。そして一九三二年の東京市との市郡併合（市域拡張）で足立区となり、四七年の特別区となり現在にいたります。二三区の中で近代の郡がほぼそのまま区となった少ない例です。

区内は荒川（荒川放水路）によって南北に二分されています。南部の千住地区は近世の千住宿があり近世前期から町場が形成され、一九二三（大正十二）年の関東大震災以後になると、急速に住宅、工場、倉庫群などからなる市街地化が始まりました。いっぽう北部は稲作中心の農業地域と工場用地でしたが、一九六〇年頃から現環状七号線辺りから北で区画整理や団地建設が進み住宅や町工場、団地が広がりました。こうして一九九〇年代には東京東部の「新下町」としての特徴—住宅地と農業・工業の混在—という特性が生まれました。

しかし、二〇〇〇年代に入ると変化が生まれます。団地、工場、学校の跡地再開発で大学や病院の立地が進んでいることです。大学を例にとると千住地区は五つの大学が立地しています。放送大学東京足立学習センターが二〇〇〇（平成十二）年に、東京芸術大学千住キャンパスが二〇〇六年にいずれも小学校跡地に移転、東京電機大学が千住旭町《せんじゅあさひちょう》の工場跡地に二〇一二年に移転しました。荒川北部でも二〇二一年に区内六校目の文教大学が花畑《はなばたけ》団地再開発で移転予定、また東京女子医科大学東医療センターが江北の都営住宅再開発で移転予定です。平坦でまとまった土地の利用変化が始まっているのです。

0-2 足立区の人口推移

年次	人口
1925年10月（国勢調査）	89,226
1935年10月（国勢調査）	174,612
1945年10月（人口調査）	172,437
1955年10月（国勢調査）	332,181
1965年10月（国勢調査）	514,717
1975年10月（国勢調査）	609,025
1985年10月（国勢調査）	622,640
1995年10月（国勢調査）	622,270
2000年10月（国勢調査）	617,123
2015年10月（国勢調査）	670,122
2015年昼夜間人口比率	90.90％
2018年外国人人口総数	29,726

2 地理的な特徴

区は北西部から南東部にかけて緩やかに傾斜しています。南北の距離は約八・七kmありますが、北部の海抜四mから南部の〇mとわずかな勾配の平坦地です。荒川やかつての利根川《とねがわ》が形作った沖積平野部で縄文《じょうもん》時代の海進期《かいしんき》には古東京湾の水面下でした。分厚い沖積層は最大五〇mにも達します。最深部は区域東端の中川沿いです。ここは古中川と古荒川の谷の合流地域とされ東京東部で最も厚い沖積層です。こうした成り立ちから現在も地先の川水は東京湾からの上げ潮と引き潮で水面が約二m上下し塩分が含まれていることも特徴です。

地形上最も特徴があるのは区を南北に分ける放水路、荒川です。一九三〇（昭和五）年に通水され六五年まで荒川放水路という名称でした。大きな河川改修の始まりは、近世前期の一六二四～四四年頃（寛永《かんえい》年間）に行われた綾瀬川の内匠《たくみ》橋（現南花畑）～伊藤谷新田（現綾瀬）間の南北約四kmの直線流路が開削（「西方村旧記」越谷市）でした。現代でも区域西端の新芝川《しんしばがわ》（芝川放水路）の開削があり一九六五年に通水しました。

3 歴史的沿革

区域は北部から陸地化が進んだとみられ、遺構が多く確認されるのは古墳時代からです。区域北西部の毛長川《けながかわ》沿いに舎人《とねり》遺跡、伊興《いこう》遺跡周辺からは古墳や住居址が見つかっています。方形周溝墓《ほうけいしゅうこうぼ》や小型の円墳の中には神社に姿を変え今日まで伝えられた事例もあります。古代には武蔵国足立郡の最南端に位置しました。郡郷《ぐんごう》などの官衙《かんが》設置は未詳ですが、中には馬に乗った官人を描いた木簡（七九八〈延暦《えんりゃく》十七〉年推定の「騎馬像木札」）や鉄剣が出土し、郡郷支配が及んでいたと考えられています。属した足立郡も奈良・平城京の長屋《ながや》王《おう》邸木簡群の中から七三五（天平《てんぴょう》七）年の足立郡銘木簡（蓮《はす》の実上納の荷札《にふだ》）が見つかり、八世紀には律令《りつりょう》制支配が及んだと推定されています。

中世には伊興・舎人から栗原、本木《もとき》など区域西部が文献史料に登場します。伊古宇《いこう》（伊興）又次郎（『吾妻鏡《あずまかがみ》』一二五六〈建長《けんちょう》二〉年記事）、足立郡司《ぐんじ》の系譜を引くという足立大炊介《おおいのすけ》（一三九七〈応永《おうえい》四〉年、足利氏満寄進状写《あしかがうじみつきしんじょううつし》）ら在地の武士たちです。

いっぽう区域東部は利根川最下流沿岸で武蔵と下総《しもうさ》の間の湿地帯だったと思しく確かな資料は見出せません。その後戦国時代になると武総各地の勢力圏の境目の地となります。統合された勢力に属することはなく、岩付太田氏《いわつきおおたし》に属し舎人を拠点にした舎人孫四郎《まごしろう》、小田原北条氏《おだわらほうじょうし》の将で本木を拠点とした千葉守胤《ちばもりたね》、宮城を拠点とした宮城四郎兵衛尉《しろうべえのじょう》らが区域西部の郷村をまとめており、一五九〇（天正《てんしょう》十八）年に徳川家康《とくがわいえやす》が関東に入部するまで、属する戦国大名の軍役によって、しばしば戦いに出陣していました。

武蔵東部の農村地帯だった近世の足立区域は、その南に大都市江戸が成立し、生業、交通、流通等すべてが変化しました。一五九四（文禄《ぶんろく》三）年に入間川《いるまがわ》（現隅田川）に千住大橋《せんじゅおおはし》が架かり、一六二五（寛永《かんえい》二）年に日光道中《にっこうどうちゅう》が整備、千住宿が建設されると関東の内水水運と街道の交差点という地の利から市場が形成されます。もともと江戸市中が担っていた関東各地や常総からの前栽物（野菜）、川魚、米の取引を千住の市場が担うようになり、一七三五（享保《きょうほう》二〇）年に御用《ごよう》市場となります。そのため千住宿は宿場ながら最多の商家は問屋という流通の町になりました。発展した経済力を背景に一八〇〇年頃から文芸も盛んになり、江戸琳派《りんぱ》の酒井抱一《さかいほういつ》と交流した建部巣兆《たけべそうちょう》や、鈴木其一《すずききいち》の門人、村越其栄《むらこしきえい》らの文人文化が栄えました。

農村地帯も変貌します。湿地帯だった区域東部で一六二〇年前後（慶長《けいちょう》から元和《げんな》期）、代官伊奈忠治《いなただはる》の主導で新田開発が進むとともに用水網が整えられます。近世前期には海からの上げ潮で用水利用が困難だった河川の一部に築堤し、潮水を遮断し水源とする溜井《ためい》が造られました。平らで土砂堆積しやすくその後、機能が低下しましたが、一七二〇年代（享保期）に七〇km上流の利根川から取水する見沼代用水《みぬまだいようすい》と葛西《かさい》用水が整備され、一九六〇年代まで用いられました。その結果、七割を水田、三割を畑作の産高約二万石の江戸直近の農村が広がります。平らで隙間なく農地としたので肥料は江戸の下肥《しもごえ》や金肥《きんぴ》を用いました。輸送の主役は上げ潮と引き潮を利用できる川船で、江戸から肥料を大量に運び、足立からは野菜や米を江戸へ出荷しました。

近代に入ると東京府足立郡（のち南足立郡）に属しました。一八九六（明治二十九）年に日本鉄道土浦線（のちJR常磐線）北千住駅が開業、同駅を起点に九九年に東武鉄道が開業し千住は鉄道の拠点となり、舟運と地下水という地の利もあり隅田川沿岸に鉄路の引き込み線を設けた工場地帯ができます。その後、一九二四（大正十三）年の東武鉄道、二八（昭和三）年の市電（のち都電）、三二年の京成《けいせい》電鉄などの電車運転開始とともに東京の郊外住宅地となり、現在も新たにつくばエクスプレス（二〇〇五年）、日暮里《にっぽり》・舎人《とねり》ライナー（二〇〇八年）の開業で人口が増え続けています。

4 本章の構成

足立区は江戸東京の近郊地域であり続けています。そこで都心部との交流によって生業、生活、文化が成り立った諸相で本章を構成しました。

まず生活、生業に深く関わる用水について、一節「見沼代用水の分水点」で取り上げ、用水確保に試行錯誤しながら農村を形成した社会を、つぎに二節「江戸東郊の新田地帯」では、湿地帯が稲作農村となる過程を見て江戸直近の米穀産地という低地帯での農村の特徴を見ていきます。

三節「宿場に根付いた華やかな江戸文化」では、産地と江戸を結び経済力をもった千住宿に登場した文人文化から、江戸と響きあった文化や美術をご覧いただきます。そして近代を迎え近郊地域での役割の変化についてご紹介します。

四節「労働者たちの町の成立」では、東京の工業化で労働者を支える地域へ変貌するなか、同潤会《どうじゅんかい》の千住緑町住宅を切り口に産業変遷と近代化遺産を見ていきます。

そして五節「名所をつくる地域」では、近代東京の近郊行楽地を作る過程と、近世から人を呼び込もうとした地域社会の志向をご紹介し、江戸東京を意識した地域社会を探ります。

（多田文夫）

第一節

見《み》沼《ぬま》代《だい》用《よう》水《すい》の分《ぶん》水《すい》点《てん》

——舎《と》人《ねり》・古《こ》千《ぢ》谷《や》・伊《い》興《こう》——

多田文夫

みる

舎人・古千谷・伊興の三ヵ所は、見沼代用水の分水点があった場所です。これらの地域に近い河川には、潮水がのぼってきたので、稲作のための長距離用水（利《と》根《ね》川《がわ》の水源から約七〇㎞）が必要でした。地域の特徴を用《よう》水《すい》組《くみ》合《あい》絵《え》図《ず》を見ることで探りましょう。

郷土博物館蔵）

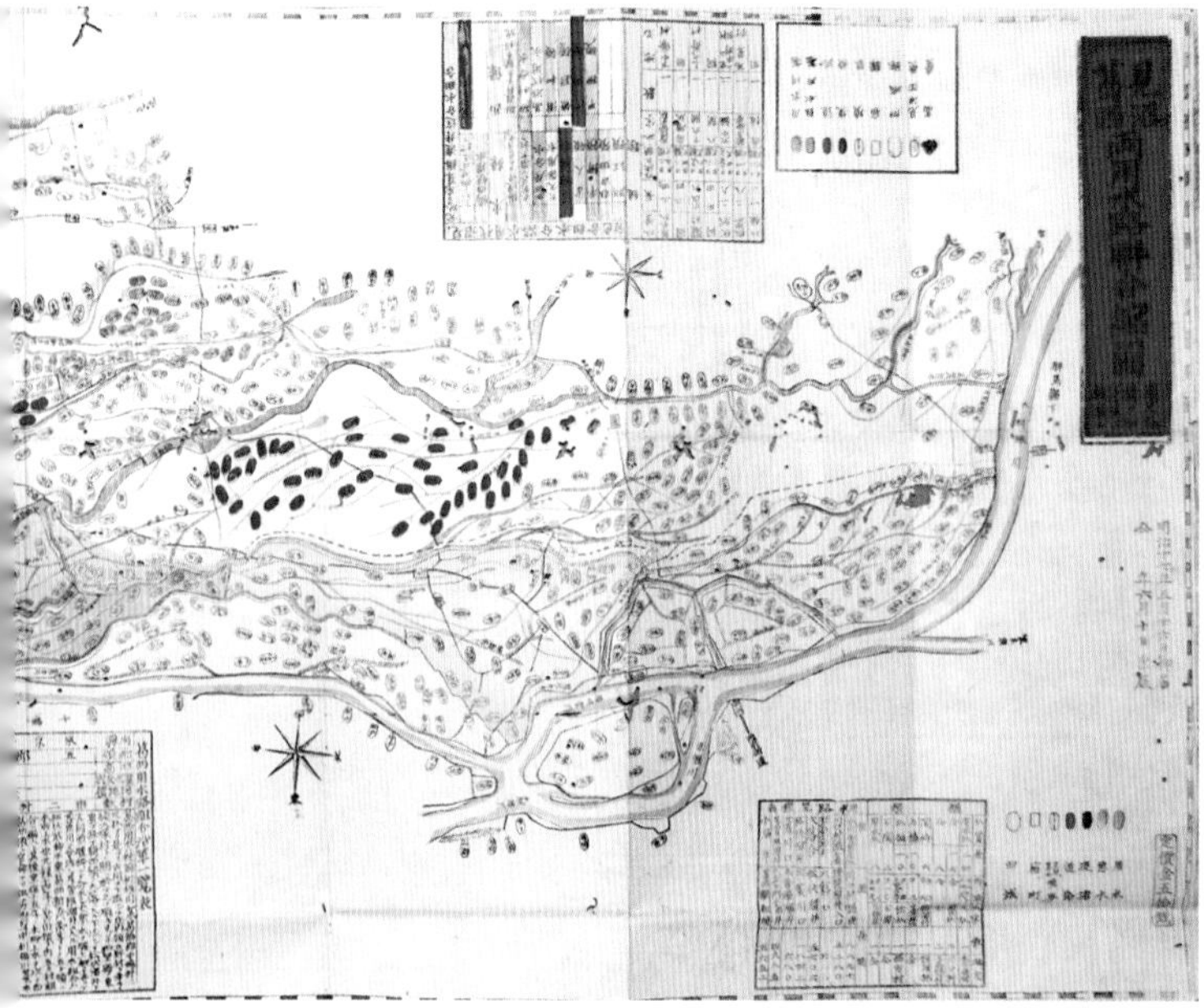

A　見沼代用水路分水組合色分
B　見沼代用水東縁
C　見沼代用水西縁
D　凡例（右は拡大図）
E　葛西用水路組合沿革一覧表（葛西用水組合に関する説明）
a～h　葛西用水組合の各領

用水川堀
悪水用堀
道路
堤塘
境界
宿駅
旧城跡
見沼高台
高台

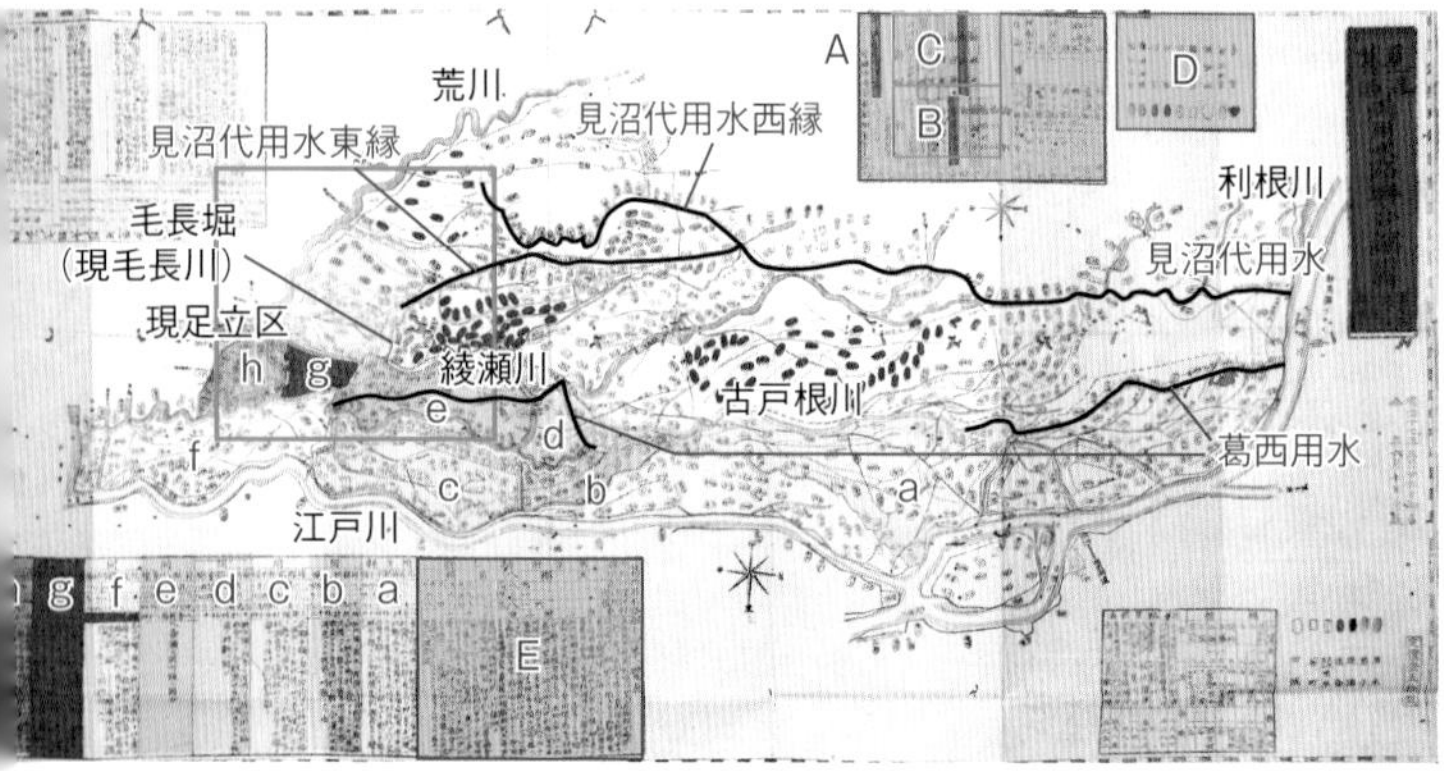

図1－1は一八八四（明治十七）年六月十日に発行された見沼代用水《みぬまだいようすい》と葛西《かさい》用水の組合絵図《くみあいえず》です。発行人は東京府南《みなみあ》足立《だち》郡六木村《むつぎむら》（現足立区六木）の星野嘉太郎《ほしのかたろう》、彫刻人は千住《せんじゅ》の青木《あおき》茂《も》吉《きち》です。右側が北になります。右から下、左側にかけて描かれている大きな川が利根川《とねがわ》と江戸川です。東京は最も左側の一角です。東京府南足立郡、南葛飾《みなみかつしか》郡に属した地域です。絵図の北（右）から南（左）にかけて、直線でほぼ七〇kmあります。見沼代用水も葛西用水もいずれも利根川を水源としていました。水路は河川流路も利用し、複雑に入り組んでいます。

絵図はカラフルで一定の領域ごとに色分けされています。これに対応しているのが四角の欄に記される一覧で、右上の欄が見沼代用水路A、左下の欄が葛西用水路の組合E・a～hを示します。用水の調整を行う単位の「領《りよう》」で色分けされました。「領」とは江戸時代から用いられた広域地名で（図1－2参照）、明治時代の近代行政区分からは姿を消しましたが、用水組合の単位としてはそのまま用いられました。

図1－1を見ると、利根川水系と荒川《あらかわ》水系の大小の河川が網の目のように広がっています。この一帯は二つの水系によって作られた沖積平《ちゆうせきへい》野《や》部で、ほぼ平坦です。川筋は一面の平野部を区切る役割も果たしていました。

中央部から南側（左側）は、河川の蛇行が多くなっています。絵図の中央部は、いまの埼玉県越谷《こしがや》市・吉川《よしかわ》市一帯ですが、東京湾（江戸湾）からの潮汐《ちようせき》の影響はこの辺りまで遡ってきます。

東京二三区の東部地域はすべて、東京湾からの潮水が上がってきて、淡水と海水が混ざり合う地域（汽水域《きすいいき》）でした。東京府南足立郡（現足立区）、南葛飾郡（葛飾区・江東《こうとう》区・江戸川区・墨田《すみだ》区）は最下流部で、この絵図が示す水田地帯の中でも最も潮水の影響を受ける地域でした。潮汐の時間帯によりますが、現在でも満潮時になると足立区地先の河川でA．P．（荒川標準水位）で二mも上昇します。

水質は汽水となり、塩分が含まれた河川の水は、農業用水として用いるには不適切でした。水田地帯が東京の東部に広がっていた当時は、その稲作を支える用水は、はるか上流の利根川に頼らなければなりませんでした。

1-1 「見沼葛西両用水路連合縮図」（足立区立

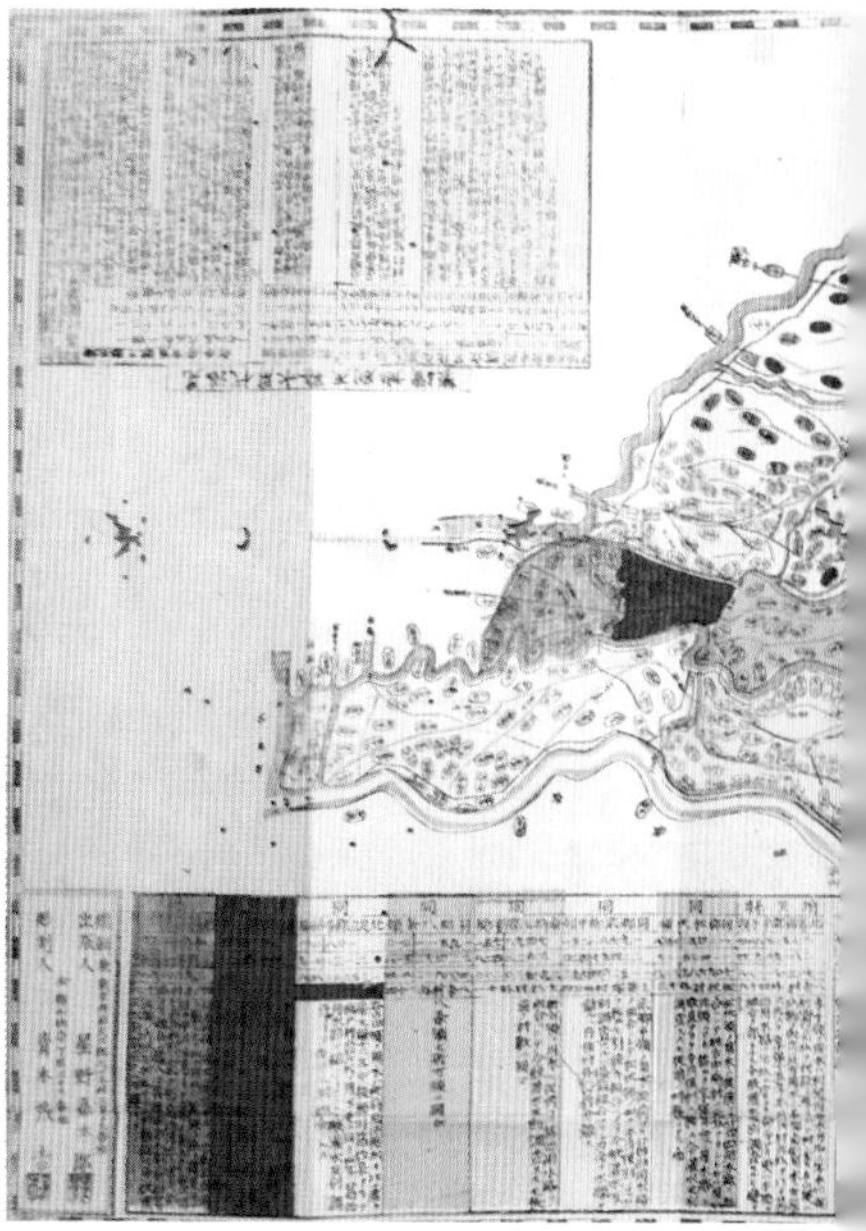

1-2 足立区内の見沼代用水東縁の領（右図の
枠部分小判型の図形が領ごとに色分けされてい
①舎人領　③谷古田領
②平柳領　④渕江領

よむ

番《ばん》水《すい》制《せい》と微《び》高《こう》地《ち》の村

図1－1をさらにくわしく見ていきます。

水旱《すいかん》ともに患《わずら》う

江戸時代の地誌《ちし》『新編武蔵風土記稿《しんぺんむさしふどきこう》』で、現在の足立区や葛飾《かつしか》区、江戸川区の農村の記述を見ると「水旱ともに患う」という記述が登場します。水害と旱害《かんがい》（水不足）がともにあるという意味です。大河川の沿岸にある低地帯ですから水害は容易に想像できますが、旱害があることは想像しがたいところです。しかし地先河川が汽水域で水田稲作には長距離用水に頼らざるをえず、真水が時として不足し、このため「水旱ともに」と表現されたのでした。

溜井《ためい》から用水へ

長距離用水の成立は、江戸時代の享保《きょうほう》年間（一七一六～三六）でした。それ以前は川をせき止めて作った平地のダム、溜井《ためい》による灌漑《かんがい》が主流でした。江戸時代はじめ頃の東京東部の水源は、直近の河川に作られた瓦曽根《かわらそね》溜井（一五九六〈慶長《けいちょう》元〉年頃成立・埼玉県越谷《こしがや》市）、亀有《かめあり》溜井（慶長年間〈一五九六～一六一五〉に成立。足立区・葛飾区）などでした。

いずれの溜井でも、下流側に堤（ダム）が作られました。水を貯めるためだけではなく、下流からの潮水を遮断するのが目的です。ところが、江戸近郊での新田開発が進むにつれ、溜井はより上流に作られるようになりました。一六二九（寛永《かんえい》六）年に見沼《みぬま》溜井、一六六〇（万治《まんじ》三）年に琵琶《びわ》溜井（埼玉県久喜《くき》市・幸手《さって》市）が築かれます。この二つの溜井はそれぞれ後の見沼代用水、葛西《かさい》用水の前身となる用水路の水源となりました。

しかし平野部のダムだったため、長期間の利用には適さず、土砂堆積《たいせき》が進み、いずれの溜井も徐々に貯水機能が低下していきます。土砂堆積が進んだ見沼溜井に至っては、一部で埋め立てによる新田開発まで行われました。

そのため、各地の溜井や用水路を再編成し、安定した水源をもとめて利根川から江戸近郊までをつなぐ長距離用水が考案されました。一七二七（享保十二）年に見沼溜井を廃止し、翌年には見沼代用水が成立、一七二九年に亀有溜井が廃止となり、葛西用水がそれぞれ成立します。この両用水は一九六〇年代に東京都東部の各区で都市化が進むまで、およそ二五〇年にわたって農業用水として利用されました。

番水という工夫

限られた水を効率よく配分するため、現在の東京東部や埼玉東部の用水組合に見られた制度が番水制です。村ごとに時間単位で給水する制度で、村同士の協議で順番と給水時間帯が定められました。

図1－3は見沼代用水水系の一つ、本木《もとき》堀の番水日割《ひわり》です。分水点の伊興《いこう》村から栗原《くりはら》村、西《にし》新井《あらい》村、島根《しまね》村、興野《おきの》村、そして再び分水点《ぶんすいてん》の伊興村、本木《もとき》村、梅田《うめだ》村と上流から下流に向けて給水時間が定められています（表1－4・図1－5参照）。

番水制の成立が確認できるのは一七八六（天明《てんめい》六）年です。三年前の一七八三年に浅間山《あさまやま》が噴火し、利根川や用水の河床《かしょう》が上がったため、流水量が減少し、各用水堀の村々で話し合いが行われました。番水制も一九六〇年代まで継続しました。

番水制は、水量が確保された時は機能しましたが、少しでも水量が減るとたちまち騒動が起きました。用水の分岐点があるところでは、村同士で相互に監視しあい、緊張した状況がみられました。調整に乗り出した幕府の用水掛《ようすいがかり》が

1-3 「本木堀番水日割」（1842〈天保13〉年，足立区立郷土博物館蔵）

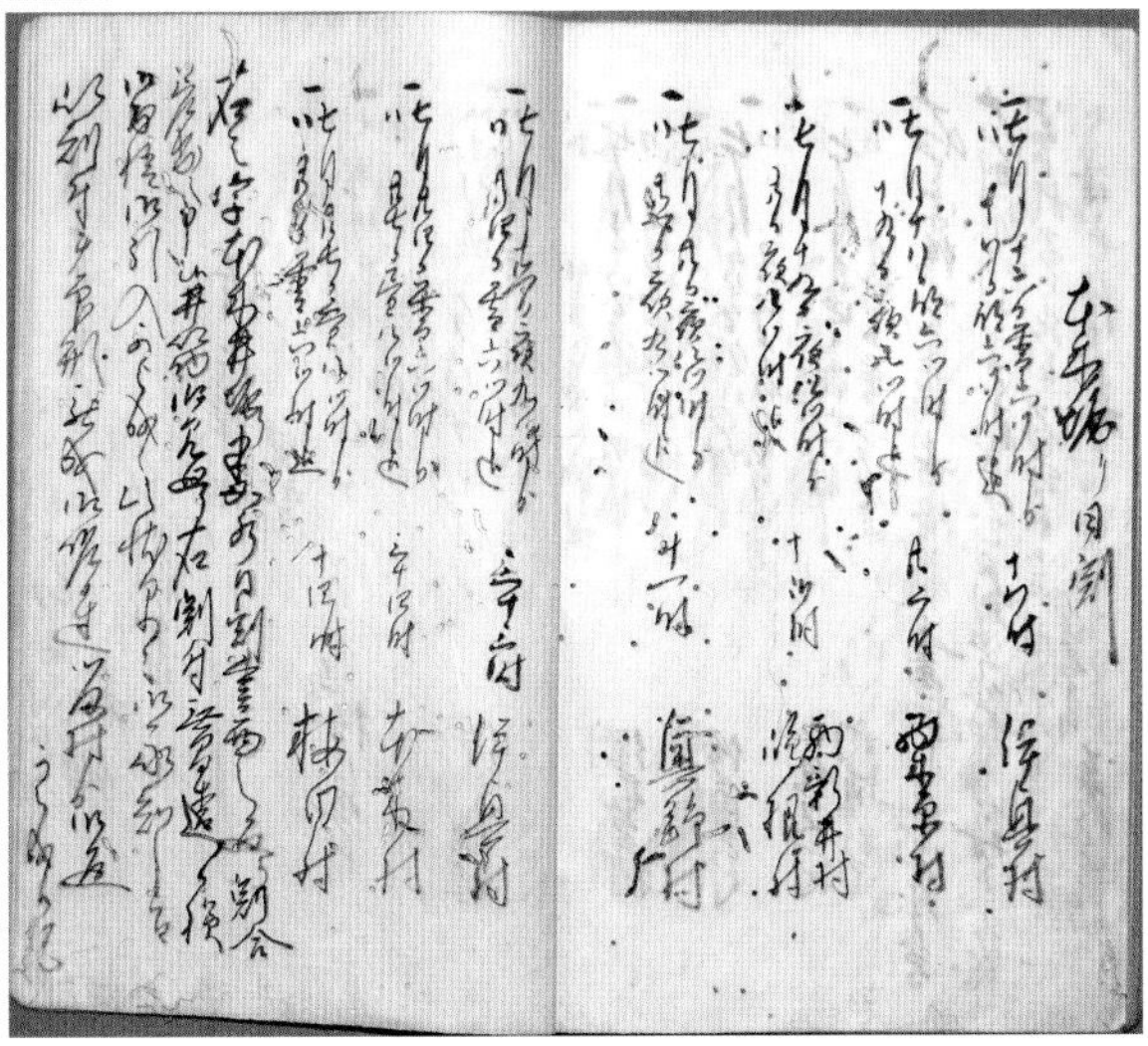

「情勢が不穏だ」と記録しています。普段の取り決めの内容を見ると、堰枠《せきわく》の構造や大きさ、水路に打つ杭の大きさまで寸単位（一寸＝約三・〇三cm）で、それも関係した村々の了解が必要でした。平坦な土地を流れる用水調整には、実に細かく注意が払われていました。

微高地の村々

見沼代用水は西縁《にしべり》用水と東縁《ひがしべり》用水に分かれています。東縁用水はその流末にあたる、足立区舎人《とねり》の石神圦《しゃごじいり》で毛長川《けながわ》を越えて東京都に入ります。足立区に入った見沼代用水は、六つの用水堀に分岐して東縁用水の本線はなくなります。分岐する用水順に分岐点を示したのが表1－4と図1－5です。

江戸時代の舎人《とねり》町、古千谷《こぢや》村、伊興村（一九三二〈昭和七〉年の足立区制施行以後はそれぞれ町）は平坦な足立区の中でも微高地にありました。足立区の北部、東京都と埼玉県の境界にある川の一つが毛長川で、その右岸（南側・東京都側）に発達した微高地です。足立区域では最も高く約四mで、ここから南東にかけて足立区全体がゆるやかに傾斜しているので、用水の分岐点に適していました。

番水制でも、この分岐点を有していた伊興村は有利でした。番水議定をみると、ほかの村より有利な配分時間を確保しています。

微高地であることから足立区で古墳時代からの遺跡群が数多く確認されるのもこの地域で、伊興遺跡（東伊興四丁目）をはじめ白旗塚《しらはたづか》古墳《こふん》（東伊興三丁目）や舎人遺跡（舎人二丁目）が分布しています（「あるく」参照）。東京東部の遺跡群の中で、最も早く人びとが定住した地域が、この舎人、古千谷、伊興の一帯でした。古墳時代から住居址《じゅうきょし》が確認でき、沖積平野部での人びとの営みがありました。

縄文《じょうもん》時代には、今より海面が二～三m高かったとされています（縄文海進《かいしん》）。東京東部の低地帯は縄文時代は海で、その後北から徐々に陸地化し、古墳時代に定住が始まった最初の地域という歴史をもっています。その後も、伊興は中世には「伊古宇」「伊久宇」などと表記された文献が確認されるなど、低地の微高地には歴史が積層しています。

1-4 用水路の分岐点

No.	用水堀	分岐点
1	神領堀	舎人・砂子路橋
2	西新井堀	古千谷・古千谷橋下流
3	本木堀	古千谷・古千谷橋下流
4	千住堀	伊興・はんの木橋
5	竹塚堀	伊興・はんの木橋
6	保木間堀	伊興・はんの木橋

1-5 足立区の地域と用水堀の分岐点

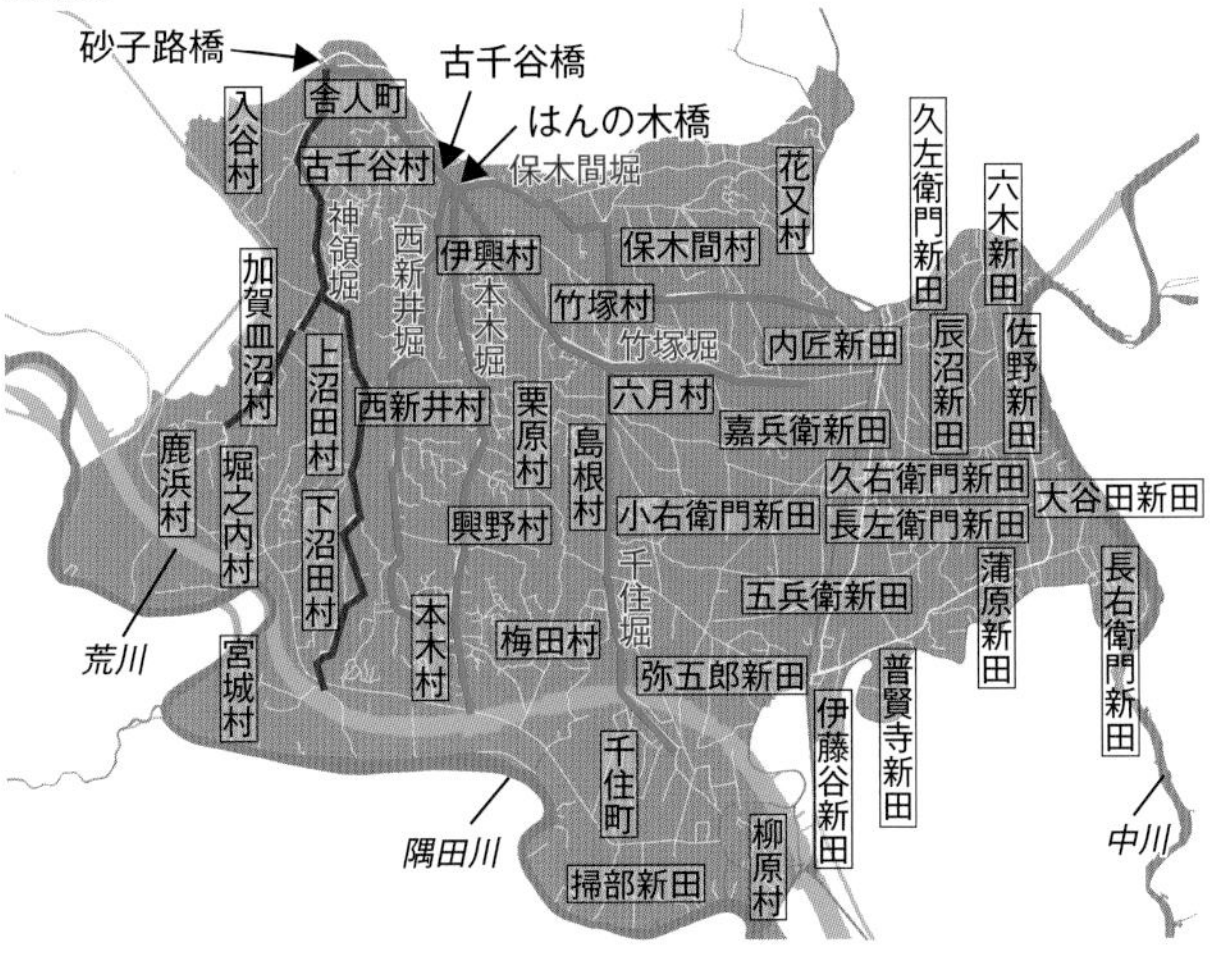

あるく

用水関連史跡の今をあるく

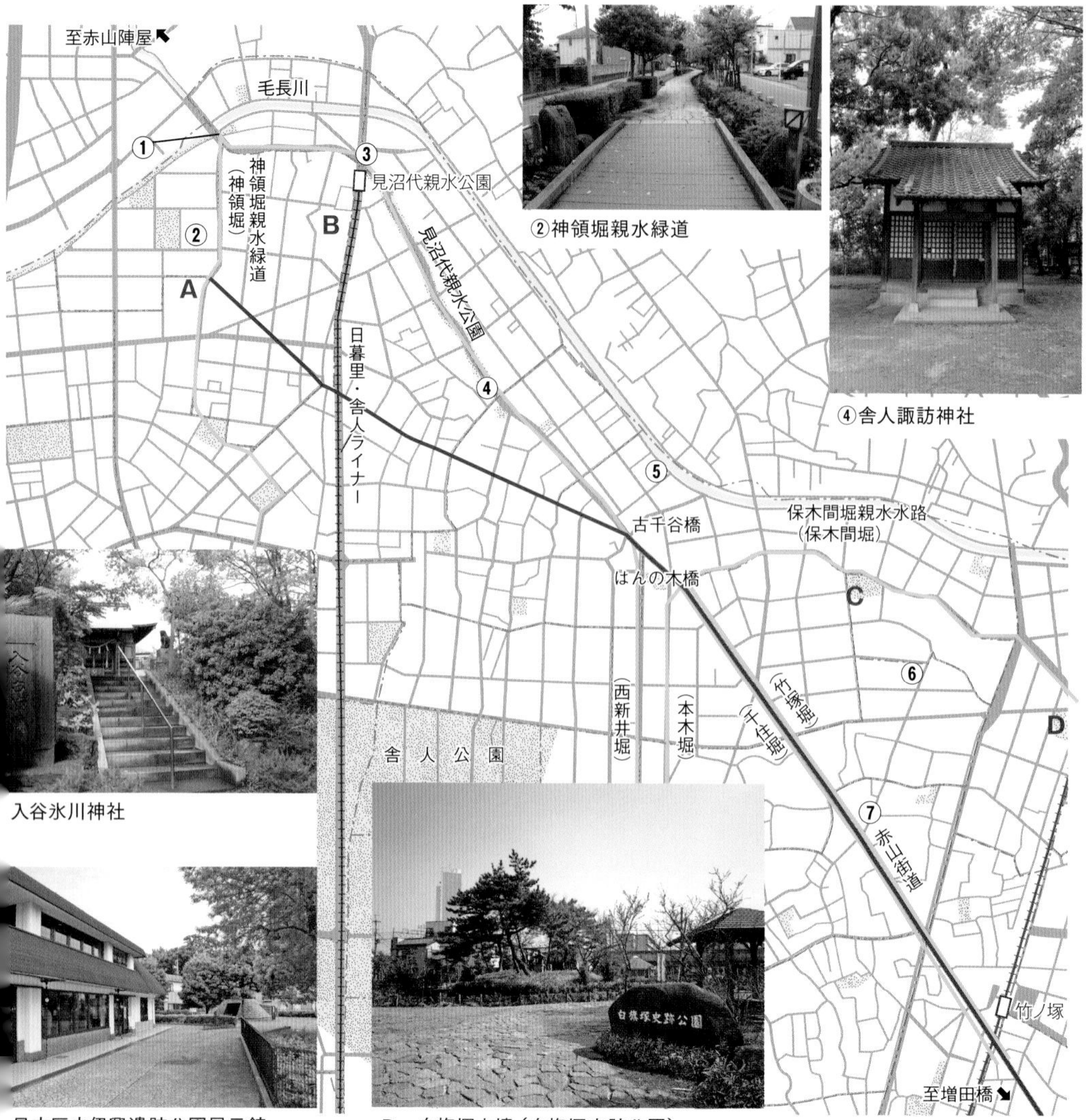

②神領堀親水緑道

④舎人諏訪神社

入谷氷川神社

足立区立伊興遺跡公園展示館

D　白旗塚古墳（白旗塚史跡公園）

図1－6で示したエリアには、北西から南東にかけて、用水関連の史跡を数多く見ることができます。日暮里《にっぽり》・舎人《とねり》ライナーの終点「見沼《みぬま》代《だい》親水公園」と東武鉄道の竹ノ塚《たけのつか》駅を利用すると、見沼代用水の最末流部の現在を体感することができるでしょう。

用水関連の史跡

用水の多くは現在、親水公園もしくは親水緑道という都市公園の史跡となっています。長く農業地帯だったことを懐古できる街の中の緑地帯に変わっています。

石神圦《しゃごじいり》①（舎人四丁目）

埼玉県を流れてきた見沼代用水は、ここで足立区に入ります。ここから本流は東に向かい、南には用水・神領《じんりょうぼり》堀を分派していました。

神領堀親水緑道②（舎人五丁目）

神領堀は、かつての足立区西部にあった東叡《とうえい》山寛永寺《ざんかんえいじ》領（御神領）と、周辺を灌漑した用水路です。ここと南の荒川近くに神領の名を冠した緑道が残っています。

見沼代親水公園駅③（舎人二丁目）

日暮里・舎人ライナーの終点が、見沼代親水公園です。「見沼代」は見沼代用水の地元での略し方です。「代用水」と見沼を省略したり、「大用水」と記されるなど、さまざまな表記方法がありました。駅から南東に伸びるのが親水公園で、かつての用水路です。

舎人諏訪《すわ》神社④（舎人二丁目）

用水路に沿った舎人の古社の一つで、水路にまつわる言い伝えがある神社です。

a夫婦杉《めおとすぎ》『新編武蔵風土記』に「夫婦杉と唱へて二樹ありしが、三沼代用水堀割《ほりわり》の時この二樹の間に溝を開きしより、土人婚嫁の時前を過るはきらひしとて、此道を避ると云、此杉今は枯たり」と、見沼代用水開削時の言い伝えが採録されています。

b毛長姫《けながひめ》 用水に並行して流れる毛長川は、毛長堀とも呼ばれた河川で、排水路として利用されました。川の対岸にある新里《にっさと》毛長神社（草《そう》加《か》市）と対になる言い伝えで、舎人に嫁いだ新里村の娘が、姑との不仲で川に入水《じゅすい》して夫も自害したが、川から娘の長髪が見つかり、それを神体としたのが新里毛長神社で、川を毛長川と呼んだという内容です。

1-7 昭和40年代の見沼代用水最末（小島勲撮影）

1-8 見沼代用水東縁の最末流部（1995年撮影）

見沼代最末流部⑤（古千谷《こぢや》橋付近）

見沼代用水東縁の最末流部が、古千谷本町《ほんちょう》四丁目一四番の東南端になります。ここで本線は終わり、南側に本木堀、西新井堀、南東方向に千住堀、竹塚《たけのつか》堀、東へ保木間《ほきま》堀の五つの用水路を分派して用水の幹線は消滅します。

保木間堀親水水路と伊興寺町⑥

はんの木橋で分派した用水路のうち、往時の姿を偲べるのが保木間堀親水水路で、いまも道路沿いに水路が設けられています。伊興遺跡公園Cから東は伊興寺町です。一九二三（大正十二）年に起こった関東大震災以後、都心から移転してきた寺院が集まり、江戸の由緒を持つ寺院が多いのが特徴です。

赤山《あかやま》街道と千住堀・竹塚堀⑦

赤山街道は代官伊奈氏の赤山陣屋《じんや》（川口市赤山）と日光道中《にっこうどうちゅう》 増田橋《ますだばし》（竹の塚二丁目）を結ぶ道です。寛永年間（一六二四〜四四）にできたと推定されています。街道両側に千住堀（西側）、竹塚堀（東側）が流れていました。

毛長川右岸の遺跡群

入谷《いりや》古墳A（入谷氷川《ひかわ》神社・入谷二丁目）

毛長川右岸の古墳群の一つと考えられています。円墳の上に氷川神社が建っています。

舎人遺跡B（舎人二丁目と周辺に分布）

見沼代親水公園駅の辺りは舎人遺跡があったところです。駅には展示コーナーがあり、出土した遺跡の概要を知ることができます。

伊興遺跡公園C（東伊興四丁目）

保木間堀親水水路のほぼ中央にある遺跡公園です。展示館では周辺の遺跡群についての展示があり、公園部分には古墳や復元住居も見ることができます。

白旗塚史跡公園D（東伊興三丁目）

円墳《えんぷん》の跡で、源氏《げんじ》の白旗が掲げられたという言い伝えから白旗塚と称していました。伊興村では、塚に上ってはいけないという禁忌《きんき》が近年まで伝えられていました。

第二節

江戸東郊の新田地帯

——六木《むつぎ》・佐野・大谷《おおや》田《た》・東和《とうわ》——

多田文夫

みる

現在の足立区の大部分は、江戸時代には足立郡渕江《ふちえ》領《りょう》でした。渕江領の東側には、江戸時代初めに低地を開発してできた新田が広がっていました。その約七割が水田の稲作農村地帯で、江戸直近に位置して「渕江米」「葛《か》西《さい》米」というブランド米を出荷していました。江戸東郊の穀倉地帯の成り立ちを探りましょう。

賢寺北三谷新田宛開発定書」（1614〈慶長19〉年，足立区立郷土博物館蔵）

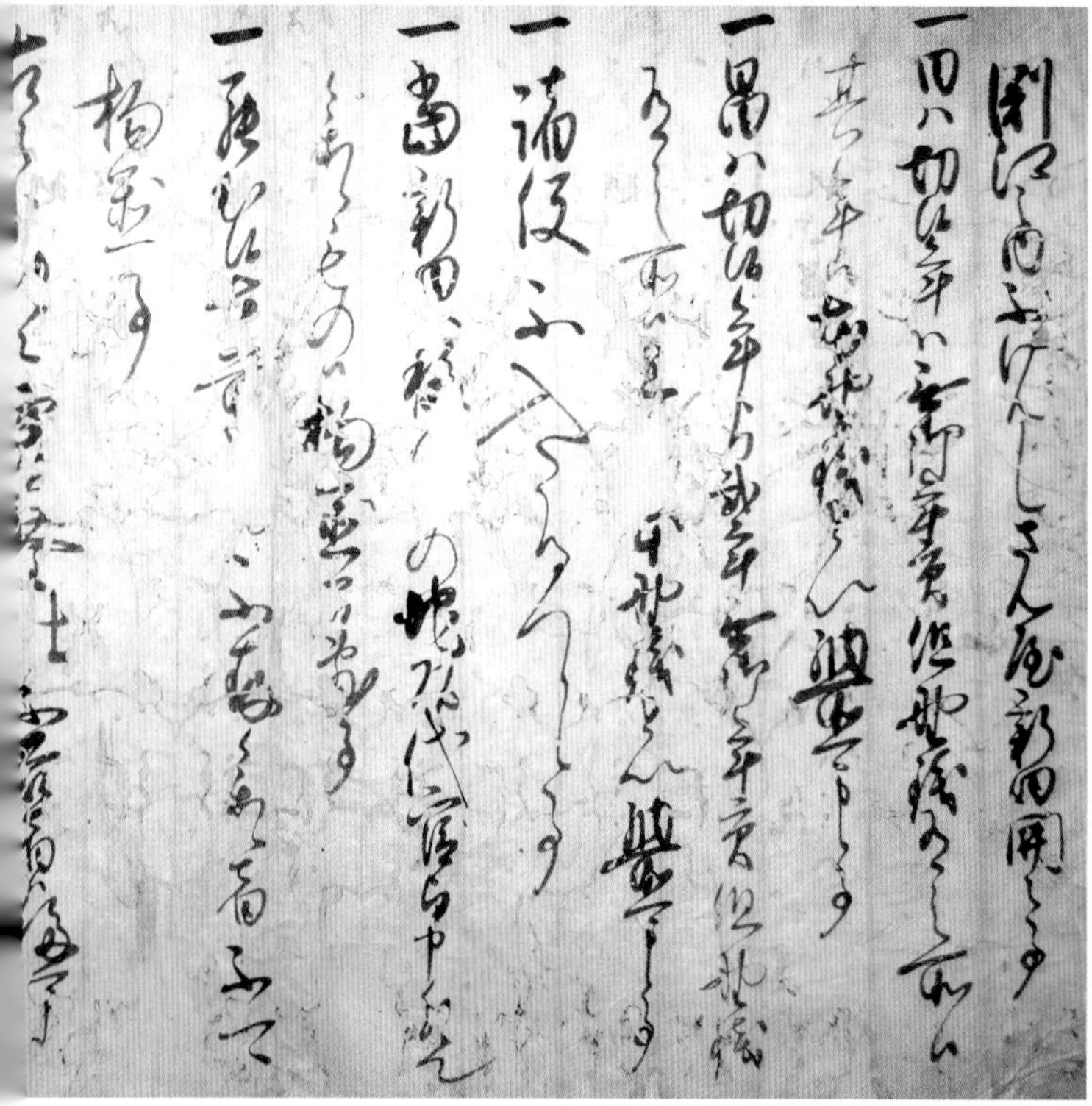

釈文

渕江之内ふけんしさん屋《（普賢寺三谷）》新田開之事
一、田ハ切候年ハ無御年貢、但、野銭有之候所ハ其年ハ本野銭を以納所可申候事、
一、畠ハ切候年より弐年無御年貢、但、野銭有之所ハ三［年］本野銭を以、納所可申候事、
一、諸役不入たるへく候事、
一、当新田へ移［候も］の、地頭・代官と申分候て、参候ものハ抱置間敷事、
一、罷出候在所［をも］不存参候者、不可抱置事、
右之分能々穿鑿《よくよくせんさく》仕、不苦候者ハ移可申候、必諸役可為免許候間、弥《いよいよ》新田［念］入、開発可申者也、仍如件、
慶長拾九年［寅］正月拾一日　伊奈半十（花押・墨印）
川井平内殿

判読しがたい文字は［ ］を付した。

現代語訳

渕江《ふちえ》のうち普賢寺《ふげんじ》と三谷《さんや》を開きなさい。
一、田んぼは開発した年は年貢をとらない。ただし（開発前に）野銭

2-1　伊奈忠治印判状「普

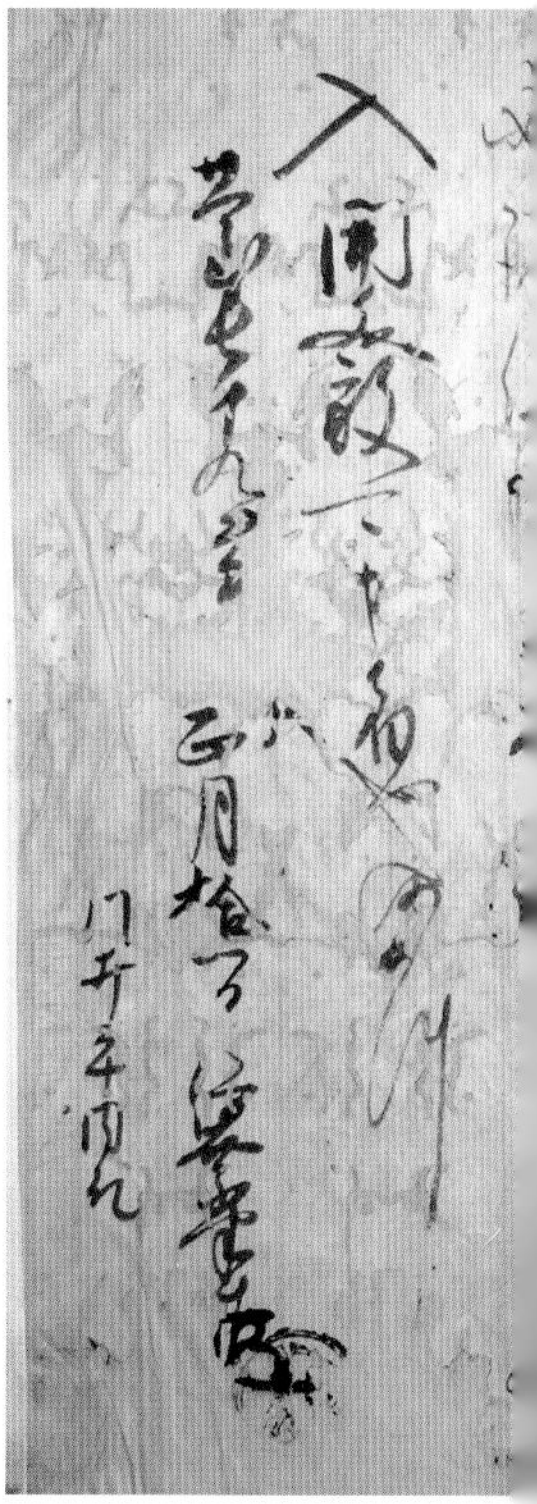

がかかっているところについては開発した一ヵ年は納めなさい。
一、畑は開発した年から二年間は年貢をとらない。ただし（開発前に）野銭《のせん》がかかっているところについては三ヵ年は納めなさい。
一、諸役《しょやく》は負担しなくてよい。
一、この新田に移住するもの、領主、代官と争って（移住して）来たものは置いてはいけない。
一、出身地を明らかにしないで来るものは置いてはいけない。
右の条件を充分に調べた上で、問題がなければ移住しなさい。必ずさまざまな税金は免除とするので、頑張って新田を開発しなさい。
（後略）

＊野銭　萱野銭《かやのせん》。換金性のある草地にかかる雑税《ざつぜい》

図２－１は、代官伊奈忠治《いなただはる》が渕江領《ふちえりょう》東部（現足立区東部）の新田開発に際して、一六一四（慶長《けいちょう》十九）年に発給した開発定書《さだめがき》の一つです。この定書は普賢寺《ふげんじ》新田（足立区綾瀬《あやせ》・東綾瀬）、北《きた》三谷《さんや》新田（同区東和《とうわ》）宛のものです。渕江領（足立区）、二郷半《にごうはん》領（埼玉県三郷《みさと》市・吉川《よしかわ》市）などに、ほぼ同文の定書があります。

一条目は田の、二条目は畠の年貢免除、三条目は諸役《しょやく》不入、四条目は領主と対立した経歴の確認、五条目は出身地の明確化です。そして、これらをしっかり調査したら、移住して新田を開けと命じています。年貢の減免《げんめん》と諸役不入を保証して移住を奨励し、新田を開こうとしたものです。

この定書がある地域は、江戸時代初めの新田開発が始まるまで、利根川《とねがわ》右岸の湿地帯で谷原《やはら》、もしくは谷村《やむら》と呼ばれた未開発地でした。江戸時代の足立郡渕江領には約四〇の村がありますが、主として西側に古代から中世に起源を持つ村が二〇ヵ村あり、東の半分の二〇の村は江戸時代初めに拓かれた新田です。

定書の宛所《あてどころ》になっている川井《かわい》（河合）平内《へいない》は伊奈忠治から開発を請け負った人物で、この定書のほかに、大谷田《おおやた》新田、六木《むつぎ》新田と千住榎木《せんじゆえのき》新田（現在地未詳）の宛所で登場します。そこには「平内抱　名主百姓中」と記されています。平内は普賢寺新田と北三谷新田の二ヵ所（図２－２参照）とともに五つの新田開発に携わった人物でした。開発がある程度進んだ一六一九（元和《げんな》五）年、伊奈忠治は田畠の開発の「御忠節」に対する「褒美」として、二町《ちょうぶ》歩の屋敷地を平内に与えています。理由を見ると開発を奨励した代官伊奈忠治と開発を請け負った平内が、屋敷地を褒美とする関係にあったことがわかります。

渕江領の東部、特に綾瀬川付近から中川《なかがわ》にかけては、すべてが新田でした。平内のような開発人が拓いたと『新編武蔵風土記稿《しんぺんむさしふどきこう》』などに記録され、久左衛門《きゅうざえもん》新田（現足立区神明《しんめい》と周辺）、嘉《か》兵衛《へえ》新田（現足立区加平《かへい》・北加平町・西加平）、長右《ちょうう》衛門《えもん》新田（現足立区中川）など、開発農民の名前を冠したところや、忠治の父、伊奈忠次《ただつぐ》の手代であった佐野胤信《さのたねのぶ》が開発した佐野新田（現足立区佐野）など、地名に開発人たちの名残を留めています。忠治が平内に与えたような屋敷地は、新田地帯の各地にありました。

その屋敷地は、開発から七〇年余りが過ぎた一六九五（元禄《げんろく》八）年、武蔵国幕領の総検地《ばくりょう》が行われた時、検地条目の施行規則（「覚《おぼえ》」）によって伊奈氏が出した手形《てがた》は無効とされて年貢対象地となり、開発人たちの特権は失われました。新田の開発時代は終わりを告げたのです。

よむ

伊《い》奈《な》氏の新田開発と稲作農村

ここでは、どのように渕江《ふちえ》領の新田開発が進められたのか、さらに具体的に見てみましょう。

伊奈氏の武蔵《むさし》東部開発

渕江領の新田開発は、江戸東郊から北郊、武蔵国東部の足立郡・葛飾《かつしか》郡・埼玉《さいたま》郡で行われた開発政策の一環でした。伊奈氏による奨励は一五九〇（天正《てんしょう》十八）年の徳川《とくがわ》家の関東転封《てんぽう》直後、一五九一年から寺院や在地土豪を対象として伊奈忠次《ただつぐ》の時代から始められました。開発に対して屋敷地を与えることも一般的で、現東京二三区域で最も早い事例は、一六〇八（慶長《けいちょう》十三）年に宇田川喜兵衛《うだがわきへえ》の宇喜《うき》新田（現江戸川区）に屋敷分を与えており、忠次の息子である忠治《ただはる》もその開発政策を継承しました。入植《にゅうしょく》条件を「定《さだめ》」て奨励する方法も、忠次によって一六〇二年から始められ、その後、忠治によって五ヵ条の開発定書の型式が確立しました。

伊奈忠治が「移り申すべく候」としたのは、領主と問題を起こさず、出身を言える人たちでした。定書が対象にした移住者はどんな人たちだったのでしょう。

彼らのことを類推できる定書が二郷半領にあります。二郷半領の定書は一六一二年に出ており、茂田井《もたい》新田（現埼玉県三郷《みさと》市茂田井）と三輪《みわ》野江《のえ》新田（現同県吉川《よしかわ》市三輪江）（図2－2参照）の定書があります（国立公文書館『武州文書《ぶしゅうもんじょ》』所収）。そこでは「他所より参り候牢人之儀」と表現しています。牢人《ろうにん》（浪人）とは元武士たちですが、渕江領では対象を牢人と限定せず二つの条件を示し、より多くの人びとを対象にしたと考えられています。

のちに一族の大河内金兵衛《おおこうちきんべえ》が記した「先祖覚」（豊橋市美術博物館蔵）の上段には、伊奈忠治の代だけでも新田を一〇万石開いたとその功績を述べています。もともと武蔵国東部は、利根川と荒川《あらかわ》が合流して開発可能地が広がっていましたが、こうして江戸時代のはじめ、多くの新田が成立していきました。

一面の稲作農村

北三谷《きたさんや》新田（現足立区東和の一部）は、一六一四年に開発定書が出されてから八〇年余経た一六九五（元禄《げんろく》八）年、武蔵国幕府領総検地のと

2-2 江戸初期の領と伊奈忠治が開発を奨励した記録が残る新田の位置

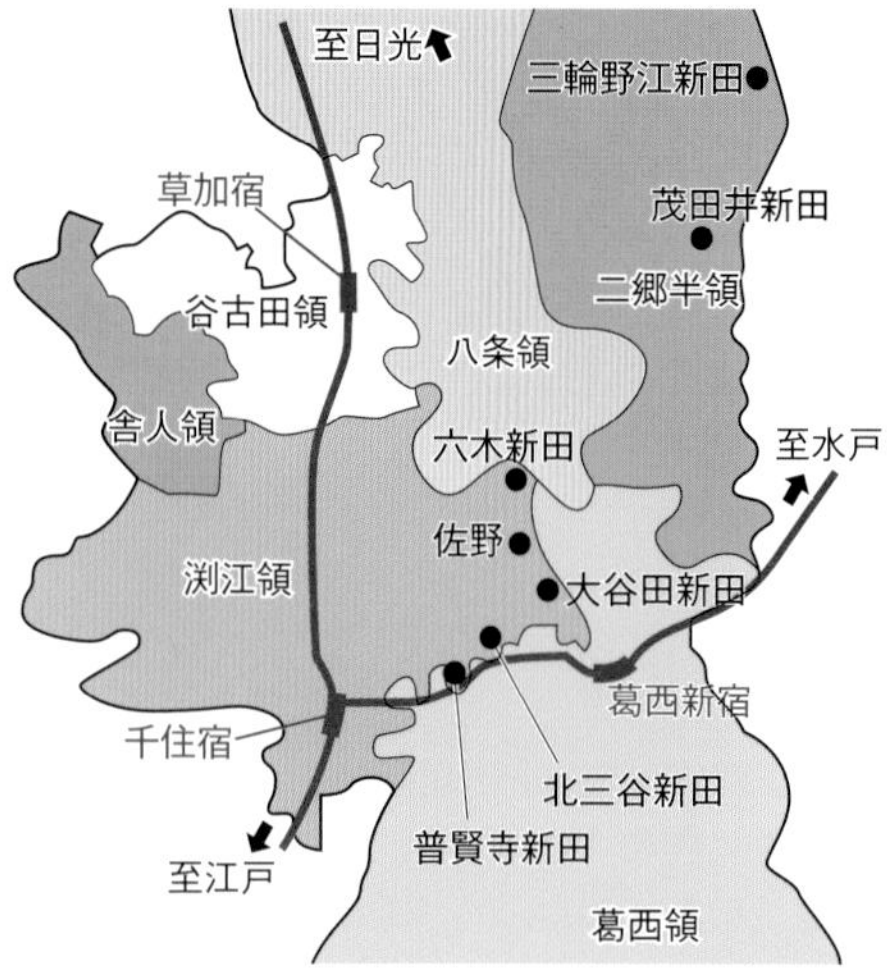

2-3 「北三谷新田絵図」（1695〈元禄8〉年，足立区立郷土博物館蔵）

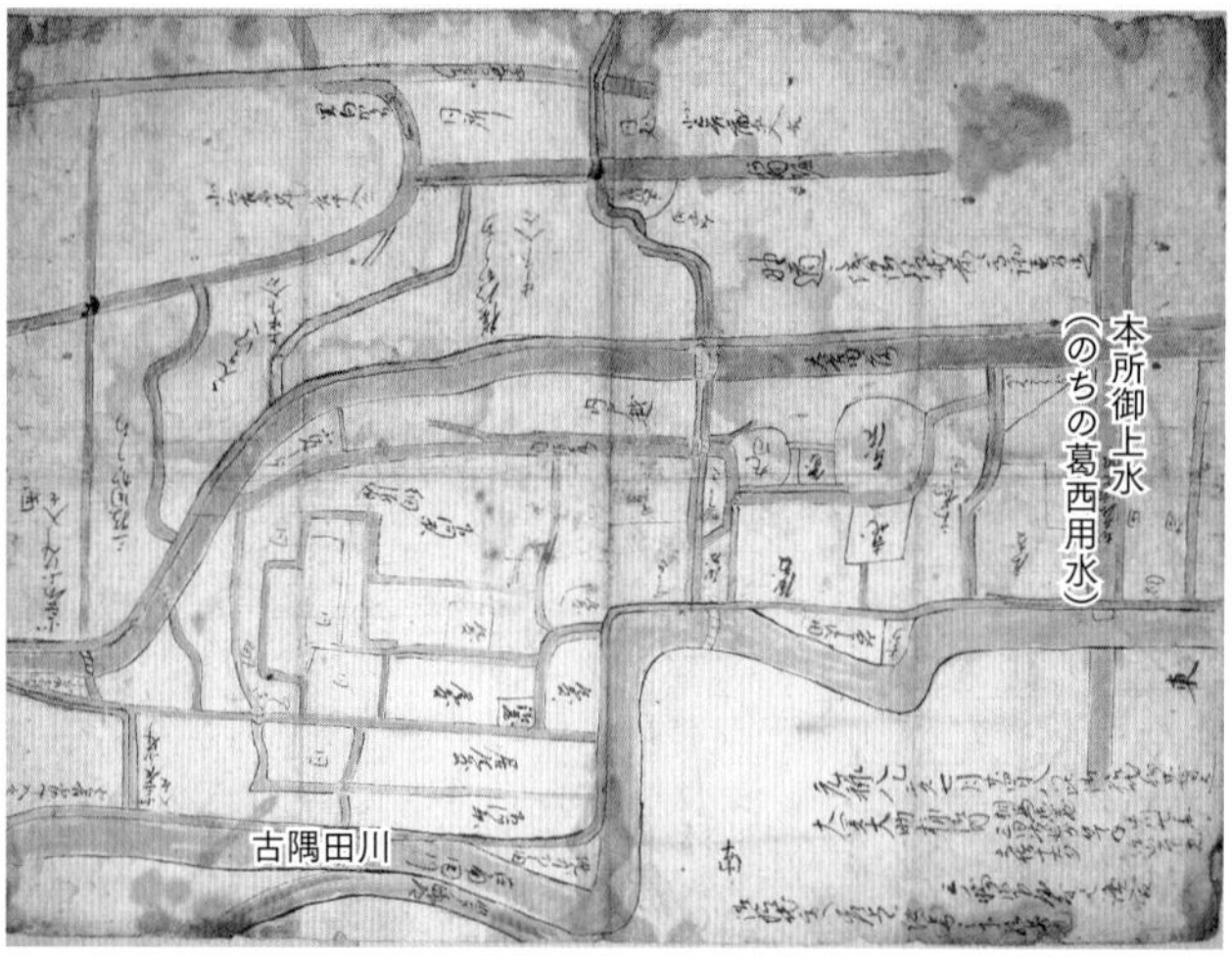

きに絵図を作成しました（図2－3参照）。

土地はほぼ平坦で、山や森はなく縦横に水路が整備され、耕地が隙間なく広がっています。江戸東郊から北郊にかけての村々は、高低差がほとんどないという地形がその特徴で、開発可能地は村のほぼ全域に広がっていました。

図2－3を見ると、上が北で、下部に蛇行して描かれた線が足立区と葛飾区の区境を流れていた古隅田川《ふるすみだがわ》です。江戸東郊の川は感潮《かんちょう》区間（水位や流速が潮の干満の影響を受ける区域）であり、流下と遡行を繰り返す特徴があったため、舟運路として利用されました。近世後期には満潮によってあがってくる塩分を含んだ水を遮断して溜井《ためい》（貯水池）に改造され、下流にあたる葛西領の村々の用水としても使われました。

慶安《けいあん》年間（一六四八～五一）の数字を示す「武蔵田園簿」によると、渕江領と葛西《かさい》領では合わせて二〇〇もの新田が成立し、そのほとんどは七割以上が水田という稲作農村でした。

一七九四（寛政《かんせい》六）年に古川正辰《ふるかわまさたつ》（辰、古松《こしょう》軒《けん》）が著した『四神地名録《しじんちめいろく》』には中川《なかがわ》、綾瀬川《あやせがわ》間の新田地帯のこととして、

この辺りの土地は大上々国と思われ（中略）空地さらになく、綾瀬川を越えては、田方七分、畑方三分、いずれの村にも難渋の貧者と見ゆる家なし

と水田地帯が広がっていることが表現されています。

東郊農村の生産

この辺りの村明細帳で肥料の項目を見ると、いずれも下肥《しもごえ》（人の糞尿のこと。六巻三章一節参照）を用いていることが記されています。川沿いの大農家によっては下肥船を持ち、江戸から大量輸送して農家に売っていました。この地には近くに山や森がなく、刈草敷《かりくさじき》による施肥《せひ》ができなかったため、肥料には下肥が欠かせませんでした。空地のない耕地利用が東郊農村の景観の特徴で、一九五〇年代中頃（昭和三十年代）まで続きました。その風景は、巨大都市江戸と東京が絶えず供給した肥料によって形作られていたのです。

図2－1の定書の一条目と二条目には「野《の》銭《せん》」があるところは納めなさいという但し書きがあります。野銭はこの地域に自生する産物、「萱《かや》」にかかる雑税《ざつぜい》です。具体的には川沿いに自生するオギでした（台地上はススキ）。潮水が入るこの辺りでは茎が丈夫に育ち、良質な萱ができました。北に隣接する八条領には御用《ごよう》萱野がありましたし、渕江領の中心地、千住《せんじゅ》宿では役人の役料にあてられました。稲作に伴い大量に産出される藁《わら》も特産品の一つで、藁を採取するための「ミトラズ」という品種も栽培されました。

萱は屋根材や壁のなかの建材に用いられましたし、藁は縄や筵《むしろ》、荷の梱包材として需要があり、ほかにも正月のしめ飾りに用いられました。江戸での大量消費を前提とした農閑期における萱や藁の加工産品も、低地帯の農村の特産物でした。

かつての大河川沿いの荒蕪地《こうぶち》は、稲作と特徴的な藁生産、そして下肥に支えられ、近代の工業化と市街地化が進む二十世紀まで農村地帯として歩みました。

2-4 「六木村明細帳」(1804〈享和4〉年，足立区立郷土博物館蔵)
2つ目の一つ書（赤枠内）が肥料の記述で，下肥を用いていたことが記されている

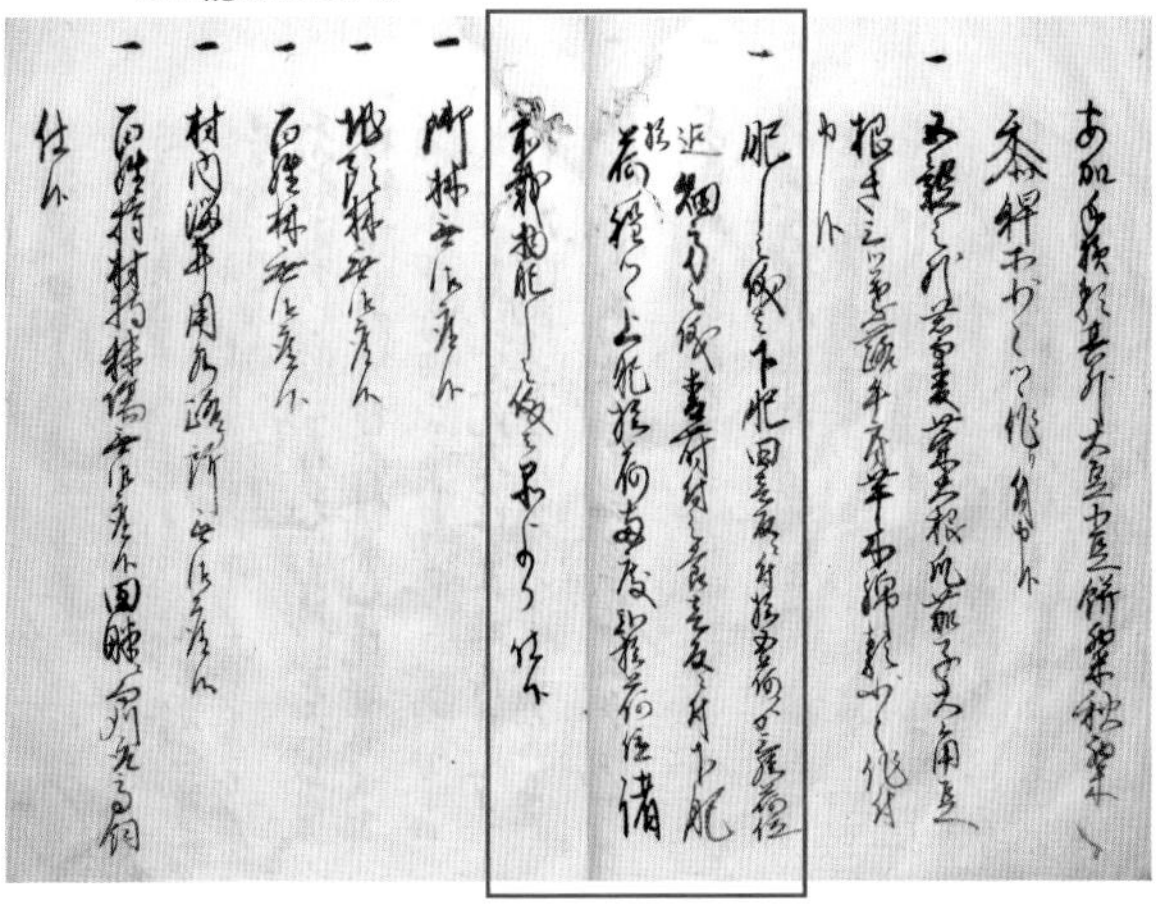

あるく

稲作新田地帯の今をあるく

六木《むつぎ》・佐野・大谷田《おおやた》・東和《とうわ》といった一帯はすべて、江戸時代はじめに成立した新田地帯でした。一面の稲作農村は、昭和時代のはじめになると、川沿いに水運を利用した工場地帯となり、さらに戦後、区画整理事業によって団地や住宅、小工場が広がる東京郊外の一部となりました。

現在でも街中に、稲作農村地帯だった史跡をあちこちで見ることができます。神社や寺院の成り立ちや、地名由来なども調べてみると良いでしょう。

開発人の史跡

新田地帯の開発人の多くは浪人《ろうにん》という由緒を持っており、新田開発の奨励によってこの地に移り住みました。そして、その子孫は、長く地域のまとめ役として存続しました。住居表示地名は区画整理の際に現代風に変わりましたが、公園名や公共施設名には、農村時代の名前が数多く使われています。

佐野家屋敷跡①（佐野一丁目）

伊奈忠次《いなただつぐ》の家臣佐野胤信《さのたねのぶ》と子孫の屋敷跡です。一辺約一〇〇mの方形の屋敷地で周囲には堀がめぐっていました。現在は屋敷地の一部が「佐野いこいの森」として公開され、堀の一部も残っています。中川《なかがわ》に接しており、江戸時代後期には下肥船《しもごえぶね》を運用していました。また北東には歴代の墓所があります。

足立区立郷土博物館②（大谷田五丁目）

佐野家文書、河合家文書など新田開発関係の古文書をはじめ各種資料を収蔵しています。門前には開発人、河合平内《かわいへいない》の子孫をモデルとした銅像があり、農村地帯だったことを物語っています。

大谷田氷川《ひかわ》神社（中川氷川神社）③（中川五丁目）

浪人氷川という異称が『新編武蔵風土記稿《しんぺんむさしふどきこう》』に記載されている神社です。大谷田をはじめとするこの一帯には浪人由緒を唱える元農家が多くあります。なお神社には琳派《りんぱ》絵師・中野基豊《なかのきほう》の奉納額も伝来しています。

河合平内の墓④（東和一丁目）

慶長《けいちょう》から元和《げんな》（一五九六〜一六二四）にかけて周辺の新田開発を主導した開発人、河合平内のものと伝えられる墓が円性《えんしょうじ》寺内に残っています。

河川改修と用水の史跡

川を利用した溜井《ためい》や用水の跡が、真水の確保に努めた地域の名残を今に伝えています。

綾瀬川《あやせがわ》A

図2－5で示した内匠橋《たくみばし》（神明一丁目）以南の直線流路は寛永《かんえい》年間（一六二一〜四五）に開削された新流路で、地元には「新川」という字名がありました。舟運路、排水路として利用されました。

神明六木《しんめいむつぎ》遊歩道B（神明三丁目）

垳川《がけがわ》に沿って整備された遊歩道です。綾瀬川が新流路になるまでは、ここが綾瀬川から中川に向かう流路でした。綾瀬川から切り離された後、中川との合流点を締め切り、溜井として利用されていました。南部には堤が築かれ、そこに農家の屋敷地が連なっています。

六木水門C（六木三丁目）

一九三一（昭和六）年に開削《かいさく》された花畑《はなはた》運河（花畑川）東側の水門です。潮の干満《かんまん》の表示板があり、河川水位の変化を見ることができます。図2－5Cの写真では「A.P.+1.20m」と水位が一・二m上昇していることが表示されています。現在も中川は上流の埼玉県越谷《こしがや》市付近まで干満の影響を受けています。

葛西《かさい》用水親水水路D

もとは瓦曽根《かわらそね》溜井（県越谷市）から本所《ほんじょ》・深《ふか》

川《がわ》に飲料水を運んでいた本所上水の水路でした。

葛西用水は忠治の息子、伊奈忠克《ただかつ》によって一六六〇（万治《まんじ》三）年に開削され、一九六八年まで用水路として利用されました。現在は親水公園として整備されています。

亀有《かめあり》溜井跡E

中川は利根川《とねがわ》下流流路の一つでしたが、亀有・新宿《にいじゅく》（現葛飾区）間に大堤が築かれ溜井として利用されていました。

下河原《しもがわら》公園F（東綾瀬一丁目）

もと古隅田川（二章三節参照）の河原だった北三谷新田（のちの北三谷村）大字下河原の地名を伝える公園です。

C六木水門（左下の表示板に水位が表示されている）

2-5 六木・佐野・大谷田・東和一帯

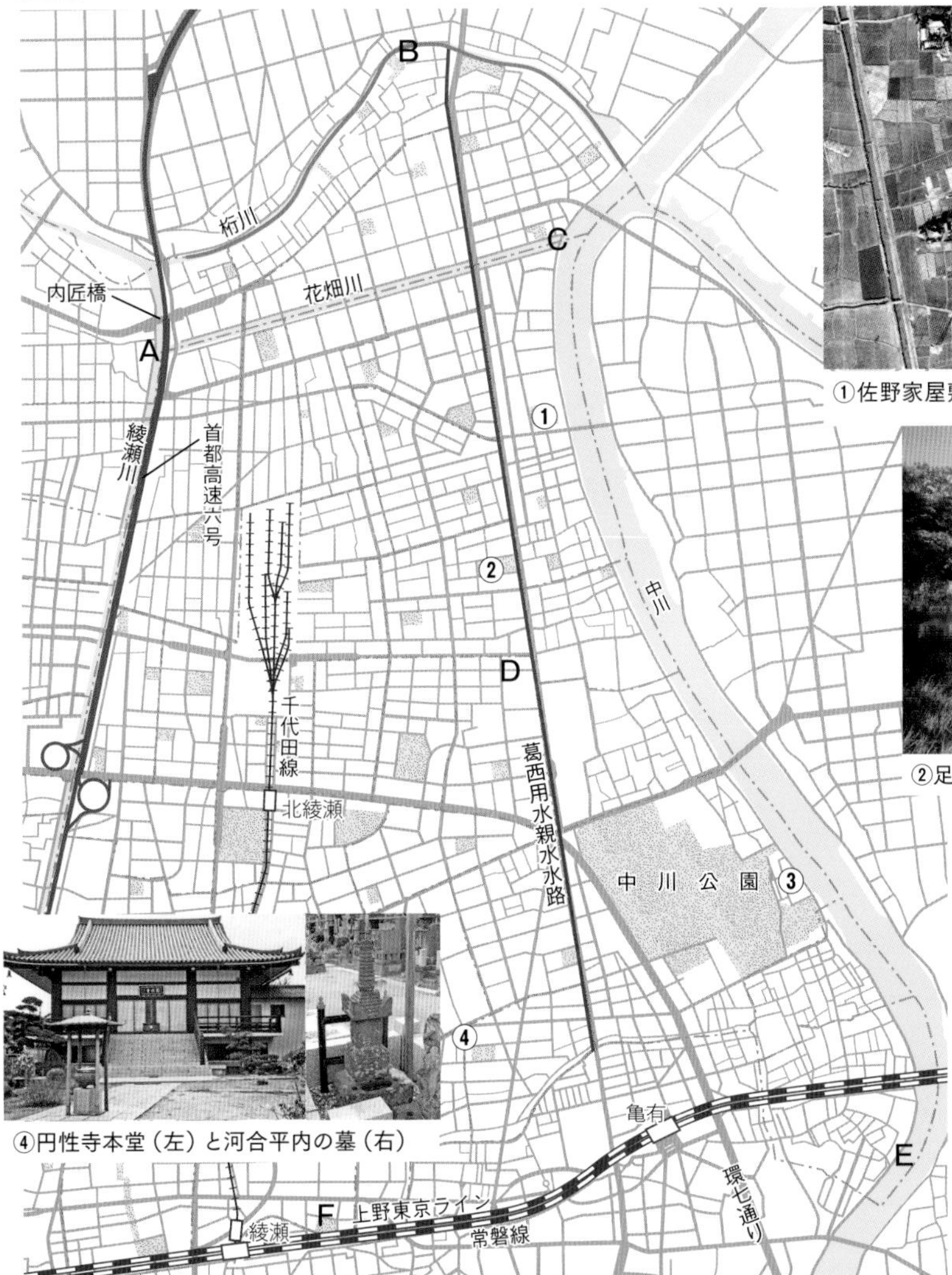

①佐野家屋敷航空写真（1958年撮影）

②足立区立郷土博物館

③大谷田氷川神社

④円性寺本堂（左）と河合平内の墓（右）

第三節

宿場《しゅくば》に根付いた華やかな江戸文化

眞田尊光

みる

江戸時代、千住宿《せんじゅしゅく》は江戸を起点とする各街道の初宿である江戸四宿の一つでした。荒川《あらかわ》の舟運と、日光道中《にっこうどうちゅう》・奥州《おうしゅう》道中の陸運が利用でき、物流の拠点として経済的に発展しました。この地で問屋業を営んだ旦那《だんな》衆《しゅう》は江戸の華やかな文化に憧《あこが》れました。宿の形成とともに、そこで花開いた江戸の文化を見ていきましょう。

図3-1の六曲一隻《ろっきょくいっせき》の屏風は、千住河原《せんじゅかわら》町《ちょう》の稲荷神社に収蔵されている「秋草花図屏風」です。江戸時代末期の制作と推定されます。夏から秋にかけての草花が描かれており、画

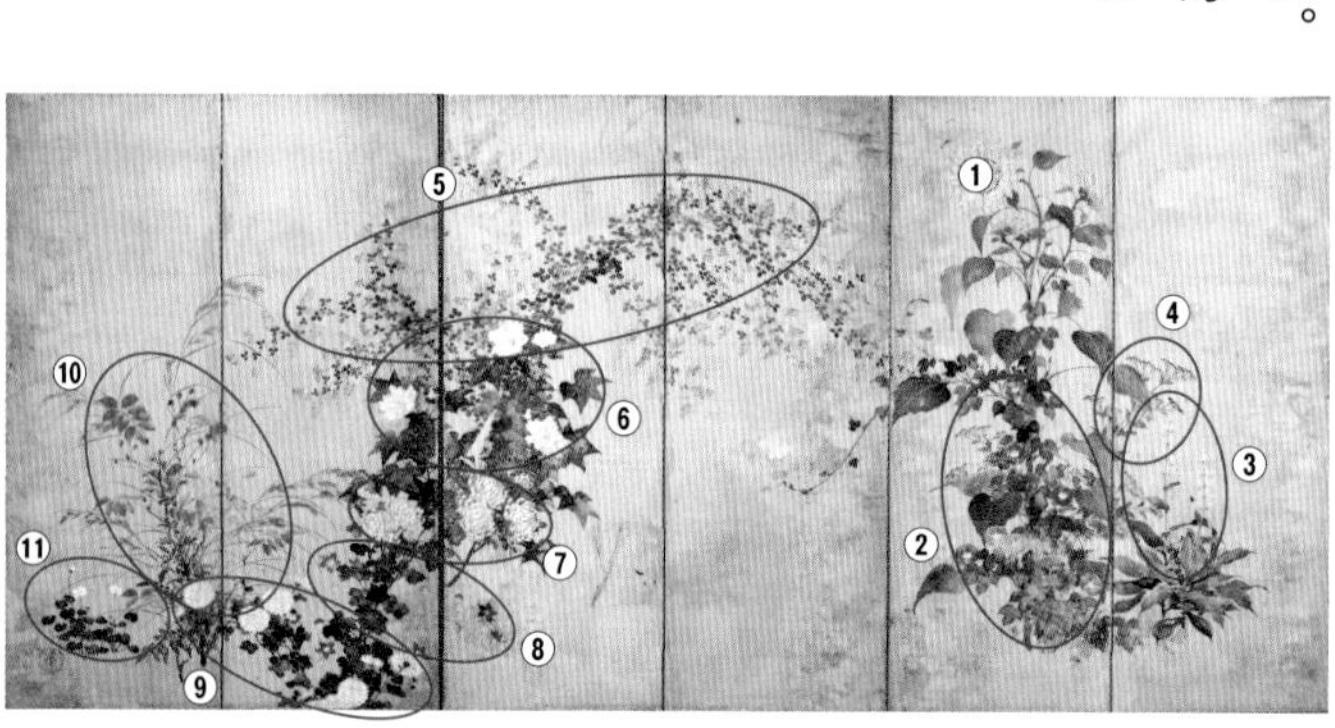

①ひまわり
②朝顔
③藤袴
④薮茗荷《やぶみょうが》
⑤萩
⑥芙蓉
⑦菊
⑧桔梗
⑨菊
⑩白膠木《ぬるで》（赤い葉）
吾亦紅《われもこう》(赤い小ぶりの花)
薄《すすき》
⑪梅鉢草

3-1 村越其栄筆「秋草花図屏風」（本紙全体，千住河原町稲荷神社蔵）

面右側には、真っ直ぐに枝を立ち上げて元気よく咲く大きなひまわり①を中心に、朝顔②や藤《ふじ》袴《ばかま》③が配置され、中央には萩⑤・芙蓉《ふよう》⑥・菊⑦・桔梗《ききょう》⑧などが大きなアーチをなし、意匠性の強い構図をとっています。

作者は琳派《りんぱ》の流れを汲む絵師の一人、村越《むらこしき》其栄《えい》です。琳派とは、十七世紀の京において俵屋《たわらや》宗達《そうたつ》・本阿弥光悦《ほんあみこうえつ》から始まる絵師の流派で、十八世紀に同じ京で尾形光琳《おがたこうりん》・乾山《けんざん》兄弟が宗達・光悦の様式を継承発展させ、十九世紀には江戸で酒井《さかい》抱一《ほういつ》・鈴木《すずき》其一《きいつ》が再興したという歴史があります。其栄は其一の弟子で幕末の人です。

本作の構図や草花の描写などは抱一・其一の画風を忠実に受け継いでおり、作品の見事な出来栄えからみても、其栄は江戸の琳派の正統な後継者の一人であったことがうかがえます。

其栄は千住に定住して活動しましたが、この地を選んだ背景には、宿場で問屋業などを営む商家の旦那衆たちの存在と、彼らによって育まれてきた文化的な風土が関係しています。

江戸時代、旦那衆は江戸市中から頻繁に遊びに訪れる文人・絵師らを厚く歓待しました。さらに彼らは単に作品の制作を依頼するにとどまらず、自らも本格的に絵を描いたり、あるいは俳諧《はいかい》を詠むなどの創作活動をして楽しんでいました。

よむ

千住《せんじゅ》の旦那衆《だんなしゅう》と江戸の文人・画家

ここでは千住宿の繁栄と、それがもたらした旦那衆と文人・画家との交流を見てみましょう。

千住宿の成立

一五九四（文禄《ぶんろく》三）年に千住大橋が架けられるなど、江戸と奥州《おうしゅう》を結ぶ街道整備は早くから始まっていましたが、一六二四（元和《げんな》十・寛永《かんえい》元）年からは日光山《にっこうさん》造営事業の一環として日光道中の整備が進められました。一六二五年には日光道中・奥州道中の初宿として、千住宿が本格的に建設されています。千住町が千住一～五丁目の本宿《ほんじゅく》になりますが、宿の機能はさらに拡大し、一六五八（万治《まんじ》元）年に南の掃部宿《かもんじゅく》・千住河原町・千住橋戸《はしど》町《ちょう》の三町が加宿され、新《しん》宿《じゅく》となります。さらに一六六〇年には、千住大橋から南側の小塚原《こつかはら》町・中村町（荒川《あらかわ》区）が南宿（下宿）として加宿されました（図3－2参照）。

これらの各宿の街道沿いには、旅籠《はたご》や酒場のほか、さまざまな商家や寺社も並びました。また、荒川を利用して関東各地と江戸の間に輸送路が開かれ、多くの物資が取り引きされました。千住宿の河岸場《かしば》があった千住橋戸町には、多くの舟が行き交っていました。

建部《たけべ》巣兆《そうちょう》と千住連

寛政《かんせい》年間（一七八九～一八〇一）、千住掃部宿（現千住河原町）の藤沢《ふじさわ》家に、建部巣兆（図3－3）が養子入りしました。巣兆は書家・山本《やまもと》龍斎《りょうさい》の子で、江戸中期の俳人、加舎《かや》白雄《しらお》の門下にあり、やまと絵の流派である土佐派《とさは》・住吉《すみよし》派《は》の流れを汲む絵師でもありました。

芭蕉《ばしょう》を慕った巣兆は「秋香庵《しゅうこうあん》」を同宿に構え、俳諧師・絵師として活動しました。俳諧の活動では、宿場で青物問屋や川魚問屋などの商家を営む旦那衆を集めた連（グループ）、「千住連」を主催して定期的に句会を開き、自ら挿絵を描いた発句《ほっく》集も多数出版しました。この千住連の活動に代表されるように、千住の旦那衆は文人や絵師たちを経済的に支援するだけでなく、創作する立場としても参加していました。

また、巣兆は酒井《さかい》抱一《ほういつ》をはじめ、儒学者の亀田《かめだ》鵬斎《ぼうさい》や随筆家の大田《おおた》南畝《なんぽ》など、江戸の文人らとの交流があり、この巣兆の存在がきっかけとなり、千住の旦那衆の文化的活動や、彼らと江戸の文人・絵師たちとの交流が盛んになっていきます。

3-2 千住宿

3-3 鯉隠筆「建部巣兆像」（東京国立博物館蔵）

千住酒合戦《さけがっせん》

巣兆没後の翌一八一五（文化《ぶんか》十二）年、千住宿の飛脚《ひきゃく》問屋「中屋」の主人六右衛門《ろくえもん》の還暦を祝して「酒合戦」が開催されました。これは誰が一番酒を多く飲めるか競い合うという酔《すい》狂《きょう》な宴で、参加者は千住を中心に新吉原《しんよしわら》や浅草《あさくさ》（ともに台東《たいとう》区）などの周辺から集まり、さらには小山《おやま》（栃木県）や会津《あいづ》（福島県西部）の旅人の飛び入りもいました。

この合戦を観覧した賓客《ひんきゃく》には、抱一・鵬斎をはじめ、谷文晁《たにぶんちょう》・文一《ぶんいち》の画家親子、大田南畝、狂歌師《きょうかし》の平秩東作《へずつとうさく》（二代）、儒学者《じゅがくしゃ》で漢詩人の市川寛斎《いちかわかんさい》、漢詩人の大窪詩仏《おおくぼしぶつ》、絵師の狩野《かのう》（素《そ》川《せん》）彰信《あきのぶ》らが招待されました。この合戦に使用された漆塗りの大盃《おおさかずき》（図3－4）は、文晁・抱一が下絵を描き、蒔絵師《まきえし》の原羊遊斎《はらようゆうさい》が蒔絵を施した優品です。さらに後日、賓客たちの手による絵や書で、この合戦の模様をあらわした『高《こう》陽闘飲図巻《ようとういんずかん》』（図3－5）がつくられました。

このような当代一流の文人たちがこぞって酒合戦に参加したのは、世話役をつとめた鯉隠《りいん》の功績でした。鯉隠は青物問屋を営むかたわら、巣兆の弟子として俳諧や絵画を嗜み、抱一・文晁らと親しく付き合いました。抱一の日記『軽《けい》挙館句藻《きょかんくそう》』にも鯉隠はたびたび登場し、巣兆没後も鯉隠を訪ねて抱一・文晁らが千住に遊びに来ていたことがわかります。

3-4 「墨田川墨切蒔絵大盃」（個人蔵）

3-5 『高陽闘飲図巻』（写本，個人蔵）

村越其栄・向栄父子の活動

図3－1の屏風の作者、村越其栄《むらこしきえい》は琳派《りんぱ》の絵師として活動する一方、寺子屋「東耕堂《とうこうどう》」を開き、地域の教育にも携わりました。東耕堂は巣兆の秋香庵からも程近い距離にあります。先師の抱一が巣兆・鯉隠らと親密な交際をしていたことは、その系譜に連なる絵師にとって活動しやすい環境にあったと考えられます。

さらに其栄の子の向栄《こうえい》は、父に絵の手ほどきを受けつつ、東耕堂（のちに私立村越学校）を引き継いで千住に定住しました。向栄は一八八二（明治十五）年と八四年の内国絵画共進会（官営の展覧会）に出品し、一九〇六年には同じく琳派の絵師である酒井道一《どういつ》らとともに四皎会《しこうかい》を結成するなど、近代東京の琳派を代表する一人に位置づけられています。

千住の旦那衆と美術

商家にとって、美術品は日常的に使用し披露するものでした。床の間に作品を飾って上客をもてなし、複数の客がいる空間を仕切るため、屏風や衝立《ついたて》を使用しました。また仏事や特別な行事の際は神仏画や先祖の肖像画も懸けました。

千住も同様で、一九〇〇年に向栄の還暦を祝し、浅草山谷町《さんやまち》（台東区）の料亭「重箱」にて、千住の旦那衆をはじめ交流のあった芸術家や知識人が所蔵品を持ち寄った展覧会が開かれます。その後、向栄と千住の旦那衆による美術品愛好の会「千住光栄会」「千住与楽会《よらくかい》」も結成され、定期的な展覧会活動が行われました。

あるく

千《せん》住《じゅ》宿場《しゅくば》の今をあるく

千住宿の本宿・新宿があった千住地域は、現代の街並みのなかに、今も宿場の文化の名残をとどめています。

千住大橋周辺

千住大橋①は一五九四（文禄《ぶんろく》三）年に架橋《かきょう》されたもので、隅田川《すみだがわ》の名橋の一つとして、歌川《うたがわ》広重《ひろしげ》の「名所《めいしょ》江戸《えど》百景《ひゃっけい》」などの浮世絵にも描かれました（三章三節参照）。

橋に接した千住橋戸《はしど》町《ちょう》の大橋公園②には、松《まつ》尾《お》芭《ば》蕉《しょう》の「行春《ゆくはる》や鳥啼魚《とりなきうお》の目は泪《なみだ》」の句碑が建立されています。一六八九年五月十六日（元禄《げんろく》二年三月二十七日）、芭蕉が著名な俳諧紀行『奥の細道』への旅に出て、最初の目的地である千住大橋のたもとに上陸します（足立区と荒川区のどちらかは不明）。ここで芭蕉は先に触れた、矢《や》立《たて》初めの句を詠みました。「千住宿奥の細道プチテラス」③（千住橋戸町）には前述の句を詠む芭蕉像があります。

千住仲町《なかちょう》・千住河原町・千住橋戸町

千住宿の中心部として大店《おおだな》や問屋が立ち並んで栄えた地域です。近世には掃部宿《かもんじゅく》、明治期には千住中組と称されました。

一方、日光道中の整備や荒川の舟運が盛んになると、仲町には米穀問屋・川魚問屋・薬商などが集まるようになります。また、河原町には「やっちゃ場」④と呼ばれる青物市場もありました。街道沿いの石畳の上に青物問屋が並び、店先には商品の野菜が数多く置かれました。これらの地域は、やがて神田・駒込に並ぶ江戸三大青物市場として、幕府の御用市場になります。

一九四二（昭和十七）年、東京都は千住橋戸町の土地を買収し、これらの市場を収容した「中央卸売市《おろしうりし》場《じょう》 足立市場」⑤を発足させました。アジア・太平洋戦争後、取扱量が増大して敷地がせまくなったため、青果部門は入谷《いりや》に分離・移転され、足立市場は水産物専門の市場となり、現在に至っています。

さらに、この地域には秋香庵《しゅうこうあん》や東耕堂《とうこうどう》（図3－6参照）もありました。一九一八（大正七）年の千住河原町の大祭では、屏風や盆栽・生け花などが問屋の座敷など通行者の目に触れる場に飾られ、祭りに華を添えていたことが写真記録（図3－6参照）から知られています。

千住仲町氷川神社⑥は旧掃部宿の鎮守《ちんじゅ》として一六一六（元和《げんな》二）年に遷座《せんざ》されました。村越《むらこし》向栄《こうえい》の居宅の向かいにあり、向栄を中心に結成された「千住与楽会《よらくかい》」の会場ともなっています。同じく千住仲町の源長寺《げんちょうじ》⑦は一六一〇（慶長《けいちょう》十五）年に創建されました。図3－5の『高陽闘飲図巻』の初披露の会場であり、戦災で焼失した旧本堂の格天井《ごうてんじょう》絵は其栄《きえい》が手がけていました。

さらに、千住河原町稲荷神社⑧は河原町の鎮守、やっちゃ場の守護神として信仰を集め、其栄が描いた図3－1の「秋草図屏風」が奉納されています。

千住一～五丁目

掃部宿から北は、街道に沿って千住一丁目から五丁目と続いています。千住一丁目には千住宿の問屋場（宿駅の事務を行う）と、貫目改所《かんめあらためしょ》⑨（荷物の重量を検査する）が置かれていました。四丁目には江戸時代の問屋建築を今に伝える横《よこ》山家《やまけ》住宅⑩があり、五丁目には、医家で戦前まで多くの芸術家を支援した名倉家《なぐらけ》⑪があります。

⑧千住河原町稲荷神社

④昭和初期のやっちゃ場（足立区役所蔵）

3-6 千住地域南部（千住大橋・千住仲町・千住河原町・千住橋戸町など）

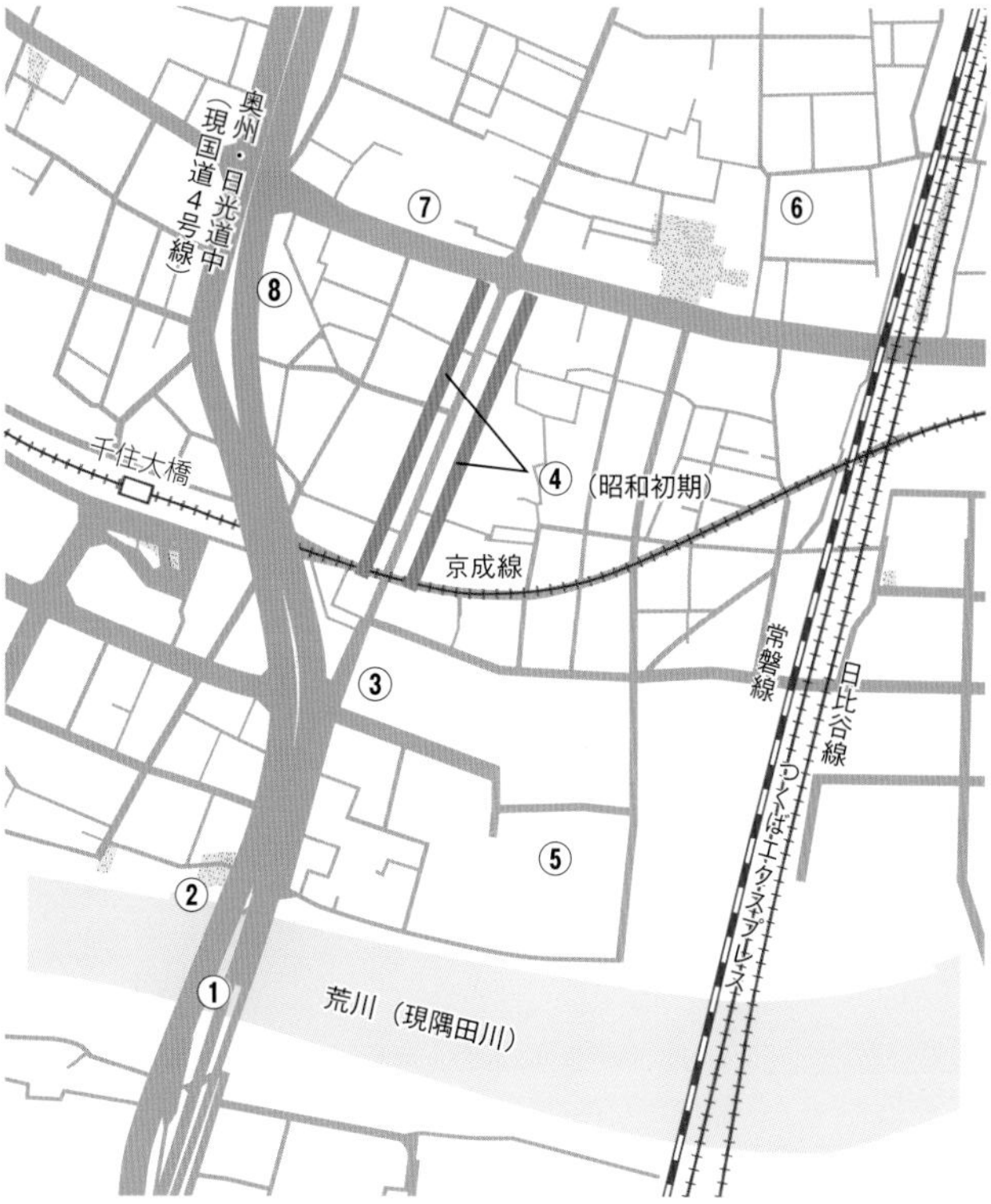

『大正七年五月千住青物市場大祭記念』（足立区立郷土博物館蔵）

明治末年の村越学校（旧東耕堂，足立区立郷土博物館蔵）

3-7 千住広域南（赤枠は図3-6の範囲を示す）

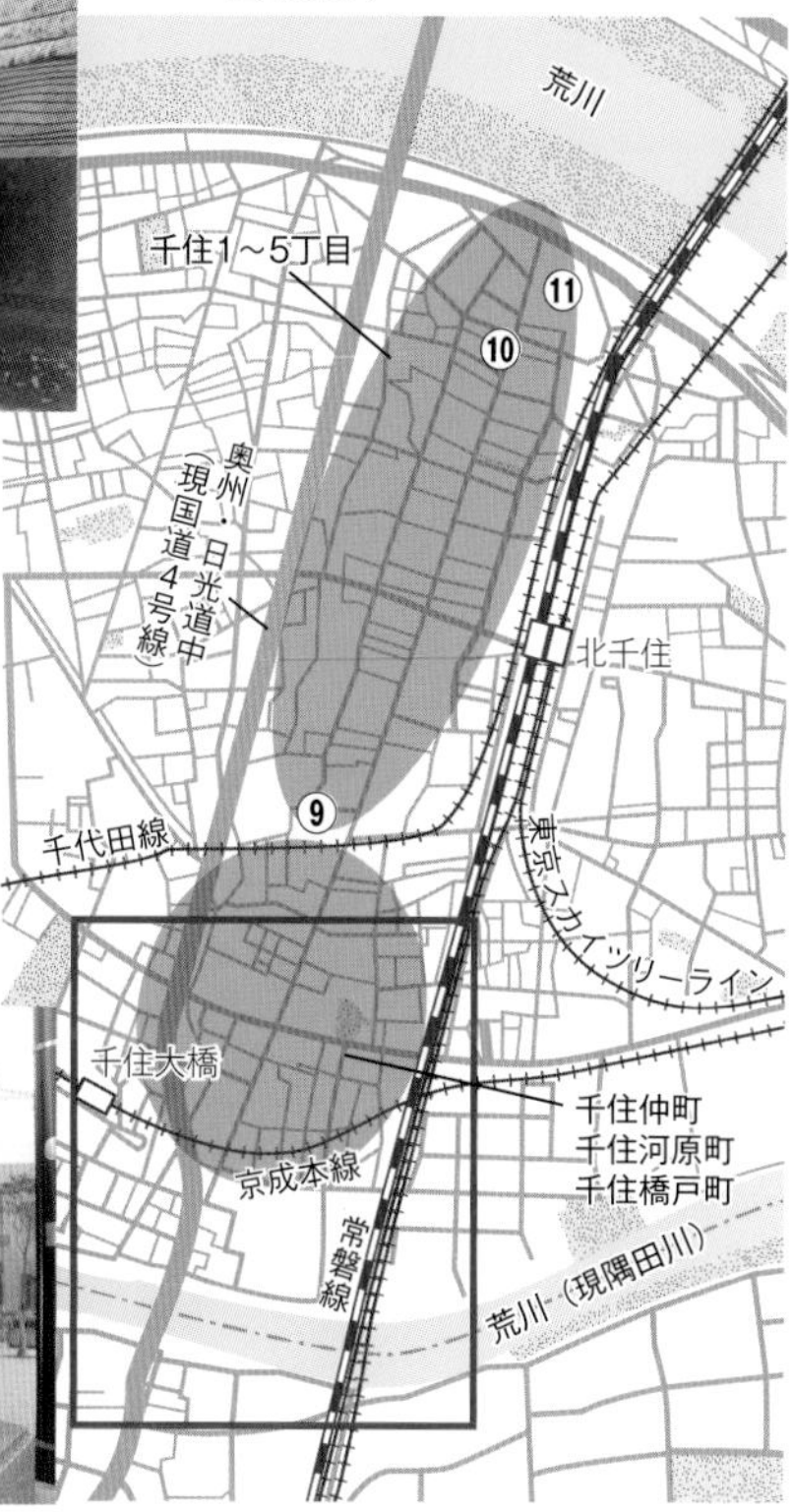

⑩横山家住宅

⑨問屋場と貫目改所

設計図」より「整地図」（足立区立郷土博物館蔵）

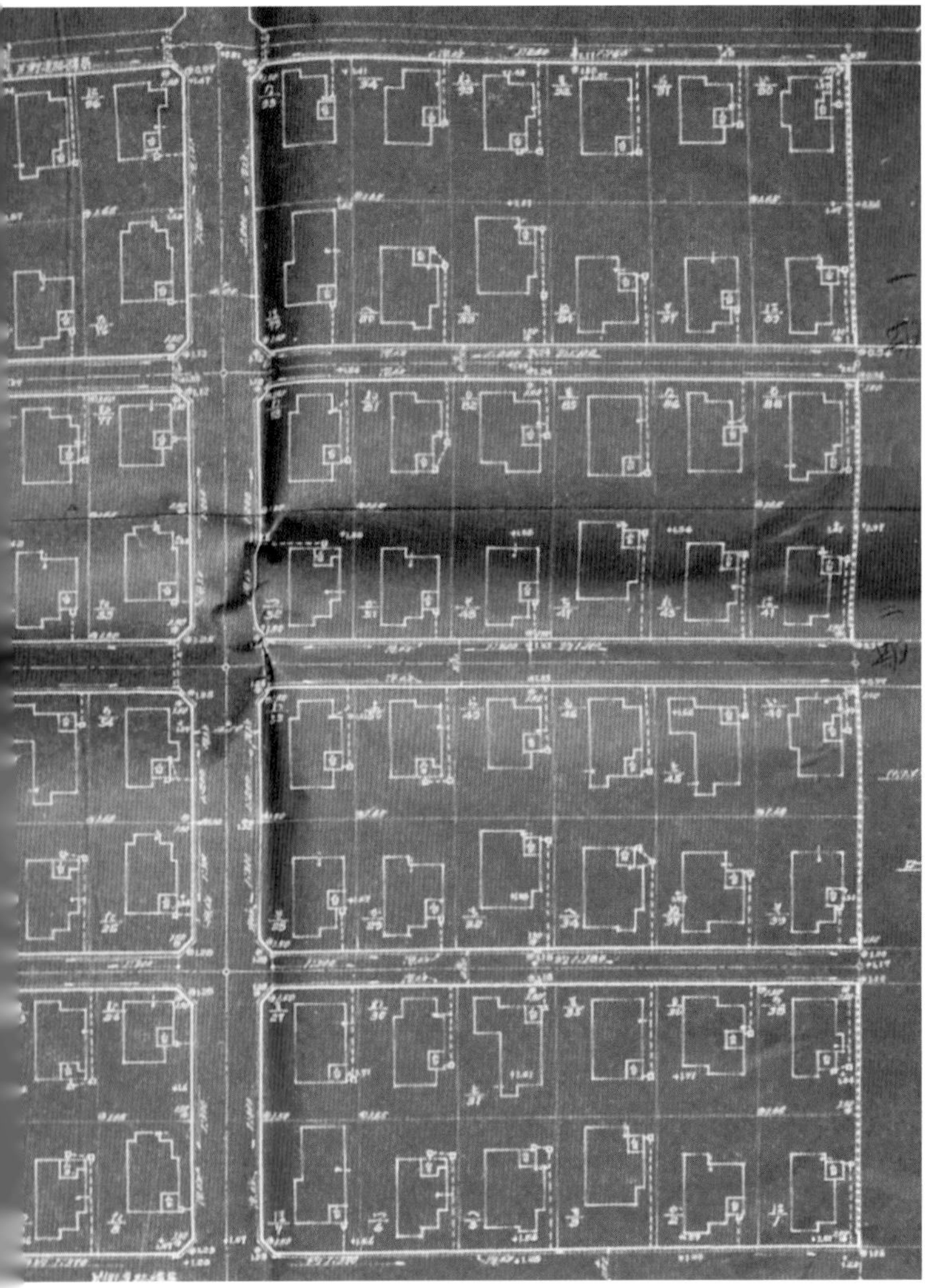

第四節 労働者たちの町の成立 ——千住《せんじゅ》西部——

多田文夫

みる

農村地帯だった足立区域は、関東大震災後、東京の工業地帯拡大に伴って隅田《すみだ》川《がわ》沿岸が工業地帯となっていきました。一九七〇年頃にピークを迎える軽工業地帯の一翼を担い、居住環境や生活環境も変化しました。

図4－1は同潤会《どうじゅんかい》調査課が作成した足立区千住緑町《せんじゅみどりちょう》の住宅設計図のうちの一枚、「整地図」です。同潤会とは、一九二四（大正十三）年に設立された財団法人で、東京と横浜で関東大震災後の救済のため住宅の供給を行いました。一九三五（昭和十）年、同潤会はこの千住緑町と、深川《ふかがわ》区三好町《みよしちょう》（現江東《こうとう》区三好）に「職工《しょっこう》」向け住宅を建設しました（「職工」とは工場労働者を意味し、こうした人びとが社会的に成立してきた十九世紀末に使われ始めた言葉です）。それまで原宿や代官山のアパートメントなどさまざまな住宅を建設していた同潤会が、初めて職工向け住宅の供給を始めたのです。

本図は千住緑町の住宅と敷地の配置が判明することが特徴です。効率よく敷地を配置し、低廉かつ優良な住宅を数多く供給しようとしています。八つの区割りの中に各一二棟の異なる形式の住宅が集められており、九六棟中、九四棟（い～む型のいろは順の二三形式）は従来の尺貫法《しゃっかんほう》による住宅、二棟（A・B型）が実験的なメートル法による設計です。その多くは二、三室か

4-1 同潤会調査課「千住緑町住宅

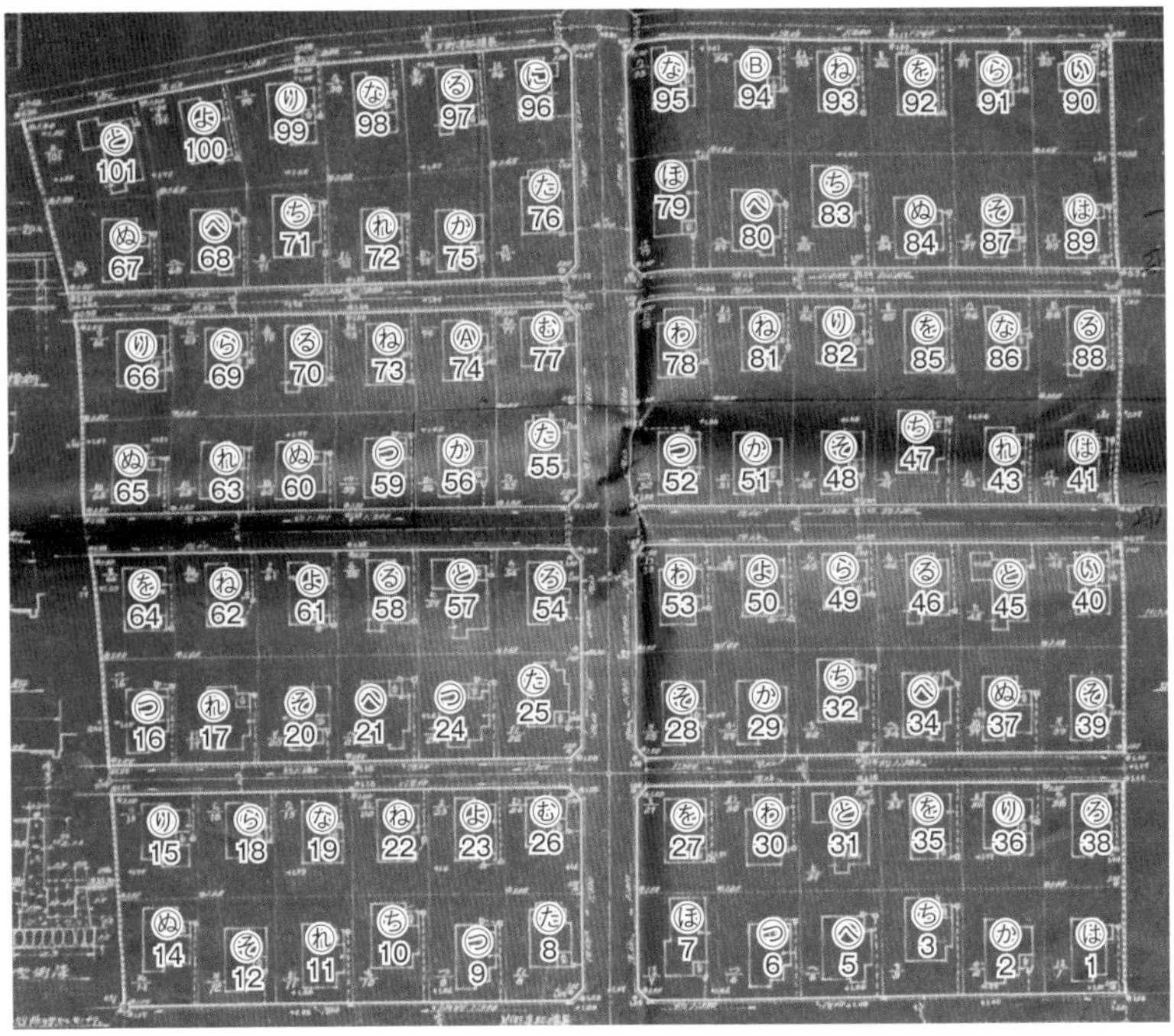

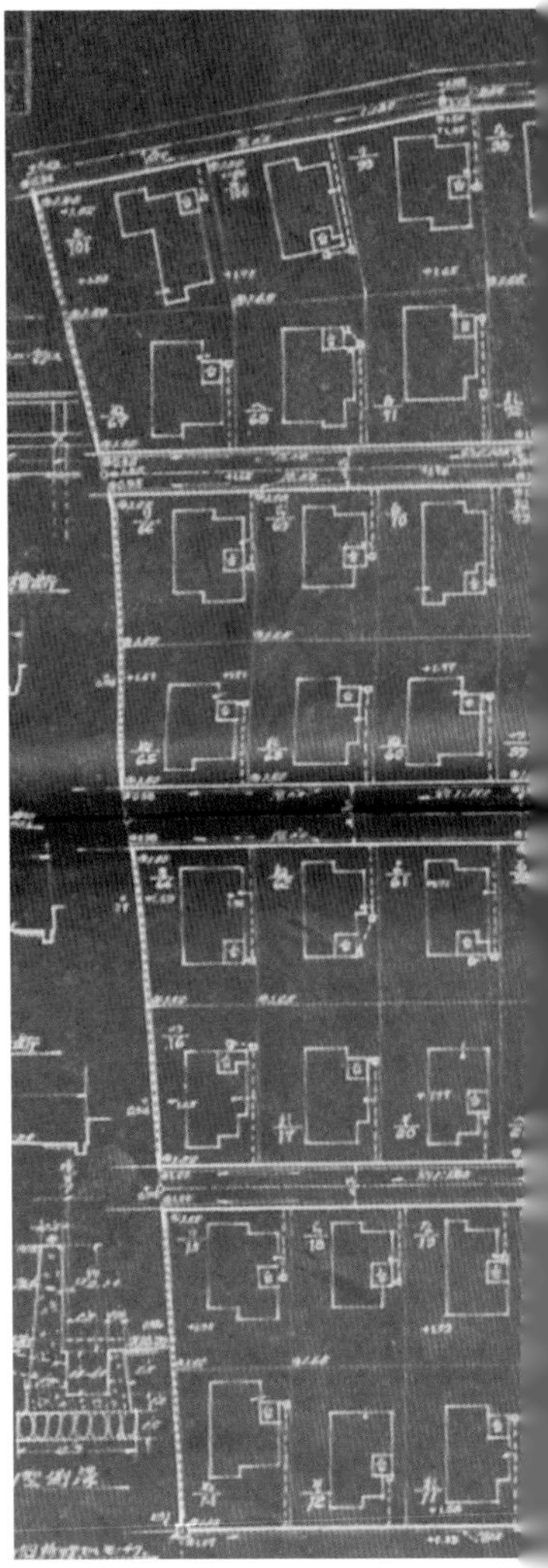

尺貫法設計								メートル法設計	
型	戸数	型	戸数	型	戸数	型	戸数	型	戸数
㋑型	2	㋠型	6	㋻型	3	㋡型	6	Ⓐ型	1
㋺型	2	㋷型	5	㋕型	5	㋽型	5	Ⓑ型	1
㋩型	3	㋦型	6	㋵型	4	㋤型	4		
㋥型	1	㋸型	5	㋟型	4	㋶型	4		
㋭型	2	㋾型	5	㋹型	5	㋰型	2		
㋬型	5			㋞型	6				
㋣型	4								
小計	19	小計	27	小計	27	小計	21	小計	2

らなる平屋建てでした。敷地はおおむね四〇～五〇坪、一〇～一八坪の建物ですべて庭付きとなり、地番は道路に面して付されています。当時、長屋住まいが多かった職工たちに優良な住宅を供給しようとした意図が読み取れます。

実際の購入者の多くは、当時、中堅職工だった三〇代の職工の家庭でした。一八年ローンで分譲、庭があることも好評で、かつ増改築も条件付で可能であったため、七倍の倍率の抽選で即日完売しました。

当時、東京東部には震災復興で新しい工業地が拡大しました。工業地帯を形成する工場には土地、輸送路、人、動力源（電力）が必要で、特に人手を確保するため、工場に勤める職工の住宅地の需要は顕著になっていましたが、工員たちの住宅は質が悪く、社会問題となっていました。そこで計画されたのが、千住緑町などの「職工向住宅」でした。職工向け住宅を建設することは、産業化が全国的に進み、新しい工場労働者に適した分譲住宅を供給するという課題への新たな取組みの第一歩だったのです。

一九四五年の空襲で隣接する分譲地とともに焼失し、いまは敷地割にその名残を留めるのみになっています。

よむ

工業地化する東京近郊の河川沿岸

ここでは千住緑町《せんじゅみどりちょう》住宅に住んだ工員たちの職場のある、千住地区が工業化していく様子をくわしくみていきます。

工場街のシンボル

一九二三（大正十二）年の関東大震災の後、東京の拡大とともに、隅田川《すみだがわ》や中川《なかがわ》の河川沿岸に、その水運や地下水を利用した多くの工場が進出しました。そのシンボルが千住火力発電所の「お化け煙突」です。

4-2 千住火力発電所とお化け煙突（1950年頃撮影）

一九二五年、南足立郡千住町堤外西耕地（現足立区千住桜木《さくらぎ》一丁目一三番周辺）に、東京電燈《でんとう》株式会社（のちの東京電力）が千住火力発電所を稼働させました。この発電所の四本の煙突は菱形に配置され、見る角度によって一本から四本に変化することから「お化け煙突」という通称が生まれました。発電所の設計者は、塔博士の異称をもつ内藤多仲《ないとうたちゅう》（一八八六〜一九七〇）です。

煙突は高さ八三mに達し、同じく内藤が設計した東京タワーが一九五八（昭和三十三）年に完成するまで、東京都区部で最も高い構造物でした。工業化のシンボルとなった発電所は、一般の電力供給のみならず、大きな工場に直接電力を供給していました。そのため、めずらしく大きな変電所設備も併せ持っていました（図4−3参照）。なお、発電所の建設候補地には川口（埼玉県）、市川《いちかわ》（千葉県）、亀有《かめあり》（葛飾《かつしか》区）、川崎（神奈川県）がありましたが、千住が建設地となったのは次の理由でした。

①石炭を貯める広い敷地があった
②石炭輸送に隅田川舟運が利用できる
③発電に使う井戸と上水道が利用できる
④川の湾曲《わんきょく》で取水口に土砂体積の心配がない
⑤自動車道路が近い
⑥隅田川上流の岩淵《いわぶち》水門で水害対策がある、

このうち敷地、舟運、水利、自動車道路の四条件は、発電所のみならず他の工場の立地条件にも合致し、多くの工場が進出してくることになりました。

4-3 千住火力発電所供給先図

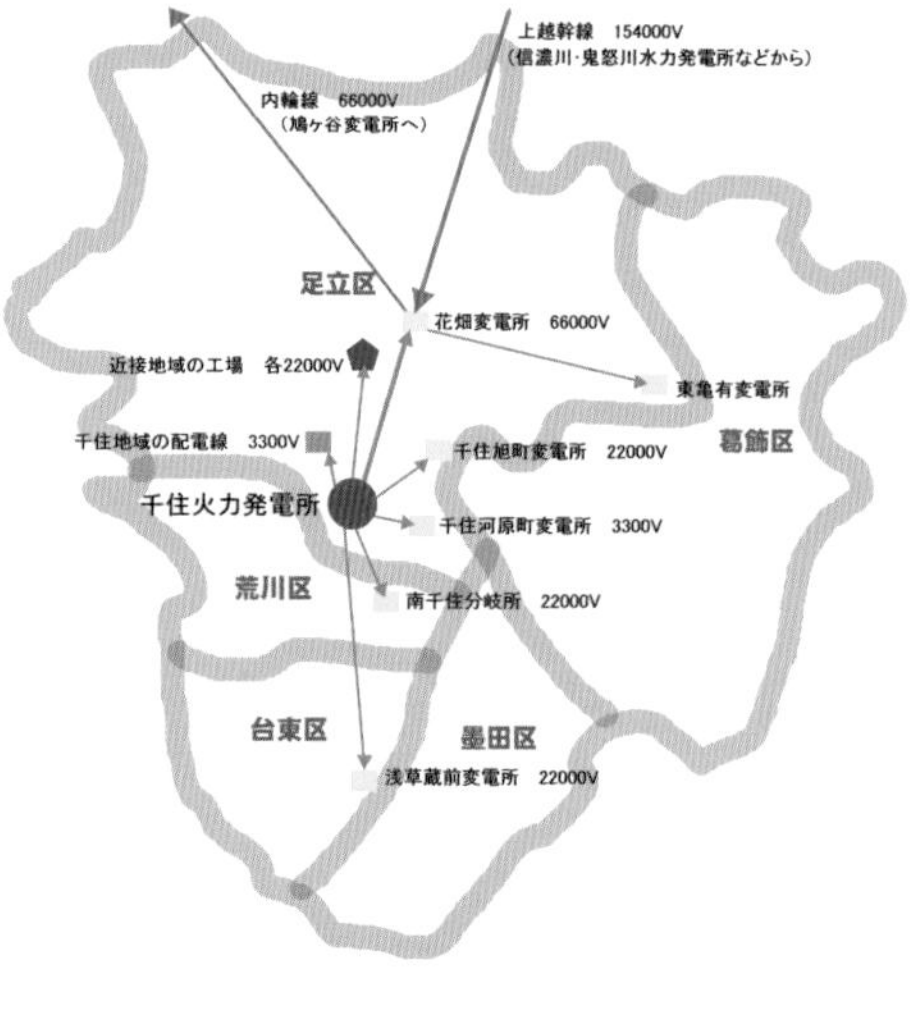

水利と水運

東京東部は河川がはりめぐらされた低地帯です。近代を迎えると、低地の平野部が工場地帯へ変貌していきました。河川は輸送路の主力でしたし、豊富な地下水にも恵まれたこと、さらに平坦な広くて安価な土地は工場を設けるのに適した地の利がありました。河川は東京湾の干《かん》満《まん》があり、動力船が普及する以前から舟運路が発達していましたし、地下水も豊富で、洗浄や冷却に大量に水を消費する近代工業にも適していたのです。

足立や東京東郊で用いる川舟は、江戸時代から一九七〇年代まで、隅田川や綾瀬川《あやせがわ》の沿岸にあった造船所で製造されていました。和船《わせん》の時代から現在も用いられている曳船《ひきふね》と艀《はしけ》など、時代とともに移り変わりましたが、舟運が物流の主役だった一九五〇年代までは、造船と維持管理のため、工業地帯での川舟の需要は盛んでした。

4-4 造船所（1960年代撮影）

銭湯

工場の立地にもう一つの不可欠な要件が、工員たちの住宅の確保でした。そのため千住地区には多くの家作《かさく》（貸家）が出来、工員たちの住宅が確保されていきました。「みる」でも述べたように、同潤会の千住緑町住宅もその一つです。しかし一般の工員住宅のほとんどは風呂がなく、銭湯が必要でした。

最盛期を迎えたのは一九五〇～六〇年頃（昭和三十年代）で、千住地域だけで三六軒の銭湯がありました。現在は一一軒となりましたが、一九二九年建築の大黒湯（図4-5・千住寿《ことぶき》町《ちょう》）や、一九三八年建築のタカラ湯（千住元町《もとまち》）などは、工業地化が進み、家作が増えた時代を今に伝えています。

近代初期の足立の工業

都市近郊に位置した足立区の工業化は、低地部の土壌を用いた窯業《ようぎょう》や、都市近郊に位置し、井戸水を多用できた再生紙業に始まりました。小菅煉瓦《こすげれんが》製造所（二章三節参照）で一八七二（明治五）年に煉瓦製造が始まると、現足立区を含めた東京東部で煉瓦製造が盛んになりました。地元の粘土質《ねんどしつ》土壌を窯業で利用するのは近世後期からの継続であり、足立区域や葛飾区域で盛んに煉瓦が製造されました。しかし、関東大震災で煉瓦需要が低迷すると、煉瓦製造所の多くが廃業し、残った窯《かま》も瓦製造に移行しました。

足立区域は、近世後期から問屋制家内工業《とんやせいかないこうぎょう》の形態で紙漉業《かみすきぎょう》が発達していましたが、近代を迎えると、再生紙業はよりいっそう盛んになりました。工業製品を梱包する資材や厚紙—さまざまな製品の芯に利用—の多くは再生紙で、多様な需要に応えていました。

この他にも、染物《そめもの》業や晒《さらし》業などの繊維工業も盛んになりましたが、鉄道輸送力が発達するに従って産地は徐々に地方へ移転し、足立区内や周辺では下火になっていきました。

4-5 大黒湯

あるく

近代工業化の跡地をたどる

千住《せんじゅ》西部エリアには明治時代以降の工業地化の遺産が数多く残っています。東京近郊に位置した河川沿岸の産業遺産を街中から探してみましょう。

工業関連の史跡

千住火力発電所跡①（千住桜木一丁目）

「お化け煙突」で知られたかつての千住火力発電所があった場所で、現在は東京電力の施設となっています。

お化け煙突モニュメント②

帝京科学大学千住キャンパス（千住桜木二丁目）に隣接する隅田《すみだ》川《がわ》堤防に設置されています。千住火力発電所の煙突は一九六四（昭和三十九）年に解体されましたが、その一部が記念として千寿元宿《もとじゅく》小学校に残されました。二〇〇五（平成十七）年に同校が統廃合された後、現在地にモニュメントが移転・設置されました。

タカラ湯③（千住元町）

一九三八年から続く銭湯で、唐破風《からはふ》には千住を象徴する「鶴」の彫刻が施されています。

大黒湯④（千住寿町）

一九二九年に建築された銭湯で、千住地区の中でも最古の銭湯です。大型の宮造りや格天井《ごうてんじょう》、彫刻類が見事なことから、「キングオブ銭湯」の通称があります。

同潤会《どうじゅんかい》千住緑町《みどりちょう》住宅跡⑤

現在の千住緑町二丁目二一～二八番の区域が同潤会住宅の敷地の跡地（一部を除く）です。いろは順に「い型」から「む型」まで二三種類の尺貫法住宅とA・B二種類のメートル法住宅が建設されました。

西千住駅跡地⑥（千住緑町）

同潤会住宅は京成《けいせい》電気軌《き》道《どう》（現京成電鉄）が同じ一九三五年に分譲した宅地の一部を利用していました。京成の分譲地は、現在の千住緑町一帯でした。緑町という名前のとおり、河川沿岸の蘆原《あしはら》だったところで、京成線の上野トンネルを掘削した土などを利用して、造成工事が行われました。分譲地近くには同年、西千住駅が開業しましたが、一九四五年の空襲で一帯が焼失したことと、隣の千住大橋駅との距離が短かったことから、一九四七年に廃止されました。

石洞《せきどう》美術館⑦（千住橋戸町《はしどちょう》）

地元の企業、千住金属工業株式会社（一九三八年創業）の社長であった佐藤千壽《さとうせんじゅ》（雅号「石洞」）が設立した公益財団法人美術工芸振興佐藤基金が二〇〇六年に開設した美術館です。著名なやきもののコレクションを核に、さまざまな展覧会を開催しています。

周辺史跡

このエリアはもともと千住宿の西部耕地に位置していることから、宿場に関連した史跡もあります。合わせて見学することで、宿場から工業地帯への変貌を考えることができます。

元宿神社A（千住元町）

千住宿を構成した元集落の一つ、元宿地域の神社です。元宿の集落は現在の荒川《あらかわ》河川敷にあり、荒川放水路（現荒川）の開削によって移転した人びとの歴史を刻んだ「感旧碑《かんきゅうひ》」があります（二章四節参照）。

元宿《もとじゅく》堰《せき》稲荷神社B（千住桜木一丁目）

用水の堰《せき》（水門）があった場所です。葛飾北斎《かつしかほくさい》の「冨嶽三十六景《ふがくさんじゅうろっけい》 武州《ぶしゅう》千住」はここを描いています。なお千住を題材とした富嶽三十六景は、このほか「隅田川関屋《せきや》之里」があります。

千住神社C（千住宮元町《みやもとちょう》）

千住一丁目と二丁目の鎮守です。境内には千住に住んだ漢学者、佐藤元萇《さとうげんちょう》（応渠《おうきょ》）の石碑や富士塚などの石造物が伝来しています。

旧逓信省《ていしんしょう》千住郵便局電話分室（現NTT東日

本千住ビル）D（千住中居町《なかいちょう》）

一九二九年に建設された近代建築の一つで、設計者は日本武道館（千代田区）を設計したことで知られる山田守《やまだまもる》です。

橋戸稲荷神社E（千住橋戸町）

千住橋戸河《か》岸《し》場《ば》は隅田川舟運と千住宿を結ぶ河岸場でした。橋戸の鎮守、稲荷神社には幕末から明治にかけて活躍した名工・伊豆《いずの》（入江《いりえ》）長《ちょう》八《はち》の鏝絵《こてえ》（こてと漆喰《しっくい》を使用して作成した彫刻絵画）があります。

4-6 千住西部地域

C千住神社

②お化け煙突モニュメント

③タカラ湯

B　元宿堰稲荷神社（左）／葛飾北斎「冨嶽三十六景　武州千住」（右）（足立区立郷土博物館蔵）

A元宿神社（左）と感旧碑（右）

D旧逓信省千住郵便局電話分室（現NTT東日本千住ビル）

E橋戸稲荷神社

第五節 名所をつくる地域——江北《こうほく》・堀之内《ほりのうち》・鹿浜《しかはま》・扇《おうぎ》——

多田文夫

みる

一八八六(明治十九)年、連合戸長だった沼田村《ぬまたむら》の清水謙吾《しみずけんご》が主唱して、荒川《あらかわ》(現隅田川《すみだがわ》)堤防上に三〇〇〇本以上もの八重の里桜を植樹しました。この荒川五色桜《ごしきざくら》はのちに、ここからワシントンのポトマック河畔に桜が移植されるなど、江戸東京の桜の保管庫ともなりました。桜の名所の成り立ちの記録を探りましょう。

5-1 清水謙吾「栽桜記」(『昭代楽事』所収, 江北村の歴史を伝える会, 1891〈明治24〉年)

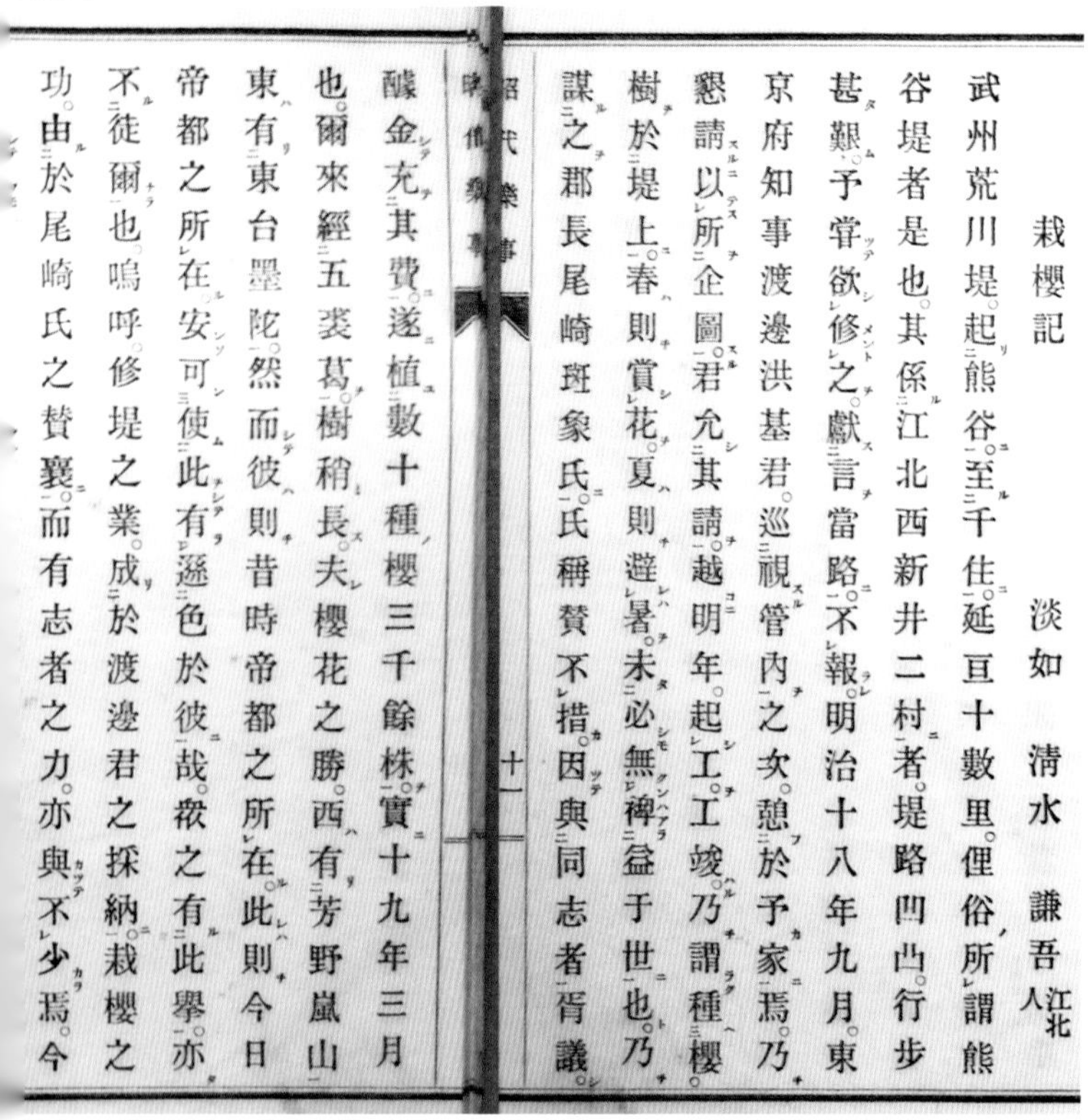

栽櫻記　淡如　清水謙吾　江北人

武州荒川堤。起熊谷。至千住。延亘十數里。俚俗所謂熊谷堤者是也。其係江北西新井二村者。堤路凹凸。行歩甚艱。予嘗欲修之。獻言當路。不報。明治十八年九月。東京府知事渡邊洪基君。巡視管内之次。憩於予家焉。乃懇請以所企圖。君允其請。越明年。起工。工竣。乃謂種櫻。樹於堤上。春則賞花。夏則避暑。未必無裨益于世也。乃謀之郡長尾崎斑象氏。氏稱賛不措。因與同志者胥議。

昭代楽事　十一

醵金充其費。遂植數十種櫻三千餘株。實十九年三月也。爾來經五裘葛。樹稍長。夫櫻花之勝。西有芳野嵐山。東有東台墨陀。然而彼則昔時帝都之所在。此則今日帝都之所在。安可使此有遜色於彼哉。敎之有此擧。亦不徙爾也。嗚呼。修堤之業。成於渡邊君之採納。栽櫻之功。由於尾崎氏之賛襄。而有志者之力。亦與不少焉。今

「栽桜記《さいおうき》」は、江北五色桜《こうほくごしきざくら》(荒川《あらかわ》五色桜)の植樹を提唱した清水謙吾《しみずけんご》がその経緯と概要を漢文でまとめた版本『昭代楽事《しょうだいらくじ》』(一八九一〈明治二十四〉年版行)の一文です。本書は千住《せんじゅ》の漢学者・佐藤狐松《さとうこしょう》(益太郎《ますたろう》)の序、石川文荘《いしかわぶんそう》の跋文《ばつぶん》、植樹に尽力した人たちや交流があった人びとの文、和歌、俳句で構成され、付録部に桜の品種目録、資金の拠出者一覧が続いています。

清水謙吾は一八八六年には沼田村《ぬまたむら》の連合戸長であり、その後、南足立郡《みなみあだちぐん》江北村長となりました。謙吾が村政に臨んだ江北一帯は荒川(現隅田川《すみだがわ》)沿岸の低地帯で、堤防は生活圏を守る防波堤でした。ここに桜を植えるきっかけの一つとなったのは、一八八五年七月に東京を襲った洪水です。九月にその被害状況を視察した当時の東京府知事渡辺洪基《わたなべこうき》(一八四八〜一九〇一)に堤防の修築を求め、翌年には工事が行われました。この堤防工事に際して当時の南足立郡長に桜の植樹を提案したのが謙吾たちでした。

献策《けんさく》は受け入れられ、一八八六年には、七八種類、三二二五本のサトザクラが長さ三二〇〇

乃記之。

訓読

栽桜記《さいおうき》

武州荒川堤は、熊谷に起り千住に至る。延亘《のべわたり》十数里なり。俚俗《りぞく》の謂《い》う所の熊谷堤《くまがやづつみ》は是なり。其《そ》の江北《こうほく》・西新井二村に係る者、堤路は凹凸して行歩甚だ艱《なや》む。予、嘗《かつ》てこれを修めんと欲し、言を当路に献ずれども報いられず。明治十八年九月、東京府知事渡辺洪基《わたなべこうき》君、管内を巡視するの次に予が家に憩う。乃《すなわ》ち懇請するに企図する所を以てす。君、其の請いを允《ゆる》す。越えて明年工を起し工竣《お》わる。乃ち謂へらく、桜樹を堤上に種うれば、春は則ち花を賞し、夏は則ち暑を避ければ、未だ必ずしも世に裨益することと無くんばあらざるなりと。乃ち之を郡長尾崎斑象氏に謀る。氏称賛して措かず。因《よ》って同志の者と胥議《あいぎ》し、醵金《きょきん》して其の費に充て、遂《つい》に数十種の桜三千余株を植う。実に十九年三月なり。爾来五裘葛《ごきゅうかつ》を経て樹稍《よう》や く長ず。夫《そ》れ桜花の勝、西は芳野、嵐山有り。東は東台、墨陀《すみだ》有り。然《しか》り而して彼は則ち昔時《せきじ》帝都の在りし所、此れは則ち今日帝都の在る所、安んぞ此をして彼に遜色《そんしょく》有らしむべけんや。衆の此の挙有るも亦《ま》た徒爾《とじ》ならざるなり。嗚呼、修堤の業は、渡辺君の採納に成り、栽桜の功は、尾崎氏の賛襄《さんじょう》に由る。而して有志の力も、亦た与《あず》かりて少なからず。今や称して、東都の勝、彼に過ると曰うも蓋《けだ》し溢《いっ》美《び》にあらざるなり。況《いわ》んや数十年の後、春風駘蕩《しゅんぷうたいとう》の日に方りては、芳雲爛漫として、所謂《いわゆる》白銀世界なる者必ず期すべきや。乃ち之を記す。

現代語訳

武州《ぶしゅう》熊谷堤《くまがやつつみ》は熊谷から千住《せんじゅ》まで一〇里あります。それで熊谷堤といいます。そそのうち江北村《こうほくむら》と西新井村の堤防道路は傷んでいました。わたしは修理したいと思っていたのですが実現しませんでした。明治十八年九月（水害視察のため）渡辺洪基《わたなべこうき》東京府知事が巡視したとき我が家で休憩しました。そこで修理を願ったところ翌年工事となり竣工しました。お願いした堤防修理の企図は、桜を堤防上に植えると春は花見、夏は避暑など必ず人びとの利益になるというものでした。この内容を尾崎《おざき》斑象南《みなみあ》足立《だち》郡長に相談したら称賛してくれました。そこで仲間と話し合い、募金を集めてその費用に充てたところ、数十種の桜、三〇〇〇株あまりを植えることができました。それが明治十九年三月のことです。それから五年を経て木も成長しました。桜の景色は西の吉野山、嵐山、東の上野の山、隅田川《すみだがわ》があります。西の桜はかつて都があったところで東の桜はいまの都があるところです。こうした著名な桜の景勝地に遜色《そんしょく》がありません。みんなで、この事業を成し遂げることができました。堤防の修築は渡辺府知事が認めてくれたこと、桜の植樹（栽桜）は尾崎郡長が称賛してくれました。そして仲間の力が大きかったのです。いまや東京の景勝地として称賛される、あふれる美しさです。これから数十年の後、春風が吹く頃には花は咲き乱れ、桜花の白銀世界となるでしょう。そのため、これを書きました。

余間（約五・八km）にわたって植えられました。植樹のための資金には、地元の鹿浜《しかはま》・鹿浜新田・加賀《かが》皿沼《さらぬま》・堀之内《ほりのうち》・沼田・宮城《みやぎ》・小台《おだい》など江北村の人びとを中心に集められた一六九件の拠出金二九五円が使われました。

この『昭代楽事』が版行されたのは、植えられた桜が順調に育っているさなかでした。文中に「数十年の後、春風が吹く頃には花は咲き乱れ、桜花の白銀世界となるでしょう」と将来の花の盛りを願っています。

謙吾の願いの通り、一八九〇年代後半～一九一〇年代初め頃（明治三十～四十年代）には「荒川五色桜」は東京郊外の名所として、多くの人びとを誘うようになりました。

「栽桜記」には、奈良の吉野の桜や、上野、隅田川の桜のような名所としたいという意図が記されています。この地域では、名所は創り出すものだったことが読みとれる一文です。

よむ

創り出される名所——生業と産物

巨大都市江戸・東京を間近に控えた江北《こうほく》などの近郊農村地帯では、収入の主力であった米穀と野菜や花卉《かき》などの換金作物とともに、観光地、名所の創出が盛んに行われました。どのような名所が創り出されたのか、見ていきます。

5-2 茶屋の様子（『江戸名所図会』足立区立郷土博物館蔵）

六阿弥陀《ろくあみだ》めぐり

江戸時代に江北地域で盛んだったのが、春と秋二度の彼岸に催行された六阿弥陀めぐりでした。行楽客《こうらくきゃく》を迎える茶店が要所要所に設けられ（図5－2参照）、地元の人びとの農間の重要な収入となりました。

六阿弥陀伝説は、奈良時代の僧侶行基《ぎょうき》（六六八～七四九）が霊木《れいぼく》で六体の阿弥陀仏を創ったという伝説に基づき、江戸東京の東部の寺院をめぐるものです。六体の阿弥陀仏をまつる寺は、西福寺《さいふくじ》①（現北区豊島《としま》）、延命寺《えんめいじ》②（現在は恵明寺《えみょうじ》に合併。現足立区江北二丁目）、無量寺《むりょうじ》③（現北区西ヶ原《にしがはら》）、与楽寺《よらくじ》④（現北区田端《たばた》）、常楽院《じょうらくいん》⑤（元は台東区《たいとうく》。焼失により現在は調布市《ちょうふ》に移転）、常光寺《じょうこうじ》⑥（現江東区《こうとう》亀戸《かめいど》）です（図5－3参照）。これに、行基が余った根元の木材で創ったと伝える木余《きあま》り如来《にょらい》が残る性翁寺《しょうおうじ》（足立区扇《おうぎ》二丁目）や、残った木で創られたとされる末木観音のある昌林寺《しょうりんじ》（現北区西ヶ原）も合わせ、八ヵ所に広がっています。

この伝説は、明暦《めいれき》年間（一六五五～五八）の「六阿弥陀伝記」に初めて登場し、『江戸名所図会《えどめいしょずえ》』（一八三六〈天保《てんぽう》七〉年）や『東都歳時記《とうとさいじき》』（一八三八年）が出版される頃には大変盛んだったことが記されています。その後、六阿弥陀めぐりは一九二〇年代（大正九年～昭和五年）まで流行しましたが、荒川放水路の通水や近郊の拡大によって減少していきました。

5-3 「武州江戸六阿弥陀巡拝之図」（1829〈文政12〉年，足立区立郷土博物館蔵）

行楽客を迎える寺院と村

六阿弥陀めぐりだけではなく、西新井大師《にしあらいだいし》（總持寺《そうじじ》。足立区西新井一丁目）や関原不動《せきはらふどう》（大聖寺。

足立区関原二丁目）など多くの参詣寺院が成立し、参拝者向けの木版《もくはん》刷りの縁起が盛んに作られました。

近郊農村地帯らしく、行楽向けの産物も登場します。千住南部の隅田川沿いに広がる関屋の里を例にとると、歌川国貞《うたがわくにさだ》・三代豊国《とよくに》と広重《ひろしげ》による『江戸の花名勝会《めいしょうえ》　関屋の里』で、名所の産物として早茄子《はやなす》と芋が出ることを画中で知らせています（図5－4参照）。

現在の足立区や周辺の地域は、江戸からの行楽客が定期的に訪れることができる日帰り行動圏で、名所を創り出し、名産品や茶屋の営業を行うという生業に直結していました。

五色桜の盛衰

近代に創出された名所の代表が、「みる」で取り上げた五色桜でした。洪水による堤防修築を契機に、地元の人びとが基金を拠出し名所として花開いたのが五色桜だったのです。当時の賑《にぎ》わいは絵葉書で見ることができます（図5－5参照）。

また一九一二（明治四十五）年には東京市からアメリカ・ワシントンに五色桜から栽子《つぎほ》を採取した苗木が贈られ、現在のポトマック河畔の桜となっています。

しかし、盛んだった五色桜は衰退することになりました。大治水事業として一九一一年から事業が開始された荒川放水路（現荒川）の建設で、放水路の敷地となるため寸断されたのです。永井荷風《ながいかふう》は、随筆『放水路』の冒頭で、放水路工事で五色桜がなくなることに触れています（二章四節参照）。さらにアジア・太平洋戦争中にも燃料として伐採され、近郊農村地帯だった周辺も戦後には工業化が始まり、五色桜は完全に姿を消してしまいます。

その後、こうした歴史に基づき一九八一（昭和五十六）年にワシントンの桜の苗木を取り寄せ、いま新たに都市公園の桜として復活しています。なかでも当時のワシントン桜まつり名誉会長だったナンシー・レーガン元大統領夫人を通じて贈られた桜の木は「レーガン桜」と命名され、都立舎人《とねり》公園内に植えられています。図5－6は、桜交流に伴って一九八六年六月十六日付でレーガン元大統領夫人より当時の足立区長宛てに送られた礼状です。一九八一年に足立区に植樹したレーガン桜の成長を喜び、日本滞在の良い思い出になったと感謝を述べています。

5-4『江戸の花名勝会　関屋の里』（足立区立郷土博物館蔵）
上の女性たちのセリフや俳句で名産品の茄子を物語る。

5-5 荒川堤五色桜の絵葉書（足立区立郷土博物館蔵）
茅葺の農家が茶屋を営んでいる様子も見える。写真に着色したコロタイプ印刷の絵葉書の一つ。

5-6 ナンシー・レーガン書簡
（足立区立郷土博物館蔵）

THE WHITE HOUSE

June 16, 1986

Dear Mayor Furusho:

Thank you so very much for the album of photographs of the "Reagan-Zakura" cherry tree which Mr. Morito Kamiya and Mr. Hidejiro Seki presented on your behalf when the President and I were in Tokyo recently. We are delighted to see how much the tree has grown since it was planted in Adachi Ward in 1981, and my husband and I truly appreciate having this lovely remembrance of our stay in your beautiful country. It's a perfect keepsake of the warm friendship we value with the residents of Adachi Ward.

With our kindest regards and best wishes to you and the fine people you represent,

Sincerely,

Nancy Reagan

The Honorable Tadashi Furusho
Mayor of the Special Ward
of Adachi, Tokyo
Japan

あるく

五《ご》色《しき》桜《ざくら》と六《ろく》阿《あ》弥《み》陀《だ》の今

図5－7で示した一帯―加賀・皿沼・鹿浜・堀之内・江北・新田・宮城・小台―の各町は、江戸時代には南足立郡江北村を構成していました。大部分が東叡山寛永寺《とうえいざんかんえいじ》領の村々で「御神領《ごじんりょう》」とも称され、用水路も共有していたことから農業面でも一体的な地域でした。

六阿弥陀の史跡

六阿弥陀めぐりの順路は、区画整理と荒川放水路（現荒川）の建設によって多くが失われています。しかし、街中の寺院にその流行をしのぶことができます。

恵明寺《えみょうじ》①（江北二丁目）

本尊の阿弥陀如来坐像《あみだにょらいざぞう》は、もともと六阿弥陀二番の延命寺にまつられていましたが、一八七六（明治九）年に合併してからこの寺の本尊となり、六阿弥陀の二番もそれ以来この寺院となりました。

性翁寺《しょうおうじ》②（扇二丁目）

六阿弥陀の木余《きあま》り如来として知られる本尊の阿弥陀如来坐像をまつるほか、一五七〇（永禄《えいろく》十三）年銘《めい》の阿弥陀三尊種字板碑《あみださんぞんしゅじいたび》や、この寺の由来を記した縁起《えんぎ》があり、いずれも足立区登録

5-7 加賀・皿沼・鹿浜・扇地域

A名勝荒川堤桜碑

①恵明寺

B栽桜記碑

性翁寺

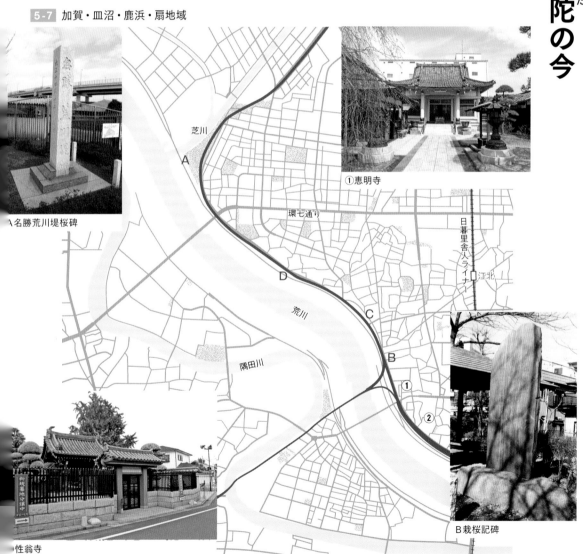

有形文化財となっています。ほかに六阿弥陀伝説を描いた絵巻も伝来しています。

五色桜の関連個所

「五色桜」はかつての史跡のほか、一九八一（昭和五十六）年の桜復活事業以降、施設が整備されるにしたがって増えてきています。

名勝荒川堤桜碑A

一九二四（大正十三）年に名勝指定されたことを記念し、翌年東京府が建立した石碑です。足立区都市農業公園（足立区鹿浜二丁目）で保存されています。同公園には五色桜のエリアや五色桜資料室が設置されています。

栽桜記碑《さいおうき》B

一八九一年成立の「栽桜記」を前面に記した碑文です。五色堤公園（足立区江北二丁目）内に設置されています。

旧熊谷堤《くまがやづつみ》C

埼玉県熊谷市から千住にいたる河川堤防は、熊谷堤と呼ばれていました。ここには荒川放水路（現荒川）建設以前の堤防が一部残存しています。図5-5で紹介した、荒川堤五色桜の絵葉書に描かれた茶屋も酒屋として残っています。

荒川堤防D

現在の荒川堤防の江北橋周辺では募金によって桜並木の復活のための新たな植樹が進んでいます。

六阿弥陀巡りと五色桜は盛時には多くの行楽客で賑わいました。客を迎える農村としても稲作や野菜作りの繁忙期を避けて設定されており、五色桜は田植えの後、六阿弥陀巡り―春秋の彼岸―も農作業に比較的余裕がある時期でした。

さて近世後期の木版摺《もくはんず》りや、近代の印刷物はいずれも行楽客のための出版物でした。伝説や逸話を添え、年々充実した様子を見ると、近郊農村の人びとが江戸東京の人びとを迎えるという「名所」の経済活動は成功したといえるでしょう。

5-8 「荒川堤観桜道筋見取図」(1912〈明治45〉年発行)
千住・田端・王子から荒川堤へのルートを載せている（右上部分については下記表を参照）

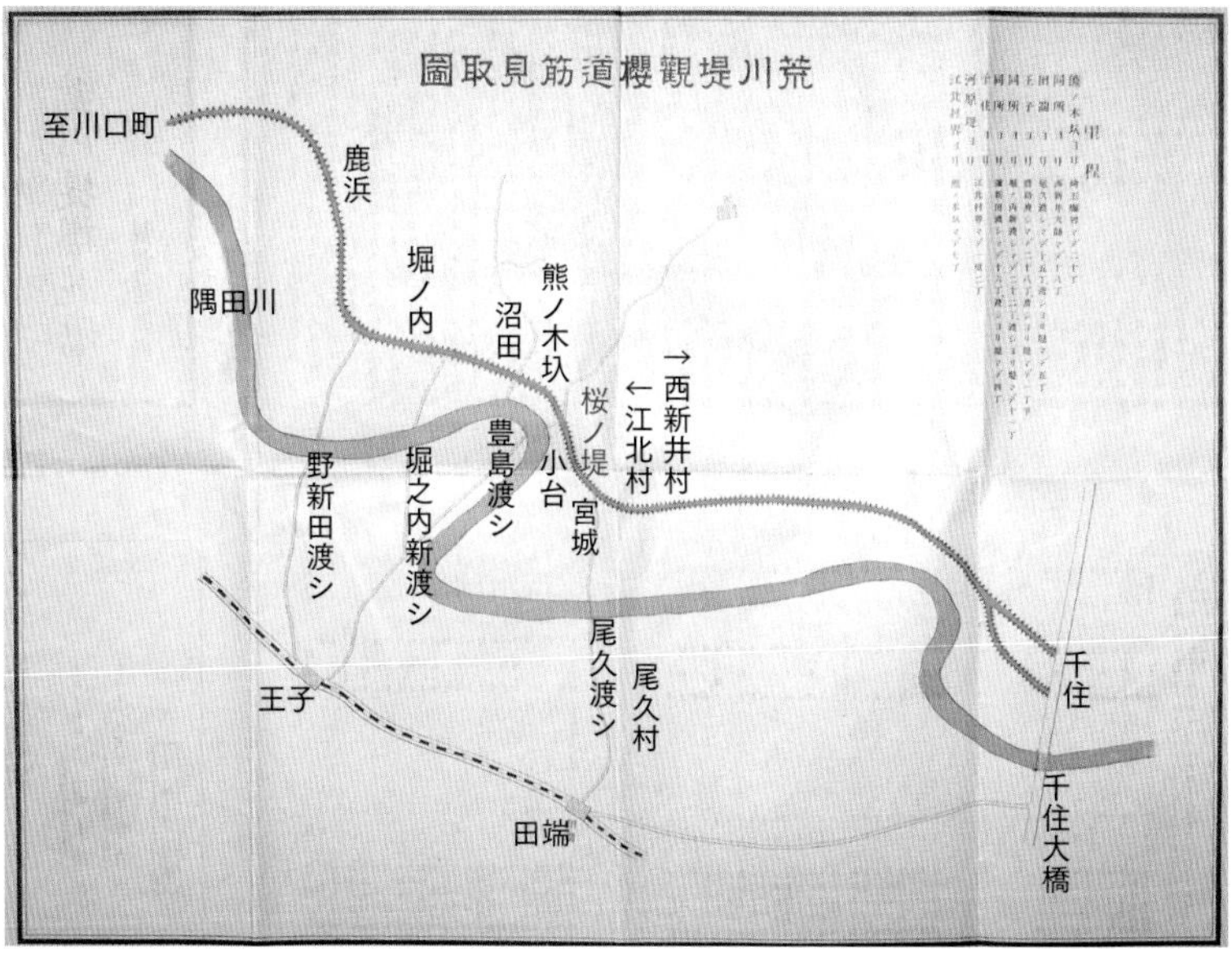

里程	
熊ノ木圦ヨリ	埼玉県界マデ二十丁（約2.2km）
同所ヨリ	西新井大師マデ十八丁（約2km）
田端ヨリ	尾久渡シマデ十五丁（約1.7km）渡シヨリ堤マデ五丁（約545m）
王子ヨリ	豊島渡シマデ二十八丁（約3.1km）渡シヨリ堤マデ一丁半（約164m）
同所ヨリ	堀之内新渡シマデ二十二丁（約2.4km）渡シヨリ堤マデ一丁（約1.2km）
同所ヨリ	野新田渡シマデ十六丁（約1.7km）渡シヨリ堤マデ四丁（約436m）
千住ヨリ 河原堤ヨリ	江北村界マデ一里二丁（約4.1km）
江北村界ヨリ	熊ノ木圦マデ七丁（約764m）

※1里＝36丁（町）＝約3.9km，1丁（町）＝約109m

参考文献

足立区教育委員会『足立史談』一号〜、同、一九六八年〜現在　【図1-7】
足立区立郷土博物館編『足立のあゆみ』同、一九八八年
足立区立郷土博物館編『古代伊興遺跡の世界』同、二〇〇〇年
足立区立郷土博物館『足立区立郷土博物館常設展示図録』同、二〇〇九年
足立区立郷土博物館『葵の御威光―江戸近郊徳川領の歴史と伝説―』同、二〇〇六年
足立区立郷土博物館『浪人たちのフロンティア―村と町の開発と浪人由緒―』同、二〇一一年
足立区立郷土博物館『美と知性の宝庫　足立―酒井抱一・谷文晁とその弟子たち―』同、二〇一六年
足立区立郷土博物館『大千住　美の系譜―酒井抱一から岡倉天心まで―』同、二〇一八年
足立区立郷土博物館『戦国足立の三国志　宮城氏・舎人氏・武蔵千葉氏　―古文書が語る足立の歴史―』同、二〇一九年
足立区立郷土博物館・足立風土記編さん委員会編『絵でみる年表　足立風土記』足立区教育委員会、一九九二年
足立区立郷土博物館・足立風土記編さん委員会編『足立風土記稿　地区編』一〜一〇、足立区教育委員会、一九九六〜二〇〇四年
足立区立郷土博物館・足立風土記編さん委員会編『ブックレット足立風土記』一〜一〇、足立区教育委員会、二〇〇二年　【図3-2】
足立区立郷土博物館・すみだ郷土文化資料館・財団法人宮本記念財団編『隅田川流域の古代・中世世界―水辺から見る江戸・東京前史―』足立区立郷土博物館、二〇〇一年
和泉清司『徳川幕府成立過程の基礎的研究』文献出版、一九九五年
和泉清司『江戸幕府代官頭文書集成』文献出版、一九九九年
井田太郎『酒井抱一―　俳諧と絵画の織りなす抒情―』岩波書店、二〇一九年
葛飾区郷土と天文の博物館『葛西用水―曳舟川をさぐる―』同、二〇〇一年
眞田尊光「建部巣兆について―文献資料にみる来歴と画業の検討を中心に―」『足立区立郷土博物館紀要』三一、二〇一〇年
多田文夫「伊奈氏の新田開発と除地設定について―武蔵国東部を事例として―」『関東近世史研究』四四、一九九九年
玉蟲敏子『都市のなかの絵―酒井抱一の絵事とその遺響―』ブリュッケ、二〇〇四年
地方史研究協議会編『江戸・東京近郊の史的空間―地方史研究協議会第五三回（東京）大会成果論集』雄山閣、二〇〇三年
東京都足立区『新修　足立区史』上・下、同、一九六七年
東京都足立区編『足立区史』同、一九五五年
東京都足立区教育委員会『足立区文化財調査報告書』一〜一五、同、一九六七〜八一年
東京都足立区区民部管理課編『足立区町名のうつりかわり』東京都足立区、一九八二年
東京府南足立郡教育会『南足立郡誌』同、一九二六年
東京府南足立郡役所『南足立郡誌』同、一九一六年
橋本直子『耕地開発と景観の自然環境学―利根川流域の近世河川環境を中心に―』古今書院、二〇一〇年
姫路市立美術館他企画・監修／松尾知子・岡野智子編『酒井抱一と江戸琳派の全貌』求龍堂、二〇一一年
本間孝夫「職工向け住宅―同潤会千住緑町分譲住宅―」『足立区立郷土博物館紀要』三六、二〇一五年　【図4-1】
村越其栄・向栄画／足立区立郷土博物館『千住の琳派―村越其栄・向栄父子の画業―』足立区立郷土博物館、二〇一一年
『別冊太陽二四四　江戸琳派の美　抱一・其一とその系脈』平凡社、二〇一六年

＊一章で引用した図表番号を、文献名に続けて【　】内に示した。原図に加筆・着色などの改変を行ったものもある。

第二章

葛飾区

柴又帝釈天と参道のまちなみ（葛飾区）

はじめに

1 葛飾《かつしか》区のなりたち

葛飾区は、東京都の東北端に位置し、東側は江戸川を境に千葉県松戸《まつど》市に、北側は大場川《おおばがわ》を境に埼玉県三郷《みさと》市、北西部は中川《なかがわ》・古隅田川《ふるすみだがわ》を境に足立《あだち》区、南西部は荒川《あらかわ》を境に墨田《すみだ》区、南東部は江戸川区にそれぞれ接しています。葛飾区の経緯度は、東経一三九度五〇分から五五分、北緯三五度四一分から四八分にあり、地球儀を回すと、葛飾区はほぼ中東のイランの首都テヘラン付近と同じ緯度に位置しています。

葛飾区の面積は、三四・八四㎢あり、東京二三区中七番目の広さです。

葛飾区は、一九三二（昭和七）年十月一日に東京市に隣接する東京府五郡の市郡併合によって誕生しました。都制が導入され、東京市と東京府が廃止され、東京都葛飾区となるのは一九四三年七月一日のことです。

東京府葛飾区が誕生した時、左記の七地域が区に属しました。現在でも大きくはこの地域的なまとまりが単位となり、行政サービスが行われています。

水元村《みずもとむら》（現在の水元、東水元、西水元、南水元、水元公園など）
金町《かなまち》（金町、東金町、金町浄水場、柴又《しばまた》）
新宿村《にいじゅくむら》（新宿、金町・東金町・柴又・高砂《たかさご》・南水元の一部）
亀青村《かめあおむら》（亀有《かめあり》、西亀有、青戸《あおと》、白鳥《しらとり》、お花茶屋《はなぢゃや》・四《よ》つ木《ぎ》・立石《たていし》・東堀切《ひがしほりきり》の一部）
南綾瀬町《みなみあやせまち》（小菅《こすげ》、堀切、宝町《たからまち》・西亀有・お花茶屋の一部）
本田町《ほんでんまち》（立石、東立石、四つ木、宝町、高砂、青戸、奥戸《おくど》・堀切・お花茶屋の一部）

0-1 葛飾区の地域区分図

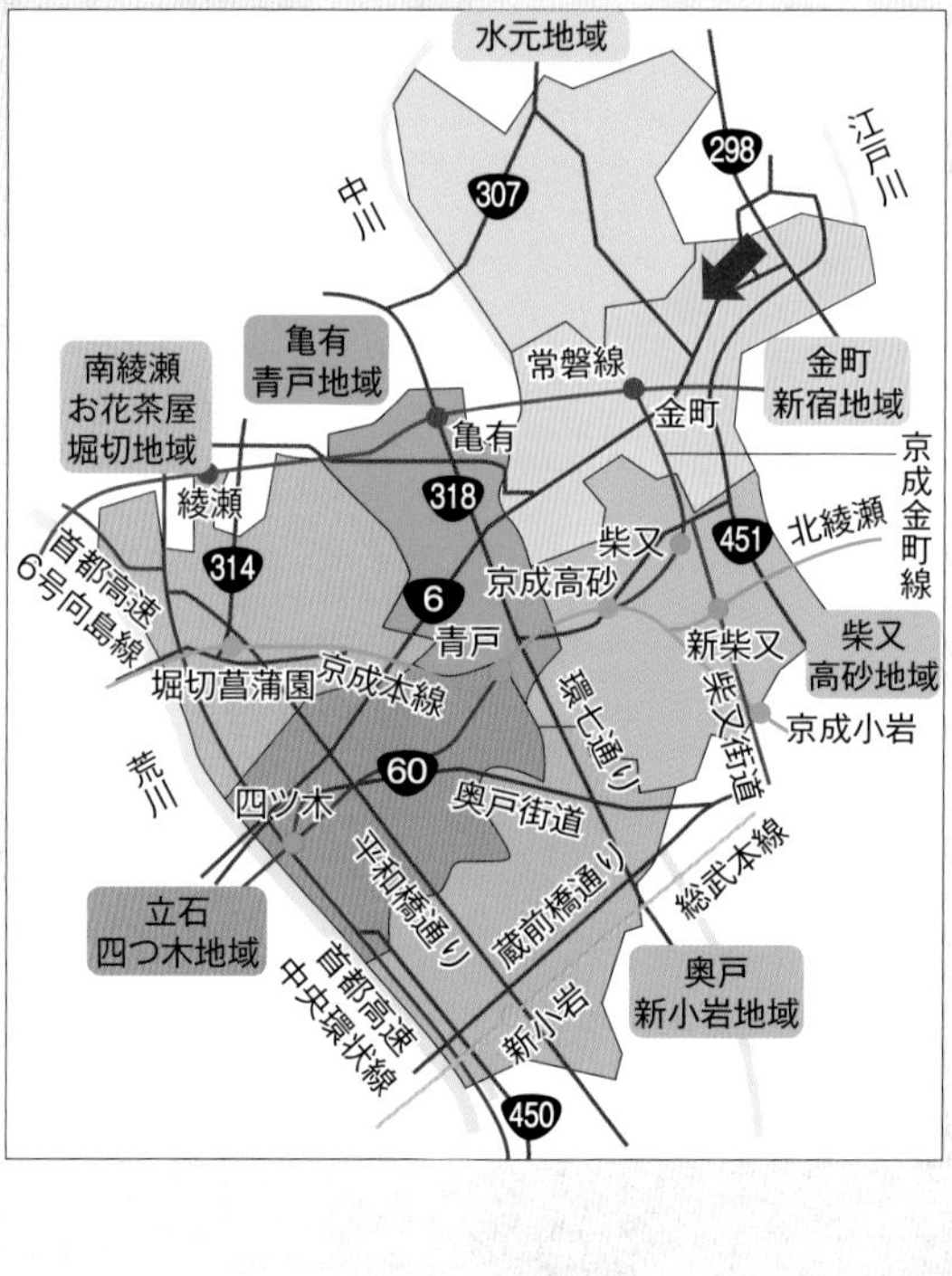

0-2 葛飾区の人口推移

年次	人口
1925年10月（国勢調査）	49,415
1935年10月（国勢調査）	105,682
1945年11月（人口調査）	171,557
1955年10月（国勢調査）	294,133
1965年10月（国勢調査）	446,059
1975年10月（国勢調査）	442,328
1985年10月（国勢調査）	419,017
1995年10月（国勢調査）	424,478
2005年10月（国勢調査）	421,519
2015年10月（国勢調査）	442,913
2015年昼夜間人口比率	84.1%
2018年外国人人口総数	20,730

奥戸町《おくどまち》（奥戸・新小岩《しんこいわ》・東新小岩・西新小岩・細田《ほそだ》・鎌倉《かまくら》、奥戸の一部）

次に、人口の動態を見ると、近代になって首都東京の膨張が周辺部の人口の増加を促すとともに、区内ではJR常磐《じょうばん》線や総武《そうぶ》線、京成《けいせい》電鉄などの駅を中心として町場が発達するに従い、人口が増加していきました。特に、一九二三（大正十二）年九月一日の関東大震災と一九四五（昭和二十）年三月十日の東京大空襲などの都心部が被った災禍《さいか》に伴い、隅田川《すみだがわ》以東、さらに荒川放水路以東への人口の流入があり、葛飾区でもこの二つの災害の後に急激な人口の増加が見られます。戦後、高度経済成長期に入ると一九七〇年の四七万一九三四人をピークに四〇万人台となり、昭和五十年代や二〇〇一年に一時四一万人台に減少することもありましたが、ここ数年人口は若干増加傾向にあります。現在の世帯数は二一万九三二世帯、人口は四五万八三八人、その内男性が二二万五六九四人、女性は二二万五一四四人（二〇一五年度四月一日現在）で、人口は二三区中九番目の多さとなっています。昼間と夜間の人口をみると、昼間人口は三七万六二三五人、夜間人口は四四万二五八六人と夜間人口指数は八五％と都心部に近いベットタウン的な趣《おもむき》を呈《てい》しています（二〇一〇年一月一日現在）。

区名の由来については、一九三二年四月二十六日付の永田《ながた》秀次《ひでじ》郎《ろう》東京市長から東京府知事藤沼庄平《ふじぬましょうへい》宛の「市域拡張《かくちょう》区域《くいき》ニ於《お》ケル区設置《せっち》置方《おきかた》ノ件内申」によると、「南葛飾郡第三区は原則に拠《よ》れば新宿《にいじゅく》区と称《しょう》すべきも当区名は淀橋町《よどばしちょう》新宿《しんじゅく》と混淆《こんこう》さるゝの嫌《きらい》あるを以て特に葛飾の名称を採用して区名とす」とあり、葛飾区と定めた経緯がうかがえます。

区役所は、旧本田町役場に置き、新宿町役場に新宿派出所を設けるとしました。地元では、本田町と新宿町とで区役所の設置場所をめぐって府知事宛に陳情を行うなど誘致合戦となって紛糾する事態となりました。最終的には原案通りとなり、旧本田町役場（立石三丁目、現在の区立立石図書館）を区役所と定め、一九三二年十月一日を迎えます。その後、一九三七年に別の場所に新庁舎（立石六丁目）が完成しましたが、四五年二月十九日の空襲のために焼失、梅田《うめだ》小学校を仮庁舎とし、その後、仮庁舎を本田小学校に移して業務を続けました。一九四八年に焼失した旧庁舎の地に新庁舎が建てられます。しかし、新庁舎は戦後の建築資材統制下での建築であったため老朽化が著しく、新たに立石五丁目に移転地を求め、一九六二年に現在の区役所の庁舎が完成しました。

2 葛飾区域の地勢

葛飾区は、東京低地《とうきょうていち》と呼ばれる低地帯の東部に位置します。区内の標高は、区北東部の高いところで三m前後、区南西部の低いところでは〇m以下の地域が分布し、北東部が高く南西部にいくに従い低くなっています。区内の地形は、土地が低く平坦ですが、河川に沿って自然堤防などの微高地《びこうち》の発達が顕著です。微高地上は、古代から居住域あるいは畑地などの

0-3 葛飾区の地形段彩図

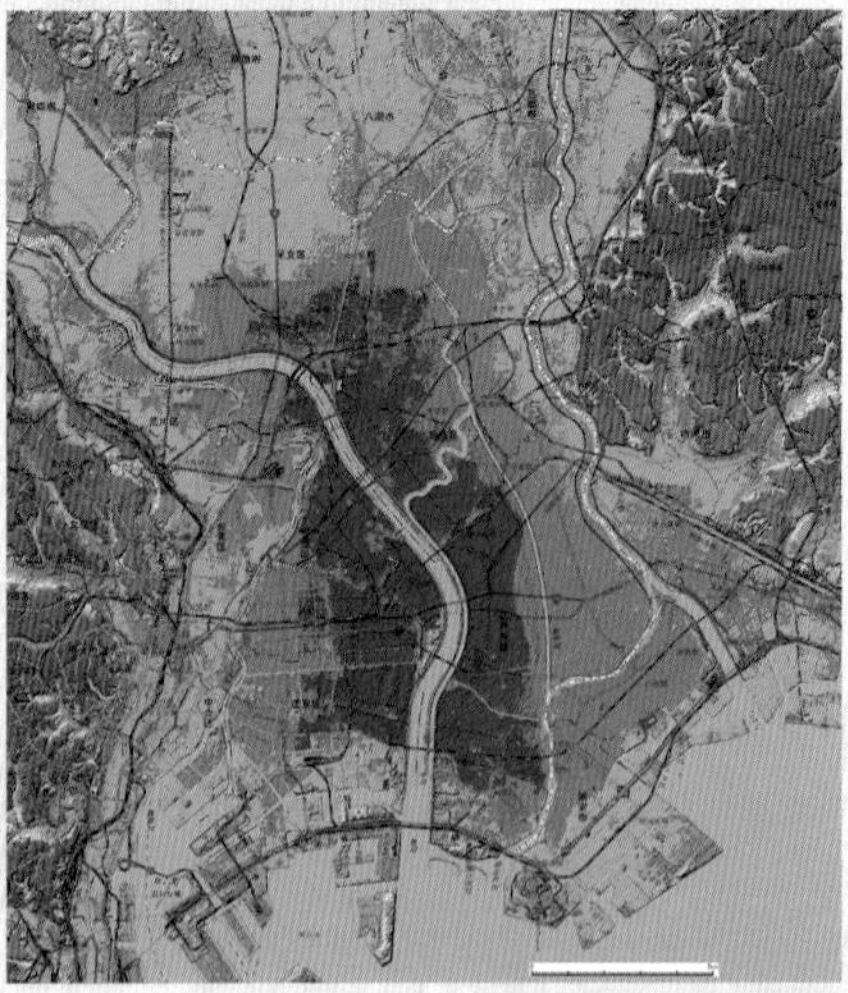

生産の場として利用されています。

近世に編纂された『新編武蔵風土記稿《しんぺんむさしふどきこう》』や『葛西志《かさいし》』によると、葛西地域は開けた肥沃《ひよく》な土地で、水利も良く水田が多く、江戸が近いために五穀のほかにも蔬菜《そさい》類を栽培していると述べ、『葛西志』では土地が低いために、洪水の憂いはあるが、水陸の便が良いと記しています。この地域の土地柄は、江戸に近く、低地ならではの平らで隔てるもののない見晴らしの利く地勢に特徴があったことがわかります。

東京都の気候区分は、温暖湿潤気候《おんだんしつじゅんきこう》に属し、気温の年較差が大きく、夏に高温多雨となり、冬は比較的寒く乾燥する地域で、四季の変化が明瞭であることが特徴となっているといわれています。あえて葛飾区の気候の特徴を記すと、土地が平坦で河川が多く、山の手に比べて湿潤であり、海にも近いこともあって海洋性《かいようせい》的性質をもっているといえます。

葛飾区が属する東京都東部における一九八一年から二〇一〇年までの三〇年間のデータから気温や降水量について記すと、気温は八月上旬頃が最も高く、一月下旬頃が最も低くなっており、高い時期と低い時期の気温差は約二〇度あります。年平均気温は一六・三度で、最高気温が三〇度以上の日数は年間四八・五日となっています。降水量は、梅雨の時期や秋雨・台風の時期を中心に多く、冬期間が少なく、年降水量は一五二八・八㎜です。

3 歴史的沿革

葛飾区は、「昔は海だった」とよくいわれてきましたが、旧石器時代や縄文時代の草創《そうそう》・早期までは葛飾周辺の下町と呼ばれる地域は陸地であり、当然人びとの生活の場となっていました。その後、海が入り込んで海原となりましたが、縄文海《かい》進《しん》が終わると、上流から土砂が運ばれ、次第に陸化が進みます。

今から二〇〇〇年前頃の弥生時代には葛飾周辺は陸化し、三世紀後半から四世紀の古墳時代前期には、青戸に集落が営まれます。次の五世紀古墳時代中期の遺跡は葛飾では確認されておらず、人間活動の空白期となります。六世紀以降古墳時代後期になると、再び奥戸・立石・柴又などの地域に集落が出現し、立石や柴又には古墳も築かれるようになります。

奈良時代には、古代の葛飾周辺に暮らした人びとを記録した「養老《ようろう》五年（七二一）下総 国《しもうさのくに》葛飾郡大嶋郷《おおしまごう》戸籍」から、現在の葛飾区は下総国の大嶋郷に属していたことが確認できます。柴又や奥戸地域に所在する当該期の遺跡は、大嶋郷を構成する集落と考えられます。その後、平安時代後半になると葛飾郡は解体し、葛飾区域は下総国葛西郡に所属するようになりました。

鎌倉時代になると、葛西郡は葛西氏によって荘園《しょうえん》化され、伊勢《いせ》神宮《じんぐう》に寄進《きしん》され、葛西御厨《みくりや》と呼ばれるようになります。御厨とは伊勢神宮に寄進された荘園のことで、一般的には下総国に属する葛西庄とも呼ばれました。南北朝時代の頃には、葛西氏は本拠を奥州へ移して葛西を退去し、その後の葛西は山内上杉氏《やまのうちうえすぎし》が入部して治めます。

戦国時代には、葛西御厨は形骸化しますが、葛西という領域はそのまま維持され、小田原北条氏《おだわらほうじょうし》の支配下となります。

江戸時代になると、下総国と武蔵国《むさしのくに》の国境が古隅田川・隅田川から江戸川へ移り、この地域も下総国から武蔵国へ編入替となります。この葛西地域は幕府直轄領《ちょっかつりょう》の武蔵国葛飾郡葛西領となります。葛西領は中川を境に西を西葛西領、東を東葛西領と呼び分け、さらに西・葛西領を上下に分け、西葛西領本田筋《ほんでんすじ》、西葛西領新田筋《しんでんすじ》、東葛西領上之割《かみのわり》、東葛西領下之割《しものわり》と呼ばれました。

一八六八（慶応《けいおう》四）年七月に江戸が東京に改められ、九月には明治と改元されました。そして、旧江戸府下を東京府とし、隣接する地域を「武蔵県」と呼び「武蔵知県事《ちけんじ》」が任命されます。葛飾区は「武蔵葛飾知県事」の所管となりますが、一八六九年には武蔵県が分割され、「小菅県」が設置されて、現在の東京拘置所《こうちしょ》に県庁が置かれました。小菅県の範囲は、東京都東部、千葉県北西部、埼玉県南東部に及ぶもので、県庁は小菅御殿跡地に置かれました。しかし、一八七一年十一月、廃《はい》藩置県《はんちけん》により東京府が廃止されます。これにより小菅県も廃止となって、この地域は再設置された東京府の管轄となります。

さらに一八七八年七月、地方自治制度の再編成がなされ、「郡区町村編制法」の制定により本区は東京府南葛飾郡に属することになります。一八八九年の市制町村制が公布され、東京市が誕生し、周辺六郡の町村の合併再編も進められ、区内の三七町村は金町村、新宿町、奥戸村、水元村、亀青村、南綾瀬村、立石村（一八九〇年に本田村と改称）に再編成されました。東京市は、永年の懸案《けんあん》であった市郡併合を一九三二年十月一日に実施、南葛飾郡は廃止され、葛飾区が誕生します。

4 本書の構成

以下本章では、「江戸東京の東郊」（柴又・金町・水元界隈）、「中世葛西の要」（青戸・立石・新宿・高砂界隈）、「古隅田川と綾瀬川べりの歴史風景」（小菅・亀有）、「荒川放水路と江戸東京境界性」（堀切・四つ木界隈）、「低地の生業と近代化」（奥戸・新小岩界隈）という項目を立て、各地域の歴史風景を紹介してみたいと思います。

（谷口　榮）

第一節

柴又《しばまた》――下町情緒《したまちじょうちょ》豊かなまち――

谷口 榮

みる

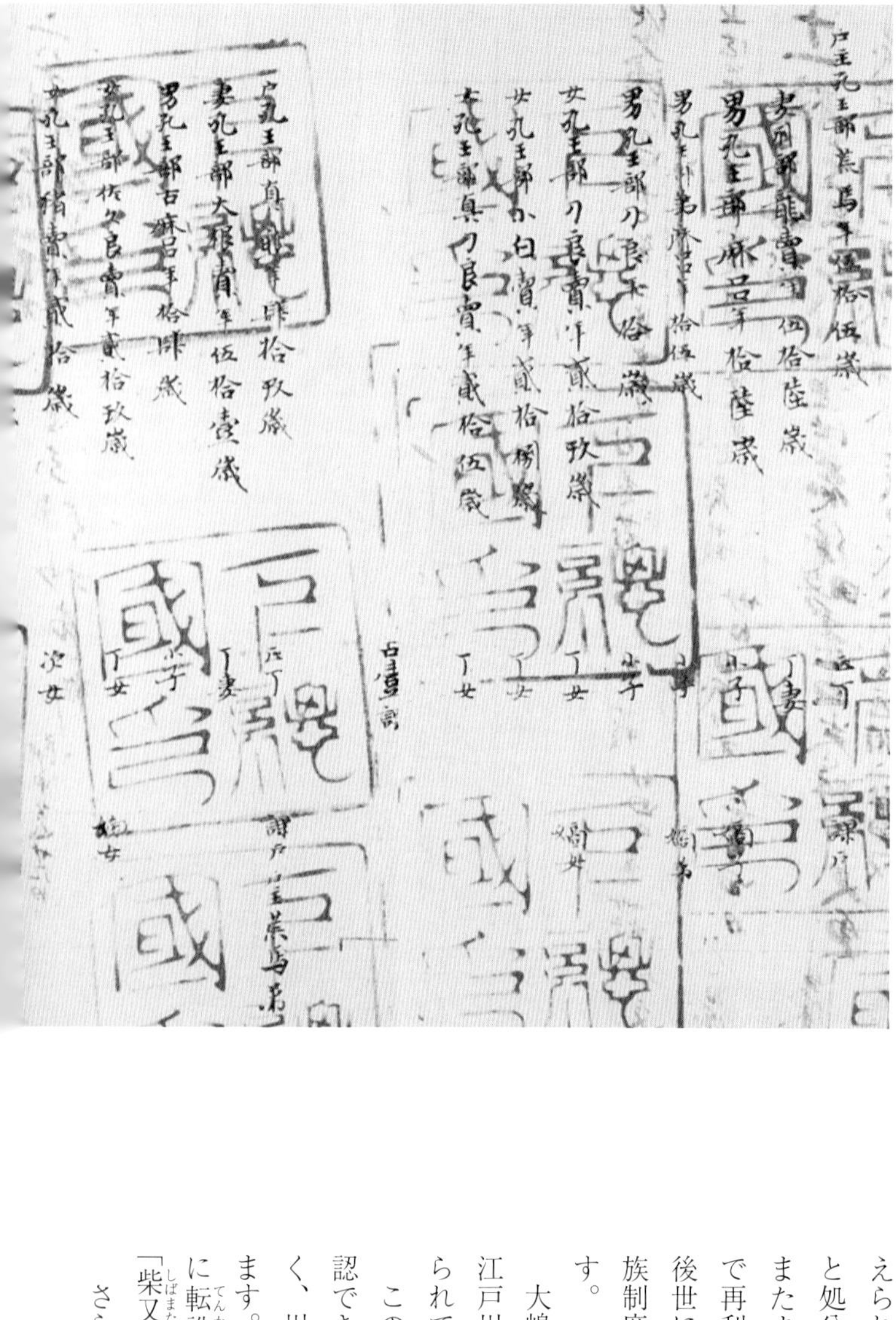

1-1 「養老五年下総国葛飾郡大嶋郷戸籍」（複製，葛飾区郷土と天文の博物館蔵）

柴又帝釈天《たいしゃくてん》のある柴又は、江戸時代より東郊の行楽地《こうらくち》として賑《にぎ》わっていましたが、昭和・平成の人気映画「男はつらいよ」シリーズによって、全国的に知られるようになりました。近・現代を経て、今は国の重要文化的景観に選定され、下町情緒を醸《かも》し出すまちとしても、多くの人びとが訪れる場所となっています。

奈良時代のトラとサクラ

図1―1は、奈良の正倉院《しょうそういん》に保管されている「養老《ようろう》五年（七二一）下総国《しもうさのくに》葛飾郡《かつしかぐん》大嶋郷《おおしまごう》戸籍」です。このような戸籍は六年ごとに作り替えられ、通常決められた三〇年の年限が過ぎると処分されていました。しかし、この戸籍はたまたま廃棄処分後、反故《ほご》として東大寺写経所《とうだいじしゃきょうじょ》で再利用されたため、最終的に正倉院に伝わり、後世に残りました。奈良時代の集落の状況や家族制度を解明する上で貴重な史料となっています。

大嶋郷の範囲は、現在の東京都東部の葛飾・江戸川・墨田《すみだ》・江東《こうとう》区域にわたっていたと考えられています。

この戸籍の中で「嶋俣《しままた》」というムラの名が確認できます。地名の由来は、「島状に土地が高く、川が分流する」ところにあると言われています。この「嶋俣」が中世の後半頃に「柴俣《しばまた》」に転訛《てんか》し、江戸時代後半以降になって表記が「柴又《しばまた》」となったと考えられています。

さらに戸籍をくわしく見ると、当時の大嶋郷

釈文

戸主孔王部荒馬年伍拾伍（五十五）歳　正丁　課戸
妻刑部龍売年伍拾陸（五十六）歳　丁妻
男孔王部麻呂年拾陸（十六）歳　小子　嫡子
男孔王部弟麻呂年拾伍（十五）歳　小子　嫡弟
男孔王部刀良年拾（十）歳　小子…A
女孔王部刀良売年弐拾玖（二十九）歳　丁女
女孔王部小白売年弐拾捌（二十八）歳　丁女
女孔王部真刀良売年弐拾伍（二十五）歳　丁女
（中略）
戸主孔王部真熊年肆拾玖（四十九）歳　正丁　課戸　戸主荒馬弟
妻孔王部大根売年伍拾壱（五十一）歳　丁妻
男孔王部古麻呂年拾肆（十四）歳　小子
女孔王部佐久良売年弐拾玖（二十九）歳　丁女　嫡女…B
女孔王部猪売年弐拾（二十）歳　次女
女孔王部嶋津売年参（三）歳　緑女

*正丁《せいてい》　大宝令《たいほうりょう》（七〇一年制定）で、課役《かやく》を負担する二一～六〇歳の健康な男性
*課戸《かこ》　課役を負担する者がいる戸
*丁妻《ていさい》　正丁の妻
*小子《しょうし》　律令《りつりょう》制で四～一六歳以下の男子
*嫡子《ちゃくし》　長男・家を継ぐ者
*嫡弟《ちゃくてい》　嫡子の弟
*丁女《ていじょ》　律令制で課役を負担する二一～六〇歳までの女性
*嫡女《ちゃくじょ》　長女
*緑女《りょくじょ》　三歳以下の女児

には一一九一人が暮らしており、ほとんどの人が「孔王部《あなほべ》」姓を名乗っていたようです。さらに注目してほしいのが、戸主《こしゅ》「孔王部荒馬《あらま》」の三男（A）「孔王部刀良《とら》」の名前が「刀良」、戸主「孔王部真熊」の家族の一人（B）「孔王部佐久良売《さくらめ》」（「売」は女性姓を表す）の名前が「佐久良」であることです。

「柴又の周辺に住む、トラとサクラ」というと、一九六八（昭和四十四）年より封切られた映画「男はつらいよ」シリーズを連想する人もいるでしょう。この作品の主人公は車《くるま》寅次郎《とらじろう》（通称「寅さん」）で、故郷は葛飾柴又。そこには妹の「さくら」が住んでいます。映画の架空の人物と同じ名前の人びとが、奈良時代の同じ地域に住んでいたというのは、なんとも不思議な偶然です。

寅さん埴輪《はにわ》

映画「男はつらいよ」と柴又との偶然は、それで終わりません。

二〇〇一（平成十三）年八月四日、柴又八幡神社古墳（柴又三丁目付近。以降、各所の地理については図1-4参照）で帽子を被った人物埴輪（図1-2参照）が出土しました。帽子を被った埴輪は珍しくありませんが、鍔《つば》が一周するハット形の帽子を被っているものはあまり出土しません。映画の寅さんのトレードマークの一つは帽子です。そのうえ出土した日は寅さんを演じた俳優、渥美清《あつみきよし》の命日と同じ日付で、これらの偶然からこの埴輪は「寅さん埴輪」と呼ばれることになります。

1-2 「寅さん埴輪」（葛飾区郷土と天文の博物館提供）

よむ

中世・近世の柴又

ここでは、自然や名所を通して、柴又の中世・近世までの歴史を見ていきましょう。

柴又と江戸川《えどがわ》・矢切《やぎり》の渡し

柴又の東側を流れる現在の江戸川は、寛永《かんえい》年間（一六二四〜四四）に現在の千葉県野田《のだ》市関宿《せきやど》辺りから埼玉県北葛飾郡松伏町金杉《まつぶしまちかなすぎ》近辺までの下総台地《しもうさだいち》を開削《かいさく》して作られた川で、かつては「太日川《ふとひがわ》」あるいは「太井川《ふといがわ》」と呼ばれていました。この整備により、北関東や東北方面と航路が確保され、それらの地域と江戸を結ぶ動脈として重要な位置を占めていき、十八世紀になると「江戸川」という呼び方が一般化していきます。

この江戸川の前身である太日川を、源頼朝《みなもとのよりとも》の軍勢が渡河《とか》したという記録が残っています。十四世紀に書かれた軍記物『保暦間記《ほうりやくかんき》』には、一一八〇（治承《じしょう》四）年に頼朝が軍勢を従え、下総国から武蔵国《むさしのくに》へ行く途中に「八切《やぎり》」を渡ったとあります。

「八切」とは、柴又と対岸の千葉県松戸《まつど》市矢切を指します。また、鎌倉幕府が十三世紀後半から十四世紀前半に編纂した『吾妻鏡《あずまかがみ》』の一一八〇年十月二十二日（治承四年十月二日）条にも、源頼朝が、千葉常胤《ちばつねたね》や上総広常《かずさひろつね》らが用意した舟に乗り、太井川、隅田川《すみだがわ》を渡ったことが書かれています。頼朝やその軍勢が「八切」から渡河して柴又を通ったかの真偽は別として、少なくとも十四世紀に「八切」が渡河地点として認識されていることに注意すべきでしょう。

また、柴又・矢切両岸の一帯は、一五三八（天文《てんぶん》七）年と一五六四（永禄《えいろく》七）年の二度にわたり、小田原《おだわら》の北条氏《ほうじょうし》と足利義明《あしかがよしあき》（小弓公方《おゆみくぼう》）や里見氏《さとみし》などが刀を交えた国府台《こうのだい》合戦が行われた古戦場です。この地域には「がらめきの瀬」と呼ばれ、引き潮になると河床《かわどこ》に現れる岩盤があります。その正体は縄文海進《かいしん》（今から約七〇〇〇年前の縄文時代前期をピークとする海面の上昇）の波食によって形成された波蝕台《はしょくだい》（打ち寄せる波によって平坦になった岩盤）です。河床に岩盤が残ったために浅瀬となり、潮の干満《かんまん》によっては歩いて渡河できる場所でした。そのような地点だったからこそ、軍勢による武力衝突が起こる「場」にもなったのです（一巻三章一節参照）。

現在運航されている矢切の渡しは渡河地点という記憶がすり込まれているのです。

柴又帝釈天《たいしゃくてん》の造営と川沿いの風景

一六二九（寛永《かんえい》六）年、柴又には江戸川を背にするように柴又帝釈天（正式名称は「経栄山題経寺《きょうえいざんだいきょうじ》」、柴又七丁目）が創建され、現在の柴又の景観につながる核が形成されます。帝釈天の縁起《えんぎ》によると、一七七九（安永《あんえい》八）年に、所在不明となっていた日蓮上人《にちれんしょうにん》が自ら刻んだという板本尊《いたほんぞん》が発見され、その日が干支《えと》の庚申の日に当たっていたため、縁日と定められたといいます。以後、六〇日ごとに訪れる庚申の日には、江戸市中から多くの参詣者《さんけいしゃ》が集い、特に庚申前夜は「宵庚申《よいこうしん》」といい、賑《にぎ》わいを見せました。

近世都市江戸に暮らす人びとにとって柴又は、帝釈天詣《もうで》とともに、江戸川や川沿いの風景を愛でるために足を運ぶ行楽の地でした。

十方庵敬順《じっぽうあんけいじゅん》が一八一四〜二九（文化《ぶんか》十一〜文政《ぶんせい》十二）年の間に著した紀行文『遊歴雑記《ゆうれきざっき》』によると、江戸川は「鮒《ふな》・鯉《こい》・鯰《なまず》の類が多く、風味がまた一段と良い」と書かれており、江戸川沿いの柴又周辺は、それらを使った料理が名物であったことがわかります。その一帯に当たる帝釈天に多くの参詣者が集うようになると、参道には名物の川魚料理や草団子などを振舞う店が建ち並ぶようになり、門前のまちなみが次第に形成されていったのです。

1-3「東京府柴又帝釈天境内全図」(1926年，帝釈天題経寺蔵)

A江戸川
B日本鉄道の鉄橋
C筑波山
D帝釈堂
E本堂
F大客殿
G庫裏
H庭園
I瑞龍の松
J御神水
K山門
L参道
M柴又駅
N柴又用水
O帝釈橋
P京成電気軌道の車両
Q帝釈天王安置の碑
R玉垣

右／J御神水。映画「男はつらいよ」の主題歌のセリフ「私，生まれも育ちも…帝釈天で産湯を使い」の産湯は，この御神水を指す。中／Q帝釈天王安置の碑　左／D帝釈堂内殿の外部の彫刻ギャラリー／法華経の代表的な10の説話について，10人の彫刻師が製作した浮き彫り。見学者用専用通路が設けられ一般公開されている。

東京府柴又帝釈天境内全図

図1-3は、一九二六（大正十五）年に制作された鳥瞰《ちょうかん》図で、明治後半から行われた伽藍《がらん》造営が一応の完成をみた頃の様子が描かれています。帝釈天の奥手には江戸川Aが流れ、白い帆を張った船などが水面を行き交い、土手には桜並木が見えます。江戸川の上流に架かる橋Bは、一八九七（明治三十）年に開通した日本鉄道（現JR常磐《じょうばん》線）の鉄橋で、その上にそびえる峰は筑波《つくば》山Cです。

帝釈天境内には瓦葺《かわらぶき》の諸堂（D～F）や庫裏《くり》Gが構えられ、大きな庭園Hも見えます。先述した帝釈天の縁起によると、中山法華経《なかやまほけきょう》寺第一九世日忠《にっちゅう》上人による開山《かいざん》（初代の僧）、日栄《にちえい》上人による開基《かいき》（財政面で支援）と伝えられ、日栄上人が柴又へ立寄った際、見事な枝ぶりの松があり、近づくと松の下に霊泉《れいせん》が涌いたことから、この地に庵を設けたと記されています。中央の帝釈堂Dの前にそびえる大きな松が「瑞《ずい》龍《りゅう》の松」Iと呼ばれるもので、左手のもう一本の松のところに、今も地中から清水が湧き出す霊泉「御神水」Jがあります。

帝釈天の山門Kは、一八九六（明治二十九）年に完成した二天門です。石敷の参道Lが緩いSの字状に通り、京成電気軌道《けいせいでんききどう》（現在の京成電鉄）によって開業した柴又駅Mの手前には、柴又用水N（現在は暗渠化《あんきょか》）に架かる帝釈橋Oまで伸びています。軌道には車両Pが見え、描かれているパンタグラフから電車であることがわかります。帝釈橋の少し上に石塔Qがありますが、これは一八四九（嘉永《かえい》二）年に建立された「帝釈天王安置の碑」で、参道の入口を示しています。参道の両脇には店舗が軒を並べ、現在に近い景観を呈《てい》していることがわかります。帝釈天の寺域を画するように玉垣Rがめぐっています。

あるく

東京東郊の景観地をあるく

ここでは近代以降の変化を追いつつ、柴又《しばまた》・金町《かなまち》・水元《みずもと》エリアの今を訪ねてみましょう。

農村的景観の変化

図1－3の帝釈天《たいしゃくてん》の背面にも描かれているように、明治・大正頃の柴又は畑や田圃《たんぼ》が広がる農村的景観を呈し、東京の中心に住む人びとにとって身近な行楽地の一つとして知られていました。幸田露伴《こうだろはん》の「付焼刃《つけやきば》」や夏目漱石《なつめそうせき》の「彼岸過迄《ひがんすぎまで》」など、多くの文学作品に当時の行楽地としてその風景が描かれています。

明治の後半以降、そのような風景に少しずつ変化が現れます。まず一八九七（明治三十）年、柴又の北に常磐線《じょうばんせん》（現在のJR常磐線）金町駅ができ、その後、人が客車などを動かす帝釈人《たいしゃくじん》車《しゃ》鉄道が金町駅（のちの京成金町駅）から柴又駅まで敷設《ふせつ》されます。一九一二（大正元）年には京成電気軌道が帝釈人車鉄道を買収し、金町－曲金《まがりかね》（のちの京成高砂《たかさご》駅）の営業を開始すると、これらの交通機関を利用して柴又を訪れる人が増えていきます。

戦後間もない頃までは、宅地が増え人口が増加し、耕地面積を少しずつ縮めながらも、まだ帝釈天①の周りには農村的景観が残っていました。高度経済成長期にはこの景観が失われ、開発の波は急速に耕地を宅地化しました。柴又が庚申の日だけでなく、日常的に下町《したまち》の情緒《じょうちょ》を醸《かも》し出すようになるのは、昭和四十年代（一九六五年～）以降のことです。

柴又の二つのエリア

観光地としての柴又は、主に二つのエリアからなります。

一つは柴又駅M・帝釈天参道②・柴又帝釈天などの地域です。帝釈天の境内には、文化・文政期（一八〇四～三〇）に建立された釈迦堂《しゃかどう》、明治期に造られた山門《さんもん》、大正から昭和にかけて彫られ、帝釈堂内殿の壁三面を飾る彫刻、一九六五年に造園師永井楽山《ながいらくざん》が手がけた庭園「邃渓園《すいけいえん》」があります。

柴又駅から帝釈天まで伸びる帝釈天参道は、映画「男はつらいよ」に出てくる風景も含め、昭和を彷彿《ほうふつ》とさせる鄙《ひな》びた要素も、かえって葛飾柴又の魅力を醸し出しているようです。

そしてもう一つのエリアが、江戸川Aと江戸川土手や江戸川河川敷《かせんじき》、柴又公園③（柴又六～七丁目）、金町浄水場《じょうすいじょう》④および取水塔《しゅすいとう》、そして江戸川など水に関する地域です。河川敷には柴又公園があり、「山本亭」「寅さん記念館」「山田洋次《やまだようじ》ミュージアム」「矢切の渡し」⑤などの観光名所があります。

これらの景観を育んだ江戸川は、江戸時代には物流の要であり、上流部にあった小合溜《こあいだめ》（後述）は、流域の田畑を潤《うるお》す水源でした。明治以降、東京市域の拡大により田畑が少なくなり、小合溜の役割は軽減していきます。かわりに人口増加を受けて、一九二六年に東京の人びとの飲料水を供給する金町浄水場が造られ、江戸川から取水されます。

東京の水郷景観を遺す水元公園

柴又よりさらに上流に位置する都立水元公園⑥（水元公園、水元猿町《さるまち》、東金五・八丁目など）は、溜井《ためい》（用水を溜める貯水池）の「小合溜」⑦を中心とした都内最大規模を誇る水郷《すいごう》公園で、一九六五（昭和四十）年に開園しました。

小合溜は、一七二九（享保《きょうほう》十四）年に幕府が灌漑《かんがい》用水の水源確保（上流部の増水時の遊水池《ゆうすいち》の機能もあったといわれる）のため、古利根川《ふるとねがわ》の東に落ちる流れを堰《せ》き止めて整備したものです。

「よむ」で紹介した十方庵敬順《じっぽうあんけいじゅん》の『遊歴雑記《ゆうれきざっき》』によれば、小合溜には、魚や鳥が多くいる

1-4 柴又周辺（図内のアルファベットは図1-３の記号と対応）

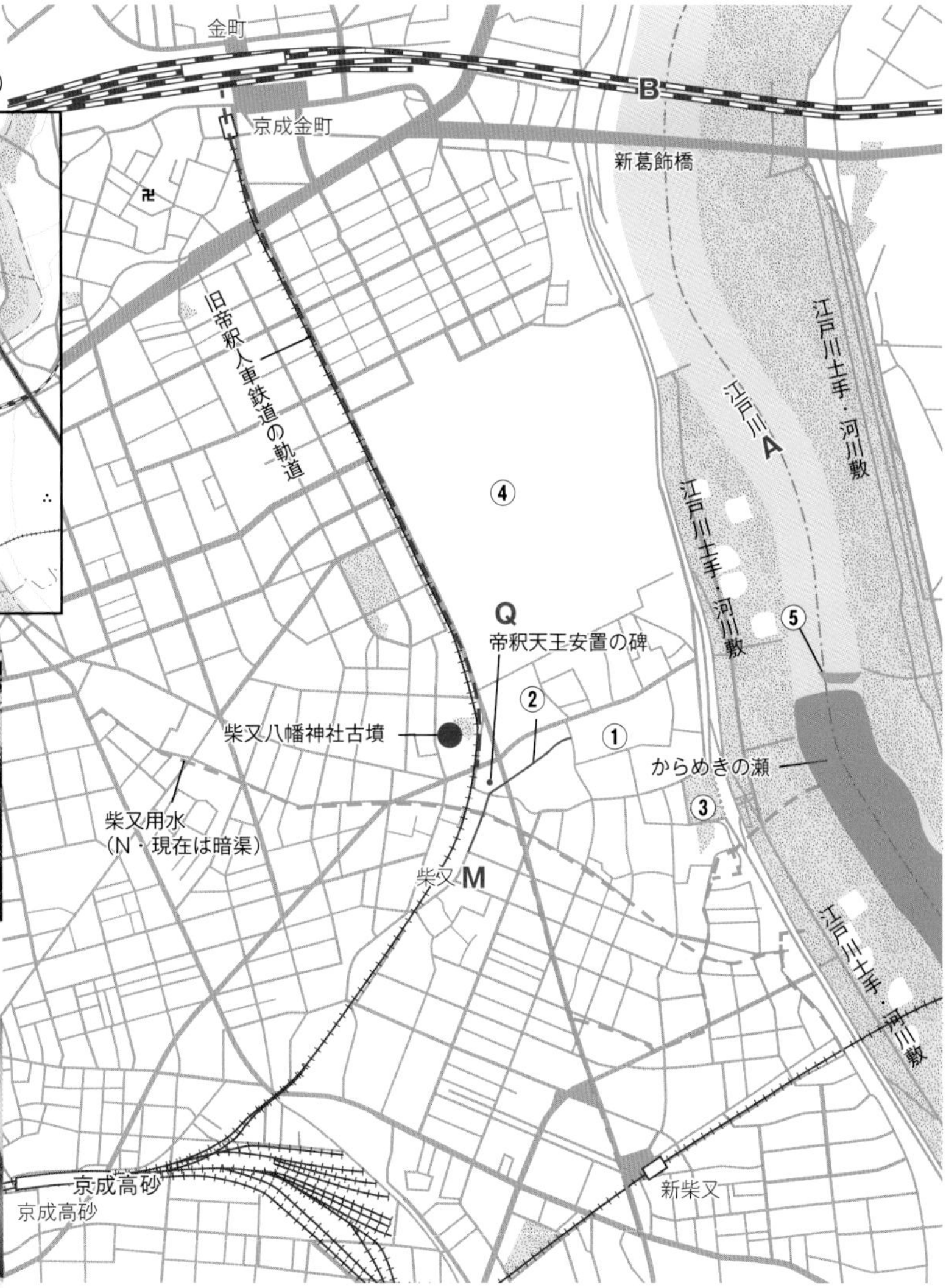

1-5 水元～柴又広域図
（赤枠は図1-４の範囲を示す）

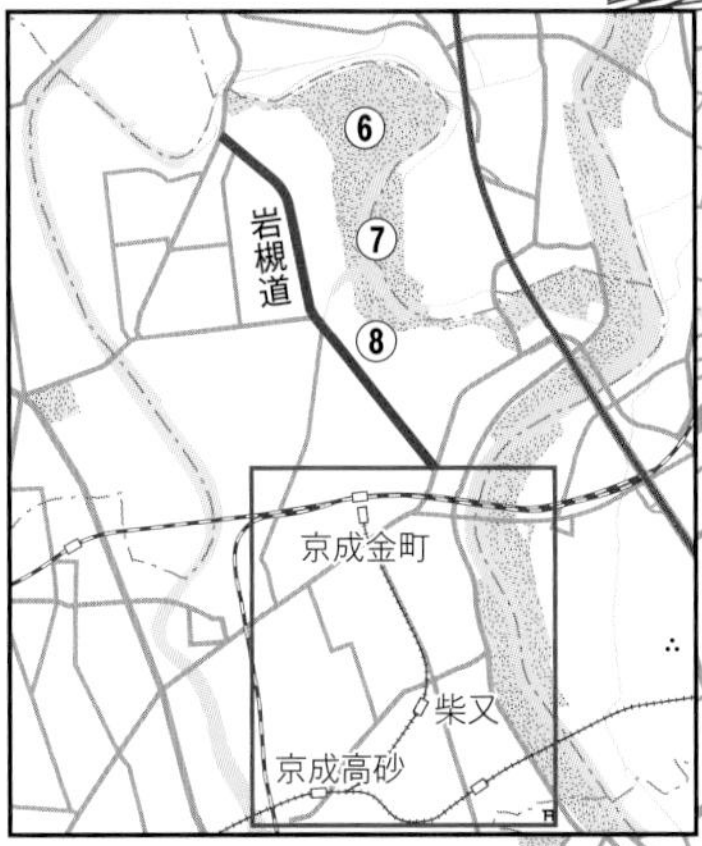

帝釈人車鉄道（葛飾区郷土と天文の博物館提供）

⑦小合溜（葛飾区観光課提供）

③柴又公園内の寅さん記念館（葛飾区観光課提供）

①柴又帝釈天山門（奥）と②帝釈天参道（葛飾区観光課提供）
帝釈天参道の両側には店舗が軒を連ね、奥手に柴又帝釈天の二天門が見える。

のでそれを獲って生活している人も多く、泊りがけで釣人が訪れる所であり、ヨシキリ（ウグイス科の鳥）がさえずり舞い、雲雀《ひばり》の鳴き声も珍しく、遅咲きの桜花ほころぶ小合溜の風情は素晴らしいと評しています。

この小合溜や周辺には、昔ながらの農家の佇《たたず》まいや畑など、かつての水郷葛飾の風景を所々に遺しています。JR・京成線金町駅からバス利用のほか、江戸川土手道や岩槻道《いわつき》（都道三〇七号線の葛飾区水元五丁目～東金町四丁目交差点）などを通り、願をかけられる時に縛《しば》られるという「しばられ地蔵」⑧（東水元二丁目）などの文化財や風景の移り変わりを観察しながら歩くのも一興です。

第二節

葛《か》西《さい》城址《じょうし》と葛西新《にい》宿《じゅく》

谷口　榮

みる

現在の葛飾区青戸《あおと》地域には、かつて山内上杉氏《やまのうちうえすぎし》が室町時代中期頃に築いた「葛《か》西城《さいじょう》」がありました。水運と陸運の結節点《けっせつてん》でもあったこの地の対岸に北条氏《ほうじょうし》によって宿場「葛西新宿」が設けられ、江戸時代には美しい自然風景や美味川魚などもあり、多くの人びとが行き来するまちでした。

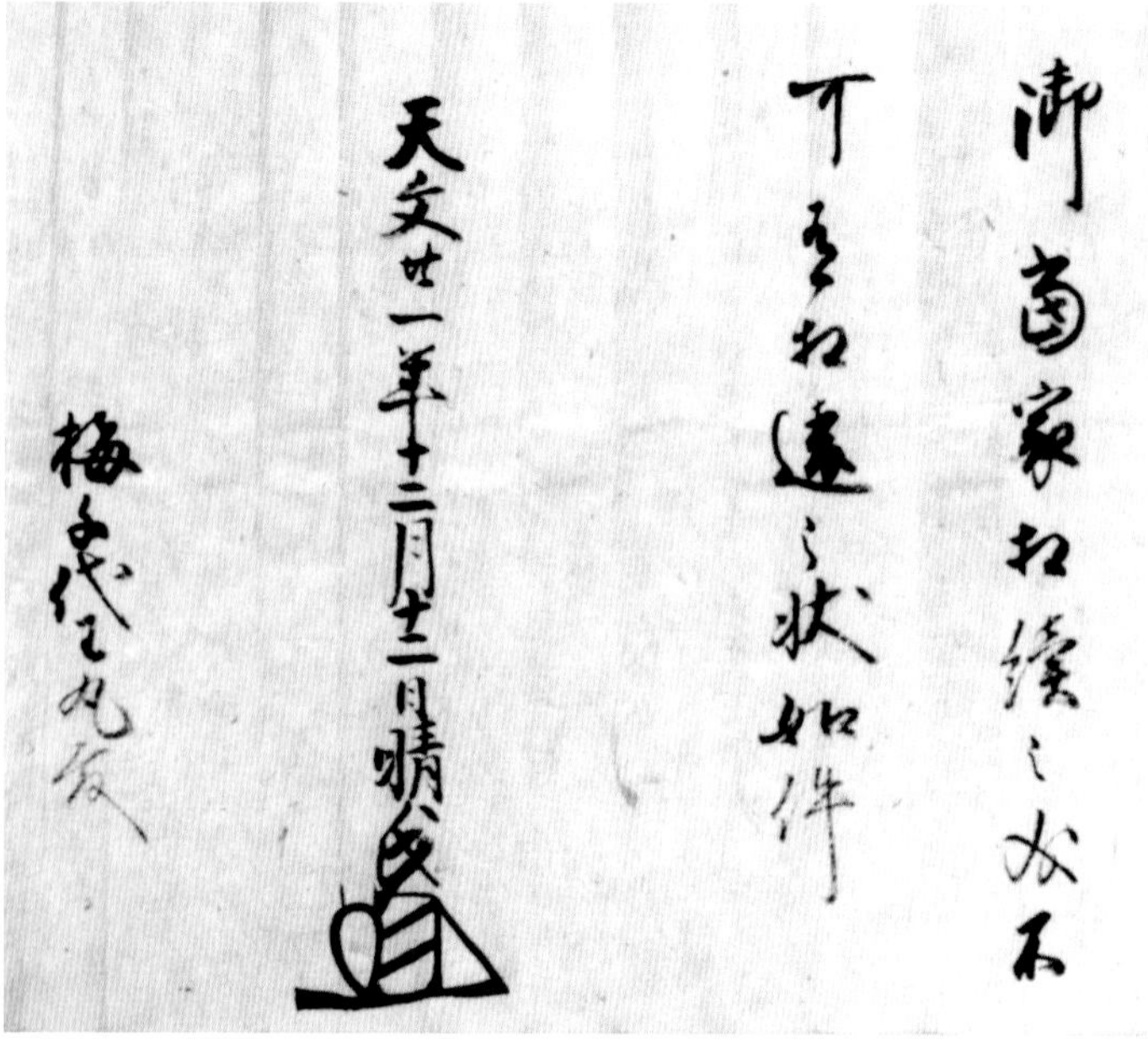
御当家相続之儀、不可有相違之状如件
天文廿一年十二月十二日晴氏（花押）
梅千代王丸殿

2-1　天文21年12月12日足利晴氏判物（『喜連川文書』複製，葛飾区郷土と天文の博物館蔵）

2-2　葛西城本丸の堀の発掘（葛飾区郷土と天文の博物館蔵）

釈文

御当家相続之儀、不
可有相違之状如件

（一五五二）
天文廿一年十二月十二日晴氏（花押）

梅千代王丸殿

現代語訳

御当家（古河公方家）の相続の事、相違ないことを認めます。
（後略）

図2－1は『喜連川文書《きつれがわもんじょ》』内の史料で、一五五二年十二月二十七日（天文《てんぶん》二十一年十二月十二日）に記されたものです。『喜連川文書』は、鎌倉公方《かまくらくぼう》（室町幕府が関東統治のために置いた鎌倉府《かまくらふ》の長官）・古河公方《こがくぼう》（第五代鎌倉公方の足利成氏《あしかがしげうじ》が、鎌倉から現在の茨城県古河市に逃れて本拠とし、以降、子孫も含めて「古河公方」を名乗る）の後裔《こうえい》だった喜連川家に伝わるものです。

史料には四代古河公方の足利晴氏《はるうじ》が、息子の梅千代王丸《うめちよおうまる》（のちの義氏《よしうじ》）に宛てて、家督《かとく》を譲る旨が書かれています。

実は歴代の古河公方は家督相続にあたり、書を記すことはありませんでした。この史料が作られた背景には、兄たちを越えて跡を継ぐことになった義氏の母（晴氏の正室《せいしつ》）芳春院《ほうしゅんいん》の、異母兄である北条氏康《ほうじょううじやす》（小田原《おだわら》北条氏三代目当主）の強い影響がありました。

一五四六年、晴氏は河越城《かわごえ》（埼玉県川越市《かわごえ》郭《くるわ》町《まち》付近）をめぐる「河越合戦」で反北条方にくみして氏康と敵対しますが、敗《ま》け戦《いくさ》となり敗走します。この一件で晴氏は政治的立場を失い、氏康は優位になります。氏康は、古河公方と北条家の血筋を引く梅千代王丸を公方にするため、晴氏に家督移譲を迫り、この判物《はんもつ》が作られたのです。

二年後の一五五四年八月二十二日、晴氏は居住していた葛西城（現在の葛飾区《かつしか》青戸《あおと》六・七丁目）を離脱して古河城に帰座《きざ》し、北条氏に反旗を翻《ひるがえ》す「天文事件」を起こしますが、すぐに鎮圧され、晴氏は幽閉《ゆうへい》の身となりました。

翌一五五五（弘治《こうじ》元）年十一月、葛西城で梅千代王丸の元服式《げんぷくしき》が執り行われ、室町将軍足利義輝《よしてる》から一字を授けられ、梅千代王丸は義氏と名乗ります。元服式には、伯父氏康と従兄弟氏《うじ》照《てる》が参加し、小田原北条氏の血を受け継ぐ公方の誕生を祝いました。

義氏の元服式が行われた葛西城は、葛西氏（「よむ」参照）に代わり、この地域に勢力を伸ばした関東管領《かんとうかんれい》（鎌倉公方の補佐をする役職）にも就く山内上杉氏《やまのうちうえすぎし》が、十五世紀中後期、青戸の地を守るために築いたものです。守備には武蔵守護《むさししゅご》代大石氏《だいおおいしし》の一族、大石石見守《いわみのかみ》があたりました。

しかし一五三八年三月二日、北条氏康の父の氏《うじ》綱《つな》の攻略を受け、落城《らくじょう》します。

同年には太日《ふとひ》（井《い》）川《がわ》（現在の江戸川筋）沿いで、北条氏と古河公方の分家筋に当たる小弓公《おゆみく》方《ぼう》の足利義明《よしあき》、そして千葉県南部を本拠とした安房《あわ》里見氏《さとみし》との間で「国府台《こうのだい》合戦」が起こり、一五六四（永禄《えいろく》七）年には「第二次国府台合戦」が繰り広げられます。

これまでの研究では、葛西城はこれらの戦いのための単なる砦《とりで》と考えられてきました。しかし最近、四代目古河公方の晴氏が一五五一年頃から五四年まで、梅千代王丸（義氏）は一五五八（永禄《えいろく》元）年まで葛西城に「御座」（貴人が居ること）していたことが判明しました。つまり、関東の将軍の御所として葛西城（＝葛西御所）が機能していたのです。

義氏は御座所の名から「葛西様」「関宿《せきじゅく》様」「鎌倉様」「古河様」「栗橋《くりはし》様」と尊称されていました。そのうち「葛西様」については、「喜連川判鑑《はんがん》」といわれる喜連川氏の系図での記述から、これまでは鎌倉の葛西ヶ谷《かさいがやつ》と考えられていたのですが、まさにこの葛西城に御座していたのです。

これまでに行われてきた葛西城の発掘調査から、幅二〇mに及ぶ堀が郭をめぐるように構築されるなど（図2－2参照）、大規模な改修が行われて、戦国城郭としての体裁が整えられた様子がうかがえます。

2-3 鎌倉公方・古河公方・喜連川家略系図

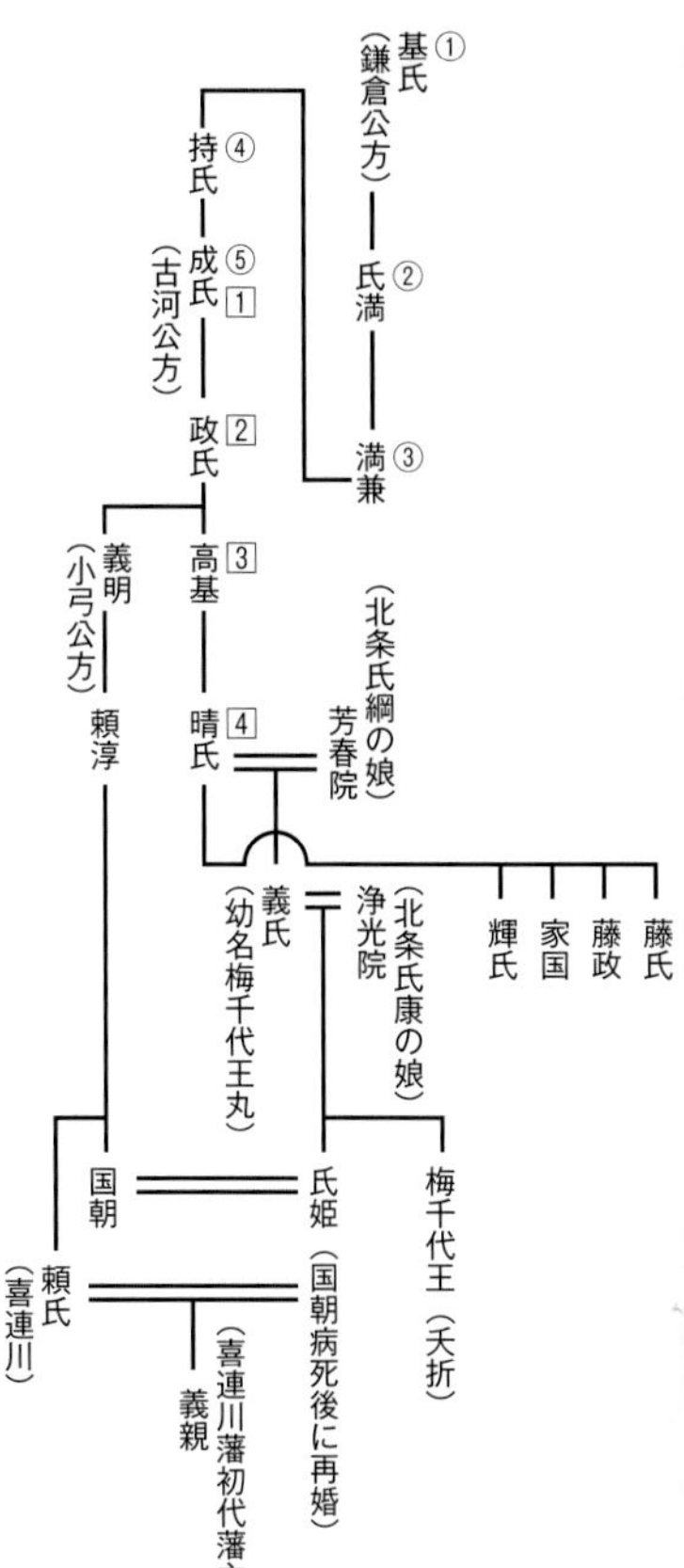

よむ

二つの「葛西《かさい》」と葛西新宿《にいじゅく》

2-4 葛飾郡の位置

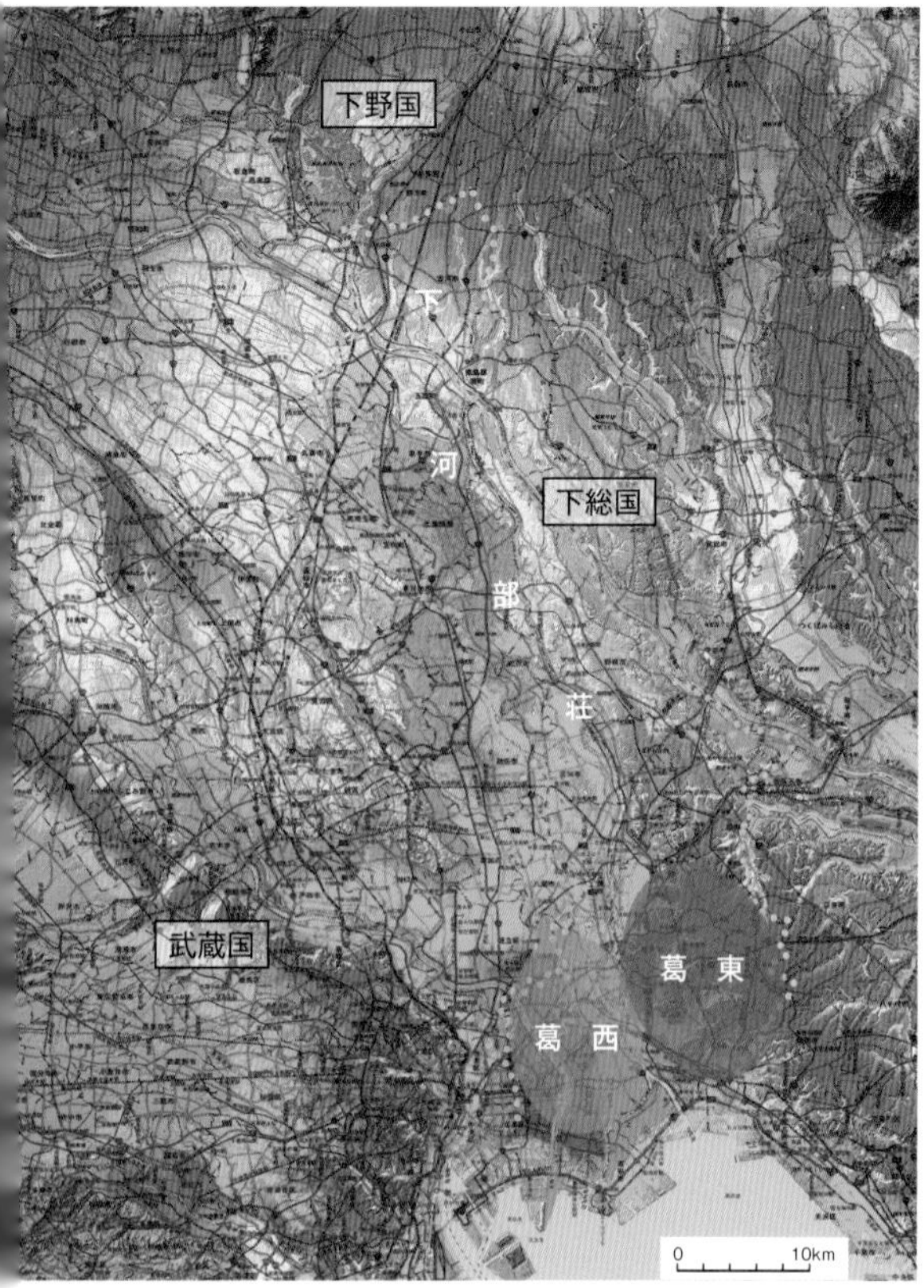

現在、「葛西」と呼ばれる地域は二つあります。狭い範囲では、江戸川区南部にある東京メトロ葛西駅の周辺で、「北葛西・中葛西・東葛西・西葛西・南葛西」の各住所表示で表される地区とその南の埋め立て地区を合わせた地域を指します。一方、江戸川・隅田川《すみだがわ》に挟まれた葛飾区・江戸川区・墨田《すみだ》区・江東《こうとう》区域におよぶ広い地域を指すこともあります。ここでは、この狭義と広義の「葛西」が生じた背景と歴史をみてみましょう。

葛飾郡と「葛西」の地名

先に述べた二つの「葛西」とも、古代には下総《しもうさのくに》国葛飾郡に含まれていました。葛飾郡は中央に太日《ふとひ》（井《い》）川《がわ》（現在の江戸川筋）が流れ、南北に細長く、現在の東京都・埼玉県・千葉県・茨城県に広がる広大な郡域でした。

平安時代後半になると、郡北部には大きな荘園《しょうえん》「下河辺庄《しもこうべのしょう》」（現在の茨城県古河《こが》市から埼玉県久喜《くき》市栗橋・春日部《かすかべ》市・北葛飾郡松伏町《まつぶしまち》）が設けられます。一方、南の臨海部は太日川を境に、東岸地域は「葛東《かとう》郡」、西岸地域は「葛西郡」などと呼ばれるようになりました（図2－4参照）。この「葛西郡」が、現在の広い「葛西」を指す地域にあたります。現在、この領域内で「葛西城」「葛西神社」があるのは、その名残りです。

近世に入ると、葛飾郡の西側部分が分割され、「武蔵国葛飾郡」が新設されます。葛西郡の領域はそのまま「葛飾郡葛西領」となり、多くは江戸幕府の直轄領《ちょっかつりょう》となります。さらにこの葛西領は中川《なかがわ》をはさんで「東葛西領」と「西葛西領」と呼ばれるようになりました。

明治に入ると、一八七八（明治十一）～七九年にかけ、旧下総国葛飾郡は、西葛飾郡（茨城県西端）、東葛飾郡（千葉県北西部）、中葛飾郡（埼玉県東部）に、旧武蔵野国葛飾郡は、南葛飾郡（東京府東端）、北葛飾郡（埼玉県東部）に分割されました。一八八九年には町村合併が進められ、南葛西郡内に「葛西村」ができました。これが現在の狭い範囲での「葛西」地域にあたります。

葛西郡の中世

中世以降、呼称が定着した葛西郡では、遅くとも十二世紀後半頃から秩父《ちちぶ》平氏《へいし》の流れをくむ武士が入部します。彼らは開発を行い、その地名を冠して「葛西」を名乗るようになりました。初代葛西三郎清重《かさいさぶろうきよしげ》は、源《みなもとの》頼朝《よりとも》の鎌倉御家人《ごけにん》となり、側近く仕えて平家《へいけ》や奥州《おうしゅう》藤原氏《ふじわらし》攻めに力を尽くし、晩年は幕府の宿老《しゅくろう》（武家の重臣）として重きを成しました。その後、清重は本拠の葛西を伊勢《いせ》神宮《じんぐう》に寄進《きしん》し、この地域は「葛西御厨《みくりや》」とも呼ばれるようになりました。御厨とは、神への供物を献納《けんのう》するために設けられた所領のことです。

南北朝時代に葛西氏が奥州へ本拠を移すと、この地域に関東管領《かんとうかんれい》の山内上杉氏《やまのうちうえすぎし》が勢力をのばしてきたのは、「みる」で述べた通りです。その山内上杉氏が築城した葛西城のある青戸《あおと》は、在地支配の拠点である政所《まんどころ》が置かれるなど当時の「葛西」の中心地でした。

江戸と常陸《ひたち》・房総方面を結ぶ 葛西新宿

「葛西」にあった葛西新宿（新宿二丁目付近）は、葛西城に付随する宿場《しゅくば》として戦国時代に整備されました。中川左岸にあり、江戸時代には江戸と常陸・房総方面とを結ぶ水戸佐倉道《みとさくらどう》の宿場（図2－8参照）で、対岸の亀有《かめあり》とは、「新宿の渡し」（図2－5～7参照）が運行されていました。

水戸佐倉道は、五街道《ごかいどう》の一つである日《にっ》光《こう》街道に付随する街道として位置づけられ、日光街道千住宿《せんじゅしゅく》から東へ分岐し、小《こ》菅《すげ》から亀有《かめあり》を通過して、中川に掛かる渡しで対岸の葛西新宿へ至ります（小菅～葛西新宿までの千葉佐倉道については本章三節参照）。新宿からは追分《おいわけ》で、金町《かなまち》を抜け水戸方面へ連絡する水戸道と、小岩《こいわ》を抜け佐倉方面へ連絡する佐倉道に分かれました。

葛西新宿は、渡しに近いところを上宿《かみじゅく》といい、下流に向けて中宿《なかじゅく》、下宿《しもじゅく》と分かれていました（図2－8参照）。江戸期に書かれた紀行文や名所記によると、この葛西新宿には鯉《こい》などの川魚料理を名物とした旅籠《はたご》屋が立ち並び、川越しの眺望と相まって江戸近郊の名所となっていたことがわかります（『嘉陵《かりょう》紀行《きこう》』『遊歴雑記《ゆうれきざつき》』『江戸名所《えどめいしょ》図会《ずえ》』）。

2-6 歌川広重「にい宿のわたし」（『江戸名所百景』国立国会図書館蔵）

左手前が新宿の旅籠なので，画面右手が中川の上流となるが，対岸の西方になる亀有側になぜか筑波山が配されている。図2－7と見比べると面白い。

2-5 歌川広重「新宿渡口」（『江戸名所図会』 国立公文書館蔵）

図中に「松戸街道にして，川よりこなたは亀有といへり。このところを流るるは中川にして鯉魚を産す。もつとも美味なり」と紹介されている。

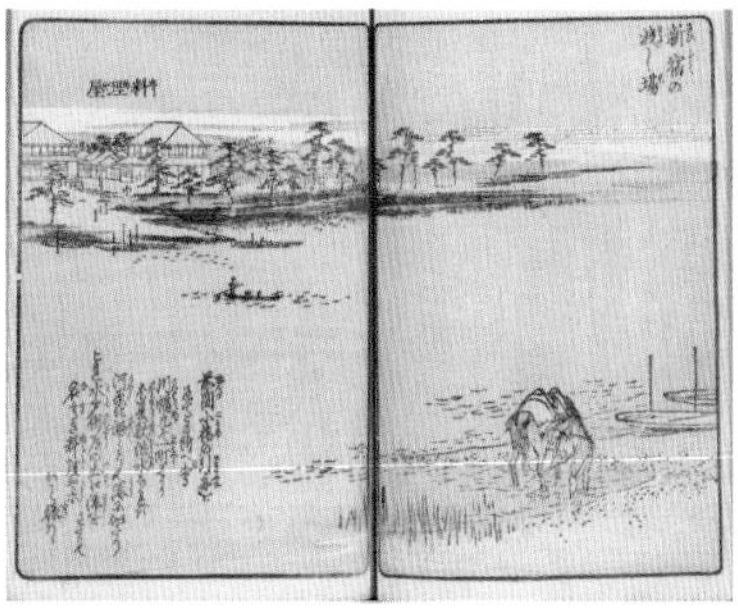

2-7 歌川広重「新宿の渡し場」（『絵本江戸土産』 国立国会図書館蔵）

図2－6に比べ写実的で，新宿の渡し周辺の風情が偲ばれる。図2－6は，この絵の構成要素を新宿側に集約し，デフォルメして一枚の作品として仕上げたことがうかがわれる。

2-8 葛西新宿の略図

第二章 葛飾区

あるく

中川沿いの歴史風景をさぐる

城のあった青戸《あおと》、宿場町の葛西新宿《かさいにいじゅく》、古代の官道《かんどう》が通っていた立石《たていし》などの広域の葛西地域の中川《なかがわ》周辺に点在する史跡を訪ねてみます。

葛西新宿から高砂《たかさご》界隈

葛西新宿があった地域は、中川に架かる中川橋①（新宿の渡し付近）の架け替え工事やバイパス工事に伴い、昔の宿場町の姿はほとんど失われてしまいました。

中川橋から歩き、国道六号線（現在の水戸街道）に連絡するクランク状の道筋が、戦国時代から続く葛西新宿のメインストリートです。江戸時代には、千住宿《せんじゅ》と松戸宿《まつど》の継《つ》ぎの宿となります。

千住からの水戸佐倉道の分岐点である追分《おいわけ》②（葛飾区新宿二丁目）に至り、水戸道は北へ、佐倉道は南へと進みます。佐倉道の本道は国道六号線を越えて南下し、左折して鎌倉《かまくら》（葛飾区）・小岩《こいわ》（江戸川区）方面に至りますが、そのまま直進して高砂方面に向かうと、貨物線である新《しん》金線《かねせん》の踏切近くの右手に、高砂《たかさご》のけなし池③（高砂六丁目）があります。

高砂のけなし池は、大昔、中川の土手が決壊して大池として残った周囲一五〇mほどの池で、その決壊口には白蛇が住みつき、村人が怖がってしばらく決壊口をふさぐことができなかったという伝承があります。近年では「けなしいけ」の読みが転じて、「毛」にもご利益があるとされています。中川東岸の土手を隔てた場所にあり、周りでは柳の木が枝葉を垂れ、春〜夏の水面にはスイレンの花が朝夕咲きます。

後年、池のほとりに群馬県高崎市の榛名《はるな》神社の分神を勧請《かんじょう》した青龍《せいりゅう》神社が建立されました。榛名神社は雨乞《あまご》いの神様として知られます。けなし池の白蛇も神の使いとされ、神社とともに雨乞いの神事を執り行う「神聖な場」として、氏子《うじこ》や地元民によって大切に守られてきました。この「水を司《つかさど》る神聖な場」は、葛飾のパワースポットとしても知られています。

京成《けいせい》線高砂駅近くの高砂天祖《てんそ》神社《じんじゃ》④（高砂二丁目）にも、一八三九（天保十）年に東西葛西領二四町村の連名で奉納され、人びとが雨乞いする様子が描かれた「雨乞いの絵馬額」があり、干《かん》ばつなどに悩まされた当地の人びとの記憶が語り伝えられています。

青戸と青砥《あおと》藤綱《ふじつな》

葛西城⑤（ともに青戸七丁目）があった青戸の地名の「戸」は、「津《つ》」（港・港町）が転訛《てんか》したものです。関東に荘園が開発される平安時代末期から鎌倉時代にかけ、陸上と水上の交通が交わるところに津が整備され、年貢・公事《くじ》（年貢以外の雑税《ざつぜい》）の輸送や、連絡の確保が図られました。青戸は「葛西」の水陸交通の要衝であり、政所《まんどころ》が置かれた地であったため、そこを守備するために城がつくられたと考えられます。

江戸時代、葛西城跡には徳川《とくがわ》将軍家の青戸御殿が整備され、家康《いえやす》・秀忠《ひでただ》・家光《いえみつ》の三代にわたり鷹《たか》狩り時の休憩や宿泊に使われました。

この葛西城跡地は発掘調査後、開発されましたが、主郭部の一部は葛西城址公園・御殿山《ごてんやま》公園として保存整備されています。また、古河公方の威信を表す財物であった花器《かき》をはじめとする遺物は、葛飾区郷土と天文の博物館⑥（白鳥《しらとり》三丁目）に展示してあります。

ところで、この地域の住居表示は「青戸」ですが、駅や施設名では「青砥」の文字が使われることがあります。「青戸」の表記は奥州の中《ちゅう》尊寺《そんじ》（岩手県磐井《いわい》郡）に残る文書から、すでに鎌倉時代から使われていることが確認できます。

一方、「青砥」は江戸時代後半から見られる表記で、鎌倉幕府評定衆《ひょうじょうしゅう》とされる「青砥藤綱」に由来するといわれています。

江戸時代、浪人などが『太平記《たいへいき》』を脚色し、大衆の前で読み聞かせる「太平記読み」が流行した際、青砥藤綱は政治の場で正義を貫いた廉《れん》直《ちょく》な官吏《かんり》という設定で登場し、庶民のヒーローとして大いに人気を集めました。

藤綱の名字と地元の地名の読みが同じこともあり、鎌倉時代に葛西の地を治め、「左衛門《さえもん》尉《じょう》」と名乗った葛西清重と、藤綱のイメージが重なったことで、この地域に藤綱伝説が誕生したと思われます。一八二一（文政《ぶんせい》四）年に編された『葛西志』には、「御殿山（現在の青戸七丁目付近）は青砥藤綱が住せし城蹟なりと云う」「出仕《しゅっし》し官職《かんしょく》を得、青砥左衛門尉藤綱と名乗る」と紹介されています。

立石様

「立石」の地名の由来となった立石様⑦は、立石児童遊園（立石八丁目）の中に鎮座しています。古墳時代に、今の千葉県鋸山《のこぎりやま》付近から、古墳の石室を造る石材として運搬され、奈良時代以降、隅田から小岩に抜ける古代東海道《とうかいどう》の道しるべに転用された石と考えられています。江戸時代には奇怪な石として、江戸近郊の名所の一つにあげられていました。

当時は地表面から一尺（約三〇cm）ほど露出していたそうですが、現在では地表からわずかに顔を出すだけです（一巻三章一節参照）。掘っても石の全体が見られないことから「根有り石」と呼ばれたり、「夏には大きくなり冬には縮む」とされて、あたかも生きているかのようなことから「括蘇石《かっそせき》」とも名付けられています。いつしか「立石様を掘ると祟りにあう」という伝承が生まれ、今も地元の人びとによって大切に祀《まつ》られています。

2-9 中川周辺

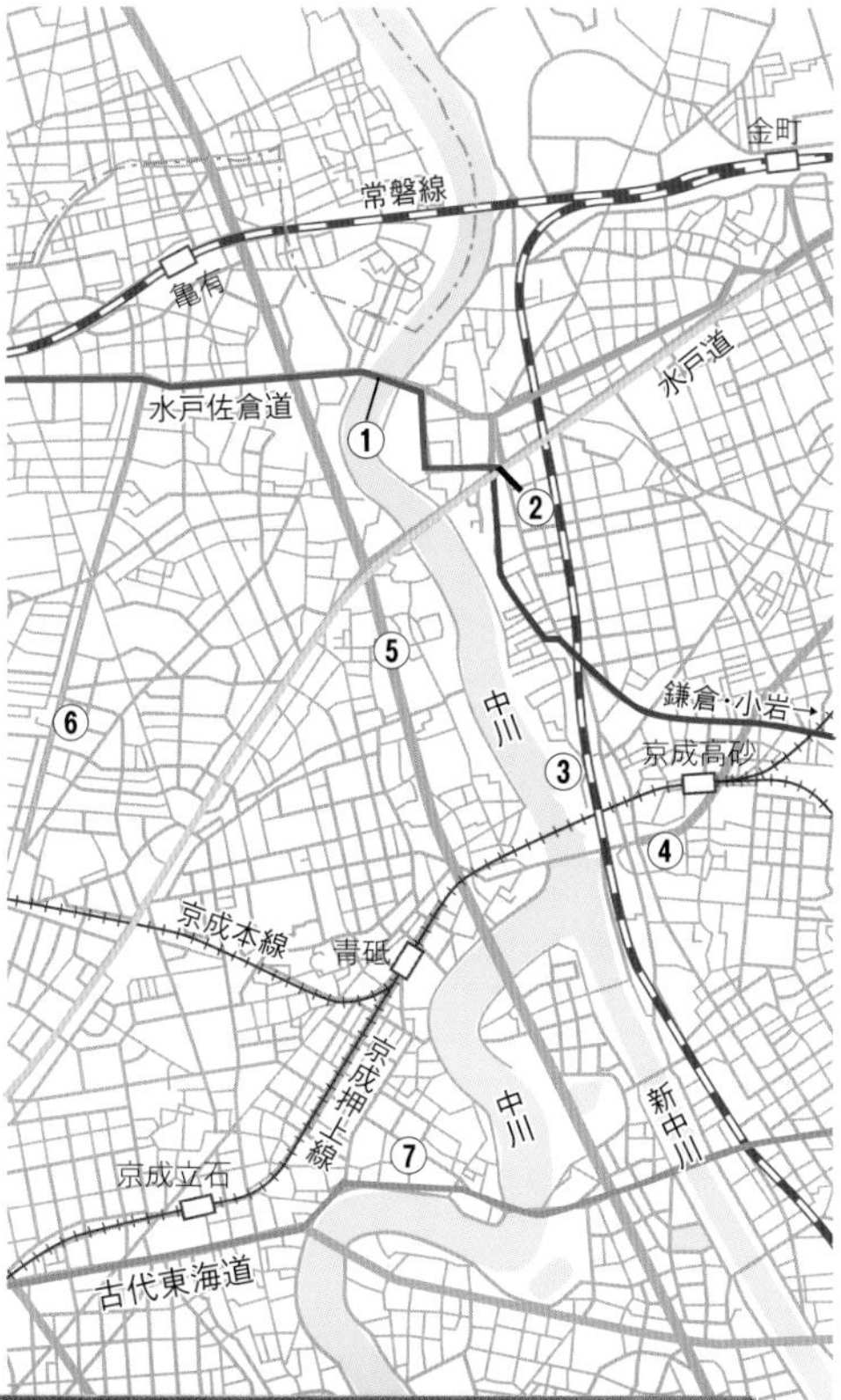

⑤葛西城から出土した「元代青花器台」（葛飾区郷土と天文の博物館蔵）
花瓶などを載せる台。中国（元代）からの伝来であり，このような伝来品を所有していたことは，その武家の家格を示すと考えられる。

③青龍神社の畔にあるけなし池

④板絵着色雨乞図（高砂天祖神社蔵）
黒雲に包まれた青龍が天を舞い，その下で鳥居から社殿前まで裸形の村人が輪をなして回り，神前では神主や僧侶たちが雨乞いの祈禱をしている。

第三節

小菅《こすげ》——煉瓦《れんが》工場と二つの川——

谷口 榮

みる

足立《あだち》区との境に位置する小菅。その境界線は古隅田川《ふるすみだがわ》の昔の流路に沿って蛇行し、地域内には綾瀬川《あやせがわ》が流れています。ここでは明治から大正にかけて工場が設立され、古隅田川沿いの土を使った煉瓦造りが行われていました。この小菅と周辺地や川について、歴史と地理の両方の観点から見ていきましょう。

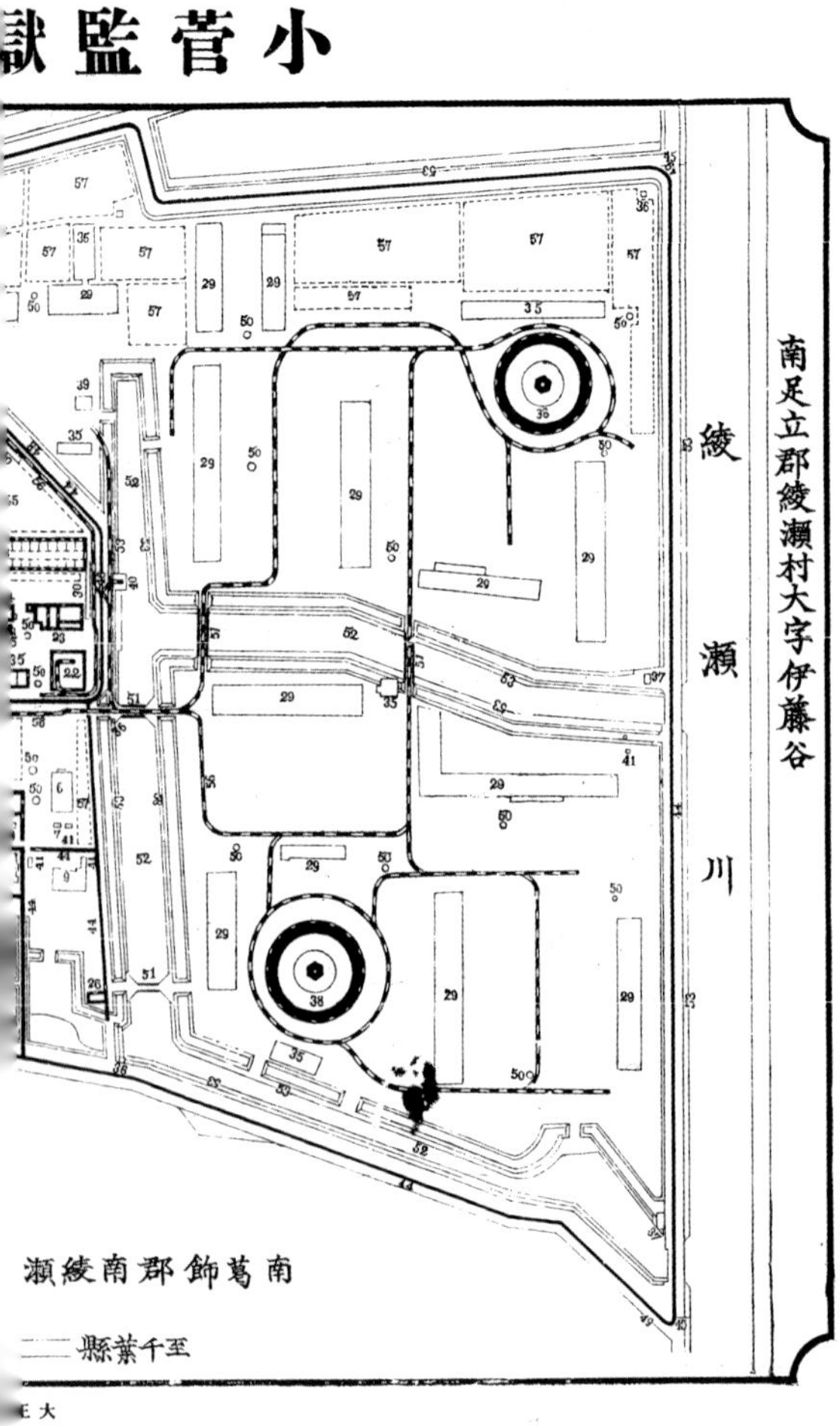

番號	名稱	建坪
1	事務所	188坪000
2	人民控所	10坪000
3	接見室	4坪000
4	小使室及囚人調所	21坪000
5	囚人溜所	7坪333
6	撃剣場	61坪000
7	仝・浴場	2坪000
8	喞筒置場	12坪500
9	看守教習所	30坪000
10	監門	21坪500
11	中央看守所	37坪150
12	第一監雑居房	243坪844
13	第二監雑居房	176坪109
14	第三監雑居及分房	126坪639
15	第四監雑居房	176坪109
16	第五監雑居房	243坪844
17	第六監分房	150坪271
18	第七監隔離室	43坪950
19	醫務所及病監	137坪060
20	病監薬湯及便所	4坪326
21	教誨堂	117坪333
22	炊事場	80坪000
23	機關室及浴場	61坪833
24	洗濯場	15坪000
25	薫蒸室	3坪899
26	米庫	44坪000
27	文庫	7坪500
28	領置庫	15坪000
29	各工場	4255坪250
30	各所廊下	162坪665
31	風室	1坪750
32	官舎	397坪500
33	官舎及看守合宿所	86坪000
34	祠	2坪250
35	各物置	640坪500
36	立番所	1坪000
37	看守休憩所	30坪250
38	煉瓦焼竈	540坪979
39	物品受取場	20坪000
40	食器洗場	11坪250
41	屋外便所	25坪524
42	水槽	2ヶ所
43	分房囚運動場	1ヶ所
44	煉瓦塀	1794間
45	板塀	65間
46	外門	1ヶ所
47	裏門	1ヶ所
48	通行門	7ヶ所
49	非常門	4ヶ所
50	井戸	24ヶ所
51	橋梁	6ヶ所
52	入堀川	428間
53	堤塘護岸	1908間
54	島	1ヶ所
55	庭園	8ヶ所
56	軽便軌道	726間
57	耕耘地	33町6反01歩
58	麻焼竈	1ヶ所

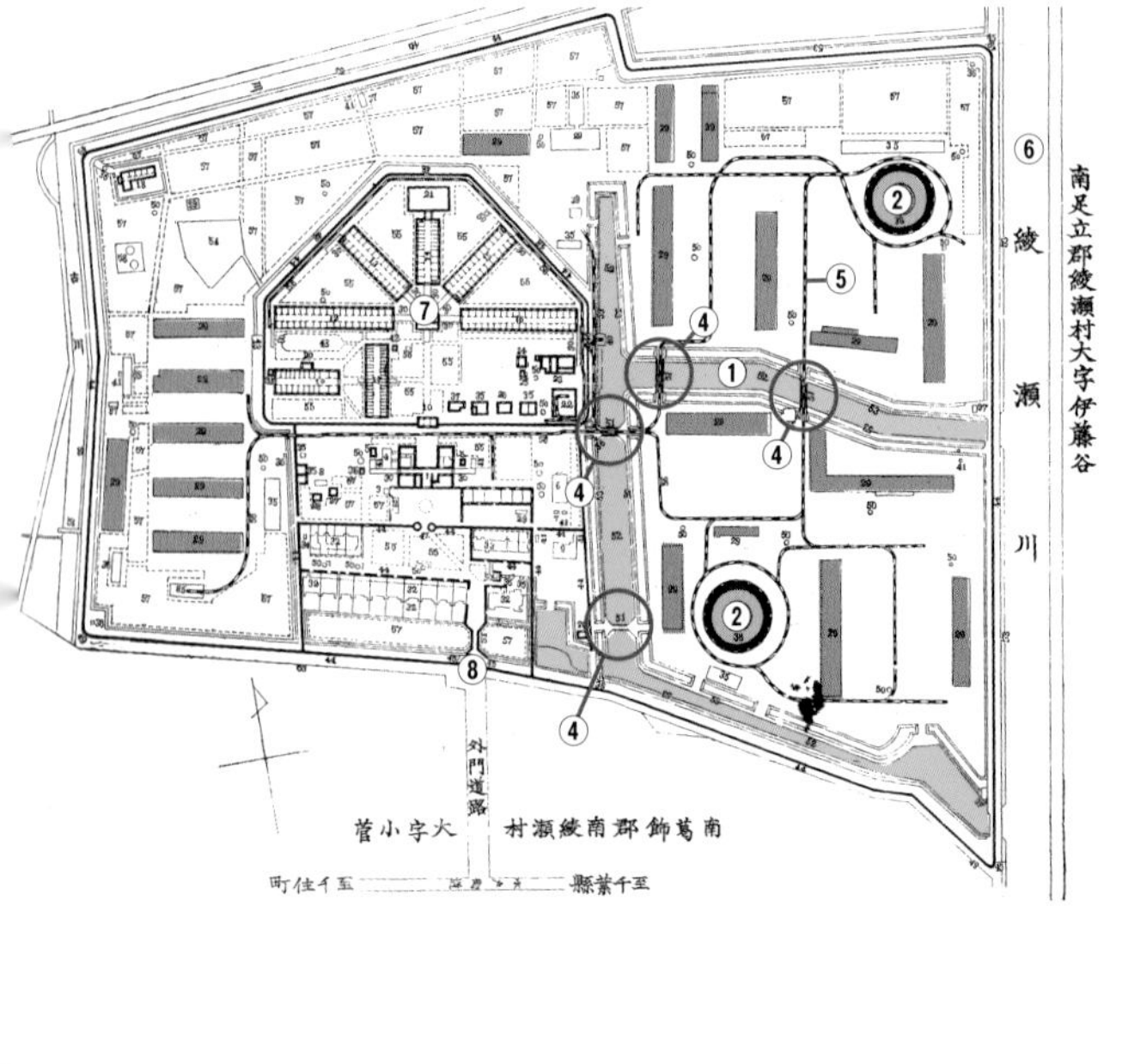

①入堀川（堀）
※青色の部分
②煉瓦焼竈（煉瓦窯）
③各工場
※茶色の部分
④橋梁（橋脚）
⑤軽便軌道
⑥綾瀬川
⑦中央看守所
⑧外門（正門）

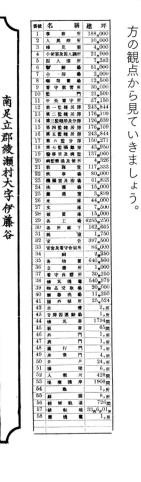

3-1 「大正9年　小菅監獄配置図」(絵葉書，個人蔵)

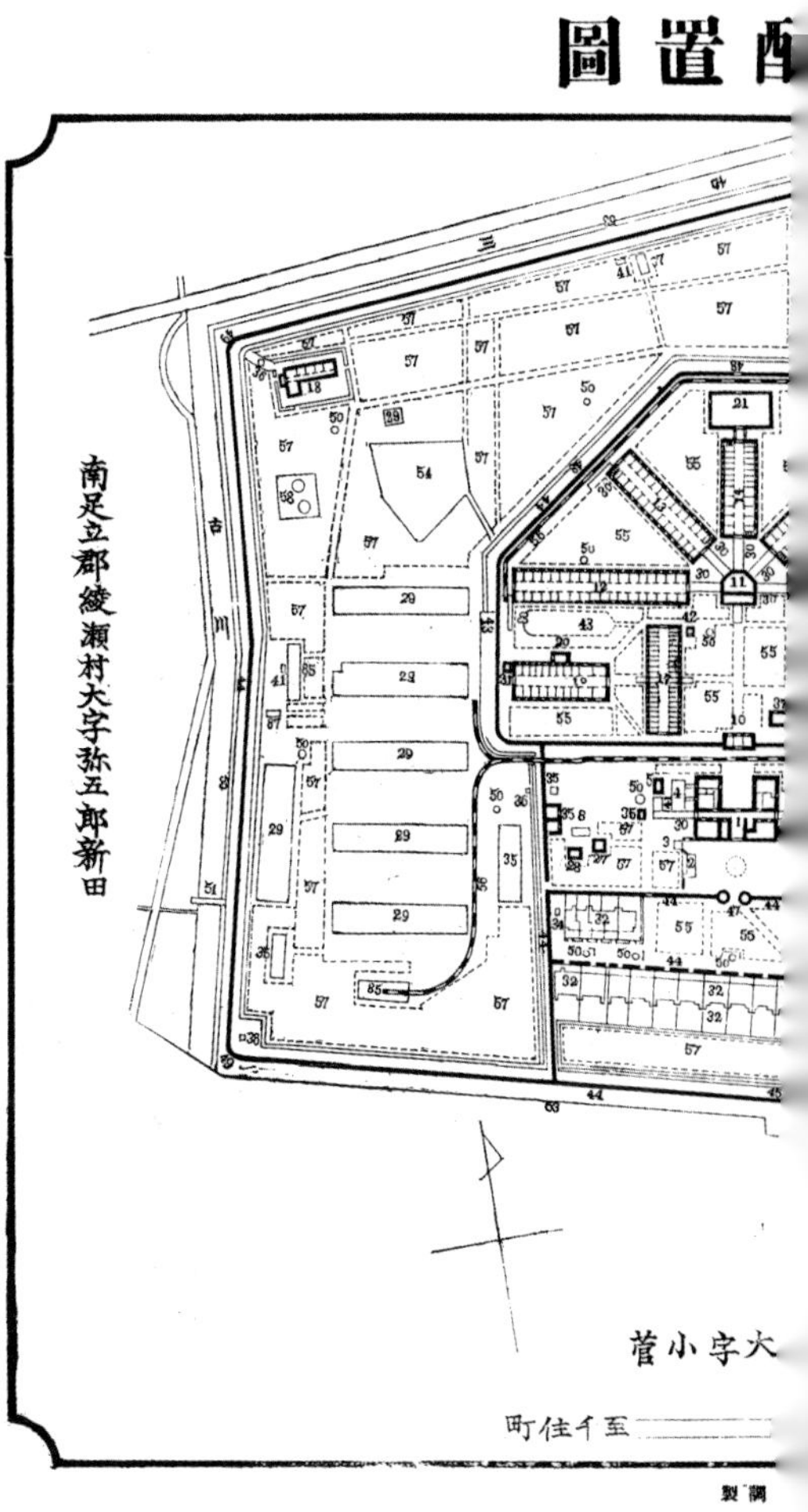

図3－1は、一九二〇（大正九）年の小菅監《こすげかん》獄《ごく》（小菅一丁目。現在の東京拘置所《こうちしょ》の位置）の配置図です。小菅監獄は一八七八（明治十一）年に囚人を拘禁《こうきん》する「集治監《しゅうちかん》」として設置され（一九〇三年に小菅監獄に改称）、設立翌年より、囚人労働として煉瓦《れんが》製造が始まりました。

図3－1の右端に見える縦長の表には、左の敷地図内での場所を表す番号と名称、坪数がまとめられています。その敷地図を見ると、中央の「入堀川（堀）」①から右手に、二基の丸い「煉瓦焼竈《やきがま》（煉瓦窯）」②が確認できます。煉瓦窯の周りに配置された細長い長方形の建物「各工場」③（茶色の部分）が煉瓦の成形や乾燥を行う作業場です。これらの煉瓦窯と工場群は堀によって隔てられています。その堀には四つの「橋梁《きょうりょう》（橋脚）」④が架けられ、その上に「軽便《けいべん》軌道」⑤（「軽便」とは線路の幅がせまく、車両が小型の鉄道）が描かれていることから、貨車によって相互に行き来できたことがわかります。

実はこの小菅の地には、監獄ができる前から煉瓦工場がありました。「集治監」設置の六年前の一八七二年、丸の内や銀座、築地《つきじ》一帯が焼失した銀座大火《たいか》が起こり、東京府は不燃建築化の一環として銀座煉瓦街の建設を進め、大量の煉瓦が必要となります（五巻一章三節）。当初、本所《ほんじょ》（墨田区《すみだ》）・深川《ふかがわ》（江東区《こうとう》）などで煉瓦作りが行われましたが生産量が少なく、煉瓦は不足していました。

そこで、同年に木村彦兵衛《きむらひこべえ》・西川勝八《にしかわしょうはち》・鹿島万兵衛《かしままんべえ》の三人が、旧小菅県庁跡地に煉瓦工場の建設を建築局に願い出て許可されました。三人は煉瓦製造の会社「盛煉社《せいれんしゃ》」を立ち上げましたが軌道にのらず、川崎八右衛門《かわさきはちえもん》・福富六郎右衛門《ふくとみろくろうえもん》・深沢勝興《ふかざわかつおき》が会社ごと引き継ぐことになります。川崎八右衛門は、大蔵省《おおくらしょう》に勤めたイギリス人のお雇い外国人トーマス・ウォートルスに助力を求め、ホフマン式輪窯《わかま》（多くの焼成室《しょうせいしつ》を環状に配置することで、連続して煉瓦を製造できる）二基（②）を築いて煉瓦を大量生産し、工場を軌道に乗せることに成功します。

しかし、銀座煉瓦街の完成により煉瓦の需要は急減し、経営が苦しくなっていきました。集治監が小菅に設置された際、盛煉社の施設群も内務省《ないむ》警視庁《しょうけいし》監獄局《ちょうかんごくきょく》に売却され、囚人労働として煉瓦を製造する官営の工場となりました。

3-2 大正10年代（1921～26）の小菅監獄の煉瓦造りの正門（⑧）（個人蔵）

第二章 葛飾区

3-3 小菅周辺

よむ

小菅《こすげ》と綾瀬川《あやせがわ》の変遷

ここでは煉瓦《れんが》工場のあった小菅や綾瀬川の地理・歴史の移り変わりを見ていきましょう。

煉瓦工場での製造と終焉

小菅の煉瓦工場における煉瓦の原料は、古隅《ふるすみ》田川《だがわ》（後述）沿いの堆積土《たいせきど》を用い、ネバ土（粘土）・さく土（耕地の表面にある土）・砂を六：三：一の割合で混ぜ合わせ、焼かれました。

工場の設備は、一八八六（明治十九）年にはホフマン式輪窯《わかま》三基をはじめ計五基の竈《かま》があり、月産一一五万個生産できたといわれています。さらに翌年には、商務省《しょうむしょう》に勤めたドイツ人のお雇い外国人ゴットフリード・ワグネルにより、楕円形の輪窯も造られました。そして一九〇五年からは、小菅集治監煉瓦工場の経営を、民間業者の組合である「小菅煉瓦匿名組合」が製造を請け負うこととなります。

しかし一九二三（大正十二）年の関東大震災で窯が崩壊したことにより操業《そうぎょう》を中止し、五〇年余りの歴史に幕を降ろしました。

小菅の地と綾瀬川

小菅は葛飾《かつしか》区の北西の端にあり、西側の半分は綾瀬川と荒川《あらかわ》にはさまれています（図３－３参照）。隣の足立《あだち》区と北側で接する場所にあり、その境界線は古隅田川の旧流路に沿って蛇行しています。

小菅が歴史の表舞台に登場するのは江戸時代で、三代将軍徳川家光《とくがわいえみつ》の頃です。寛永《かんえい》年間（一六二四～四四）に、関東郡代《かんとうぐんだい》（関東の幕府直轄領の農政を担当した地方官）の伊奈《いな》氏が家光から小菅に下屋敷《しもやしき》を拝領しました。その後、一七三六（元文《げんぶん》元）年には八代将軍徳川吉宗《よしむね》の命により、その屋敷内に御殿が新造され、鷹狩《たかが》りの際の休憩地となります。「小菅御殿」と呼ばれ、一七四四（寛保《かんぽう》四）年の火災で焼失しましたが、まもなく再建されます。

しかし、一七九二（寛政《かんせい》四）年に伊奈氏が失脚すると、下屋敷は取り上げられて幕府の直轄地となり、九四年には小菅御殿も取り払われました。そして、寛政改革の一環として幕府が設置した町会所《まちかいしょ》（窮民《きゅうみん》に米・銭の交付や、家屋抵当による貸し付けを行った機関）のための備蓄倉庫として、御殿跡には三二棟の籾倉《もみぐら》が造られました。

3-4 小菅銭座で鋳造された寛永通宝の母銭（個人蔵）

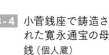

また一八五九（安政《あんせい》六）年には、同地に貨幣改《かい》鋳《ちゅう》のため小菅銭座《ぜにざ》が設けられています。

一八六九年二月二十三日（明治二年一月十三日）には明治新政府により、現在の足立区・葛飾区・江戸川区などを管轄する小菅県が設置されました。小菅県庁は先に紹介した籾倉の跡地に置かれますが、一八七一年の廃藩置《はいはんち》県《けん》により小菅県は東京府となり、県庁は廃止されます。その後、跡地には盛煉社の煉瓦工場、そして小菅監獄となる集治監が置かれます。

この小菅を流れる綾瀬川は、舟運によって江戸と上流部の武蔵国《むさしのくに》足立郡（現在の埼玉県南東部と東京都足立区全域）方面とを結ぶ重要な河川でした。また、小菅の中央を東西に通る水戸佐倉《みとさくら》道《どう》（詳細は「あるく」参照）とも交わる陸上交通の要衝でもありました。

3-5 歌川広重「綾瀬川鐘が淵」（『名所江戸百景』個人蔵）

花の名所としての綾瀬川

綾瀬川には別の顔もありました。歌川広重《うたがわひろしげ》の『名所江戸百景《めいしょえどひゃっけい》』には、綾瀬川の川岸の合歓木《ねむのき》が描かれており、江戸の人びとに花の名所として知られていたようです（図3－5参照）。合歓木は河原などに多く自生し、六・七月頃に長く美しい淡い紅色の花を咲かせます。

花の名所などを紹介した観光案内記『江戸名所花暦《えどめいしょはなごよみ》』にも、絵師の長谷川雪旦《はせがわせったん》が描いた「綾瀬川合歓木花」（図3－6参照）が紹介されており、「小菅御殿地の跡の辺」、すなわち現在の東京拘置所付近の綾瀬川辺りが、合歓木の名所であったことがわかります。

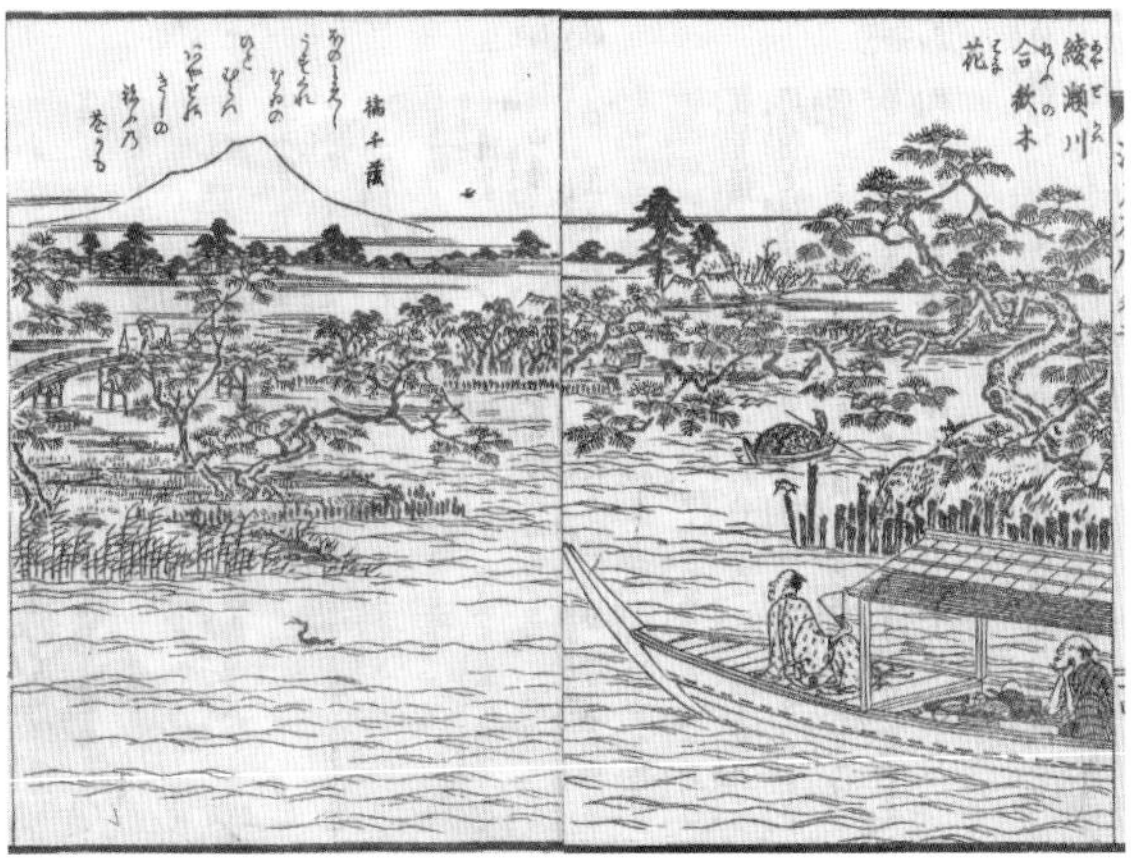
3-6 長谷川雪旦「綾瀬川合歓木花」（『江戸名所花暦』国立公文書館蔵）

近代以降の綾瀬川

一九一〇（明治四十三）年に起きた東京大洪水を受け、その翌年から首都東京を守るための荒川放水路開削《かいさく》計画が始動します（本章四節参照）。江戸の人びとに知れ渡った合歓木の花咲く綾瀬川沿いでも、一九一三年から開削工事が着手されます。川の西側に沿って幅五〇〇mの放水路が開削され、綾瀬川の小菅から四《よ》つ木《ぎ》までの川筋は元のまま維持されますが、両岸には新たに土が盛られ、かつて歌川広重や長谷川雪旦が描いた景観は姿を変えていきました。

小説家の岡本《おかもと》かの子が一九三七（昭和十二）年に発表した『老妓抄《ろうぎしょう》』には、船上から見える初夏の荒川放水路沿いの風景が次のように描写されています。

> 工場が殖え、会社の社宅が建ち並んだが、昔の鐘《かね》ヶ淵《ふち》や、綾瀬の面かげは石灰殻の地面の間に、ほんの切れ端になって所々に残っていた。綾瀬川の名物の合歓の木は少しばかり残り、対岸の蘆州《ろしゅう》の上に船大工だけ今もいた。

荒川放水路開削後、合歓木が次第に姿を消していった様子を伝えています。

あるく

小菅《こすげ》と水戸《みと》佐倉《さくら》道《どう》をあるく

「よむ」で紹介した小菅と水戸佐倉道を中心とした地域を実際に訪ねてみましょう。

小菅の変遷をたどる

江戸時代から近・現代まで、小菅の地はさまざまな利用がなされました。荒川放水路《あらかわほうすいろ》や近年整備された首都高速道路によって景観は変貌しましたが、今でも往時の歴史をしのばせる風景が残っています。

現在の東京拘置所《こうちしょ》の南側を南北に通る「松原《まつばら》通り」は、小菅御殿《ごてん》の正面入口に通じる御成道《おなりみち》でした。拘置所敷地南側の道路沿いには「小菅御殿と江戸町会所《まちかいしょ》の籾蔵《もみぐら》」の案内板①と、「東京拘置所と煉瓦《れんが》工場」の案内板②があります。敷地南西部の正門の左脇には、小菅御殿の奥庭にあった石灯籠《いしどうろう》・手水鉢《ちょうずばち》など③が置かれています。また、まちの所々には小菅煉瓦で造られた倉庫なども残されています。

一方、近接する葛飾区立西小菅小学校（小菅一丁目）の正門脇には小菅銭座《ぜにざ》の案内板④、学校の敷地の北東角には、銭座の名前が入った「銭座橋」の親柱⑤もあります。

3-7 大正10年代（1921年〜）の小菅監獄の煉瓦工場と水路（個人蔵）

小菅から亀有《かめあり》へ——水戸佐倉道を往く

水戸佐倉道は、日光街道《にっこうかいどう》（江戸から宇都宮《うつのみや》を出て、日光に至る）の千住宿《せんじゅしゅく》（足立区千住一〜五丁目が本宿）から小菅・亀有を通り、中川《なかがわ》の「新宿《にいじゅく》の渡し」⑥を渡って、水戸道と佐倉道に分岐する葛西《かさい》新宿（新宿二丁目付近）に至ります。今も車の行き交う道路として残っているこの道を、小菅界隈から歩いてみましょう。

道は綾瀬川に架かる水戸橋⑦を渡って亀有方面に向かい、かつての曳舟川《ひきふねがわ》（人を載せた船を、陸上から人が曳いていた川筋）の跡を過ぎます。その後の街道沿いに、千住宿から一里《いちり》にあたる「亀有一里塚碑」⑧（亀有一丁目）と、その隣に〝諸国漫遊〟で有名な「水戸黄門《みとこうもん》」一行をモチーフとした石のモニュメントが見えてきます。

中川を渡り、葛西新宿での分岐以降、北の道は水戸へ向かう水戸道となり、江戸と水戸方面を連絡する重要な交通路でした（南への分岐は佐倉道となる）。徳川御三家《ごさんけ》の一つである水戸家は、将軍家を補佐する重要な立場にあり、水戸家の人びとはこの道筋を行き来していたと考えられています。このモニュメントも、「水戸黄門」が通称だった常陸《ひたち》水戸藩二代目の当主、徳川光圀《みつくに》にあやかって造られたものです。

『江戸名所図会《えどめいしょずえ》』の「中川」の項で、光圀は江戸から水戸へ向かった時、中川の川底から壺一つを見つけ、その壺を「中川」と命名し、長年茶壺として珍重《ちんちょう》していたと記されています。おそらくこの壺が見つかったのは、「新宿の渡し」付近の可能性が高いと思われます。亀有は葛西城（青戸《あおと》にあり、山内上杉《やまのうちうえすぎ》氏によって築かれ、のちに小田原北条《おだわらほうじょう》氏が奪取。二節参照）の大手（城の正面）方面に位置していました。対岸の新宿はかつて葛西城に付随する宿で、葛西城の跡地からは城内で使われた常滑焼《とこなめやき》などの壺類が多く発掘されています。

3-9 小菅で製造された煉瓦の桜の刻印
監守の胸ボタンのデザインから採用されたものと言われている。

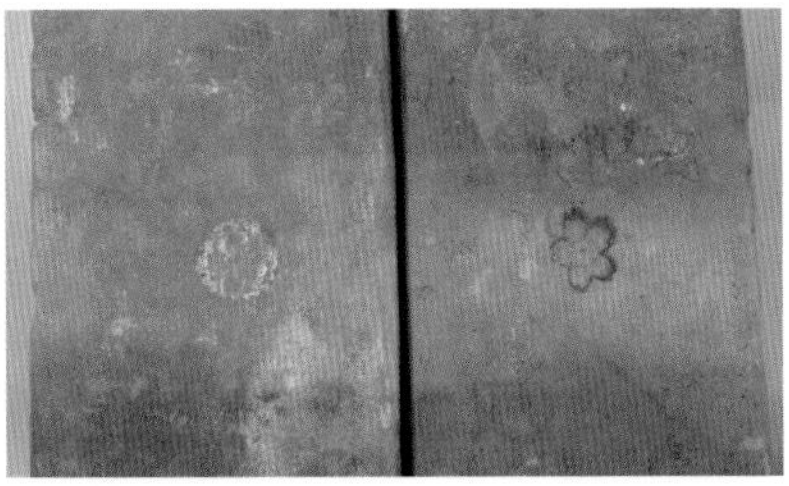

③小菅御殿の石灯籠

⑤銭座橋の橋名板

⑧亀有一里塚碑と，水戸黄門一行のモニュメント

3-8 小菅北西部

3-10 葛飾区西部（赤枠は図3-7の範囲を示す）

コラム　亀有と鶴《つる》御《お》成《なり》

小菅の隣に位置する亀有地域。地名に含まれる「かめ」は、亀の背のような土地の高まりを表しています。この地域は古利根川《ふるとねがわ》が分流し、西に古隅田川、東に中川に注ぎ、もともと上流から土砂が堆積《たいせき》しやすい場所でした。

この亀有を含む葛西（葛飾区・江戸川区・墨田区・江東区域）は御鷹場《おたかば》で、将軍の「鶴御成」がよく行われ、捕獲された鶴は朝廷へも献上されていました。亀有・青戸・白鳥《しらとり》・四《よ》つ木《ぎ》地域の一部では、実際に鶴の飼付場が設けられていたそうです。そのため、亀有に関しては「鶴有といひたき御場の地名なり」という川柳《せんりゅう》が残されています。「亀有を鶴有と言いたい」としたところに、亀有が鶴御成と関わりの深い地域だったことがうかがえます。

御鷹場近くの西光寺《さいこうじ》（宝町二丁目）には鶴供養のため、一八四一（天保十二）年に建立された「丹頂塚《たんちょうづか》」が残され、また四つ木白髭《しらひげ》神社（四つ木二丁目）には、鷹が白鳥を捕まえているところを描いた大絵馬が奉納されています。

3-11 四つ木白髭神社の大絵馬

第四節　荒ぶる川の大規模改修

谷口　榮

みる

首都東京を水害から守るために開削された人工河川である荒川放水路《あらかわほうすいろ》。しかし、一九六五（昭和四十）年に正式に「荒川」と改称されたこともあって、今ではかつてからあった一般の河川と思われている方も多くなりました。改めてその歴史をたどっていきましょう。

画，1910年，提供：国土交通省　荒川下流河川事務所）

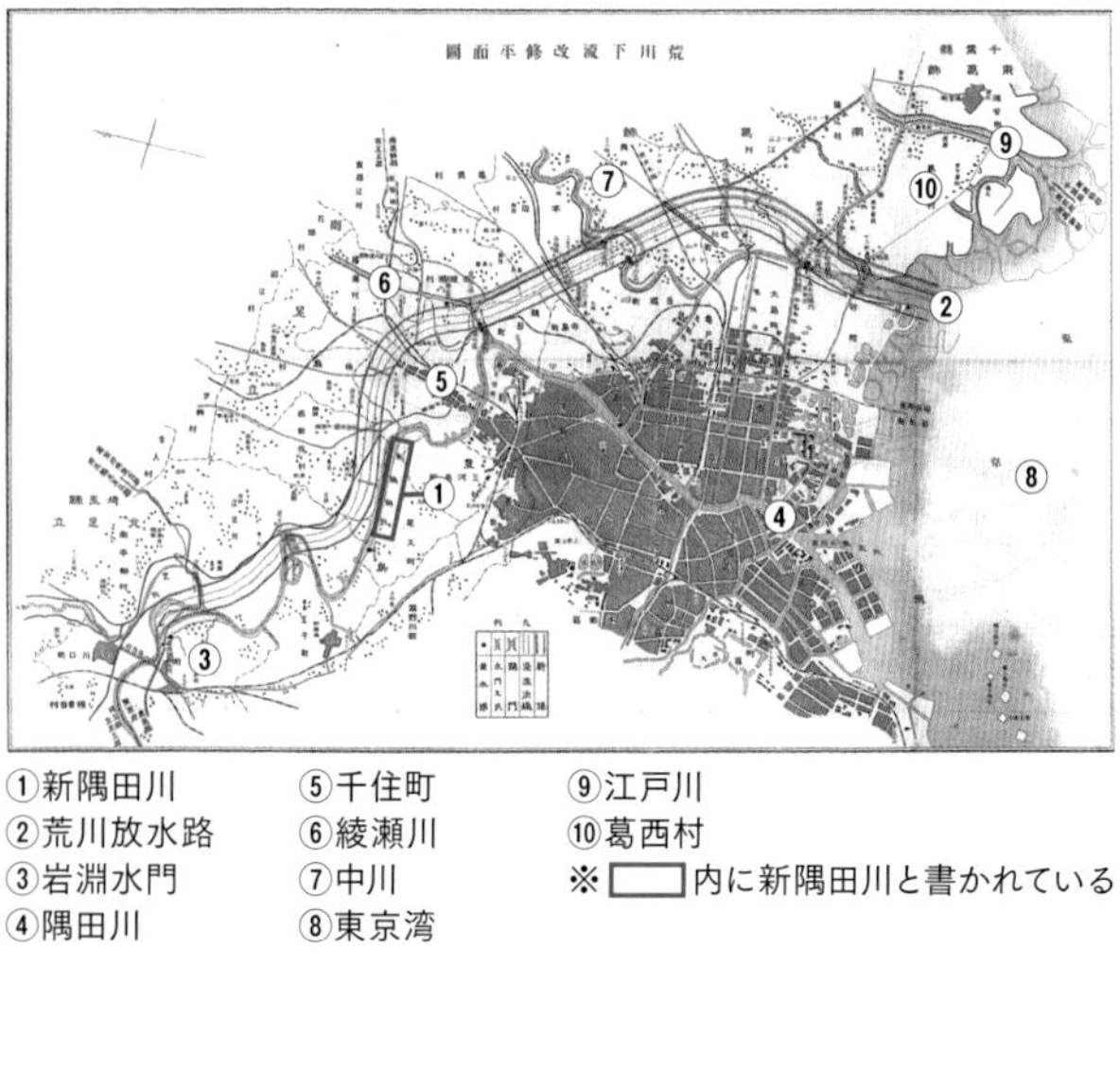

①新隅田川　⑤千住町　⑨江戸川
②荒川放水路　⑥綾瀬川　⑩葛西村
③岩淵水門　⑦中川　※□内に新隅田川と書かれている
④隅田川　⑧東京湾

4-1 荒川下流改修平面図（第一次治水計

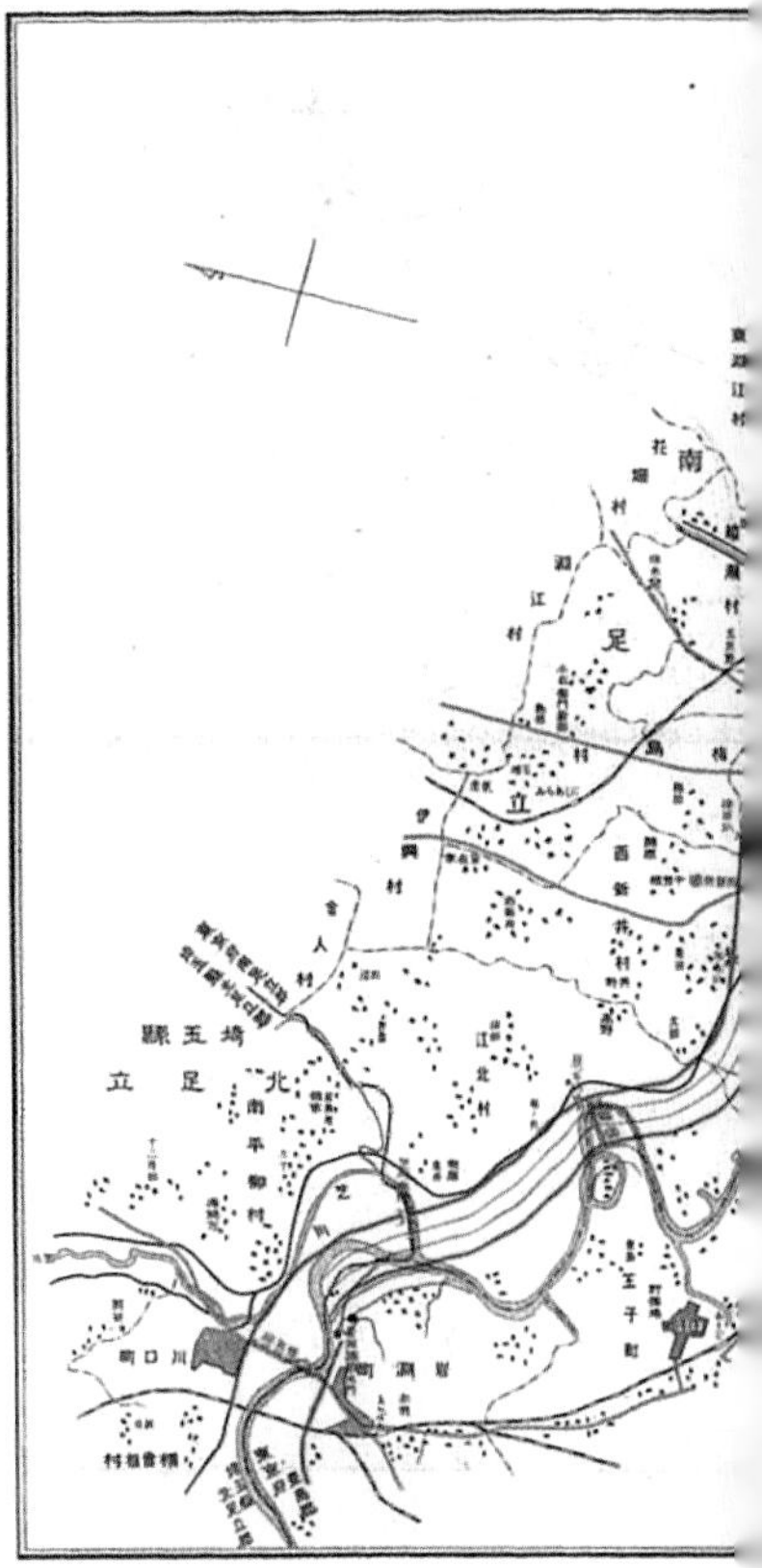

奥秩父《おくちちぶ》の甲武信《こぶし》ケ岳《がたけ》を源流とし、埼玉県を貫流して東京湾に注ぐ荒川《あらかわ》。この大河川は「荒ぶる川」の名の通りたびたび大水害をもたらしてきました。荒川は、本来は現流路の北側を流れている元荒川《もとあらかわ》がその名のとおり本流で、現在の荒川下流にあたる隅田川《すみだがわ》は、もともとは入間川《いるまがわ》の下流でした。

大規模な土木工事が組織的に施工できるようになった江戸時代の初期に、熊谷《くまがや》市久下《くげ》で元荒川をしめ切り、入間川に付け替えて、現在のような流路にしました。これにより、入間川は荒川の支流となりました。しかし、洪水は江戸期・明治期を通して繰り返されました。対応策も繰り返し議論されましたが、本腰を入れて着工されていく契機となったのは一九一〇（明治四十三）年の大水害でした。

この年八月六日頃から台風とその前面の前線により雨が強まり十日頃まで豪雨が継続しました。このため十日夜半から翌朝にかけて、至る所で堤越えの氾濫《はんらん》や堤防の決壊が相次ぎ、東京府では南足立《みなみあだち》郡全域、北豊島《きたとしま》郡の北半分、南葛《みなみかつ》飾《しか》郡の西半分で浸水が発生、北豊島郡志村《しむら》（現板橋《いたばし》区）では最大四・八mの浸水が記録されています。さらに東京市内でも下谷《したや》・浅草《あさくさ》・本所《ほんじょ》・深川《ふかがわ》四区に浸水し、多くの被害が出ました。

市内の被害は、死者・行方不明二一名、床上浸水八万八〇〇〇棟、被災者総数は五五万人、水害損失額は一億一九三二万円にのぼり、近代水害史上に刻まれる深刻なものでした。

東京府・東京市は、これまでも国に対して荒川改修の建議《けんぎ》を出すなど、国による治水《ちすい》事業の実施を訴えていました。特に三年前の一九〇七年の水害時には工場群が浸水被害を受けたことから、荒川の放水路を開削《かいさく》せよという具体的な建議が行われていました。そこに発生した一九一〇年の大水害を受けて、臨時治水調査会が組織され、第一次治水計画を策定、大規模河川での河川改修が急がれることになりました。

この計画の一つとして荒川下流改修計画も採択されました。図4－1がその計画図です。新隅田川①と書かれているのが、それまでの荒川本流です。著しく蛇行しているのが一目瞭然です。荒川の洪水対応能力を向上させ、船運による流通経済の活性化を図るためには、隅田川の川幅を広げ、流路を直線化するだけでは困難との判断から、新たな放水路、すなわち荒川放水路②の開削が選択されました。

図4－1を見ると岩淵町《いわぶちまち》（現北区）に水門③を設置し、旧河道である隅田川④に安全な水量だけを流し、残りを新たな放水路に導いています。放水路の上流では広大な荒川河川敷の北岸に寄せて蛇行部をショートカットし、中流部では千住町《せんじゅまち》⑤の北を迂回するため隅田川から東側にふくらみ、綾瀬川《あやせがわ》⑥から中川《なかがわ》⑦へ通じる流路に沿わせて中川に連絡しています。下流部では中川を横断し、その後は中川沿岸の市街地を避けてやや東側に膨らませ、中川河口に導き東京湾⑧へ注ぎます。

計画は一九一〇年中に立てられ、翌年から用地買収や移転協議などの事業が開始されました。

よむ

開削工事と地域への影響

荒川放水路《あらかわほうすいろ》は全長二二km、幅員《ふくいん》は上流部の一二km区間で四四五m、その後、次第に拡大して、河口部では五八二mに至るというものでした。一九一三（大正二）年から一九三〇（昭和五）年まで、完成に一七年を要した日本の土木史上、屈指の規模を誇る掘削《くっさく》工事は、どのようなものだったのでしょうか。

荒川放水路の開削

工事の指揮を執ったのは、内務省《ないむしょう》 土木局《どぼくきょく》の土木技師の青山士《あおやまあきら》です。着任前には、日本人でただ一人、パナマ運河の建設に携わっています。

図4－2の概念図を参考に説明すると、掘削は以下の流れで進められました。

①洪水時の冠水《かんすい》を想定する高水敷《こうすいじき》という部分まで、人や機械によって地面を掘り下げる。
②①で発生した土を利用して堤防を築く。
③平常時に水が流れる低水敷まで主に掘削機および浚渫船《しゅんせつせん》によって掘り下げ、放水路の基本的な形状を築く。
④要所に橋梁《きょうりょう》や水門、閘門《こうもん》、護岸を築くなどの付帯工事を行う。

工事は最新鋭の機械を導入して進められ、特にエキスカベータ掘削機（図4－3参照）という蒸気で駆動する自動掘削機が活躍しました。巨大なバケツが回転して土を掘り、今度は上に持ち上げられると、回転するときは逆さまになって土をトロッコに落としていきました。トロッコは蒸気機関車がけん引していきます。この繰り返しで、ある程度まで掘り進むと今度は水を引き入れ、浚渫船《しゅんせつせん》を水面に浮かべ川底をさらに掘り下げます。

工事当初の掘削から大量の労働力が投入され、作業は過酷なものでした。その数は延べ三一〇万人といわれています。近年、この工事に参加していた伊藤銀河という人物の句文集が紹介され、現場の実状を具体的にうかがえるようになりました。

まず、「人夫《にんぷ》は埼玉あたりから、此処《ここ》に働く為に出て来た者と、近村から農閑《のうかん》の手間取りに出る者と、職工《しょっこう》あがりなどであった」と記されています。

十二月はじめ、「北風が烈《はげ》しくすさび、筑波《つくば》、日光《にっこう》、上州《じょうしゅう》の山々が雪に輝く日」もあるなか、土手際の水溜りのできた草地に立ち、エンピ（小型のスコップ）で芦《あし》の根の張った土を鋤《す》き取る根固《ねがた》めという作業を行っていた時、通過する総武《そうぶ》線を見上げて人夫の一人がつぶやきます。

　奴等《やつら》、俺等の事人間だと思って居まいなア、
　寒中雁鴨《がんかも》の真似して居んだからなア。

銀河はこんな句を書き留めています。

　芦の根を鋤くに寒波ひた寄する

4-2 河川敷の概念図

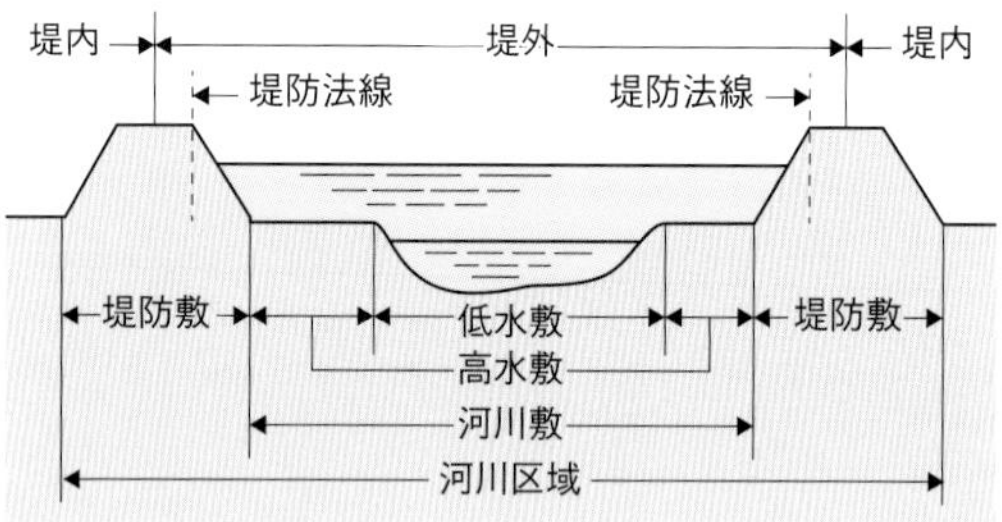

4-3 エキスカベータによる掘削状況（提供：国土交通省　荒川下流河川事務所）
写真は後年実施された中川放水路工事でのものだが，この機械の構造と機能がよくわかる。

痛ましい事故も起きました。人夫たちの煙草《たばこ》の買い物などにも使われ、かわいがられていた一一歳の政が、掘削した土を運ぶ機関車の脱線により膝関節から下を切断され、搬送された病院で息を引き取ったのです。このほか工事期間中、都合三〇人の犠牲者が出ました。

地域から見た荒川放水路

荒川放水路の完成によって、首都東京は水害から守られるようになりました。しかし、それはあくまでも首都東京のある放水路西岸地域のことで、完成した東岸の堤防は、西岸よりも低かったのです。また、放水路沿岸地域では、さまざまな問題が起きていました。

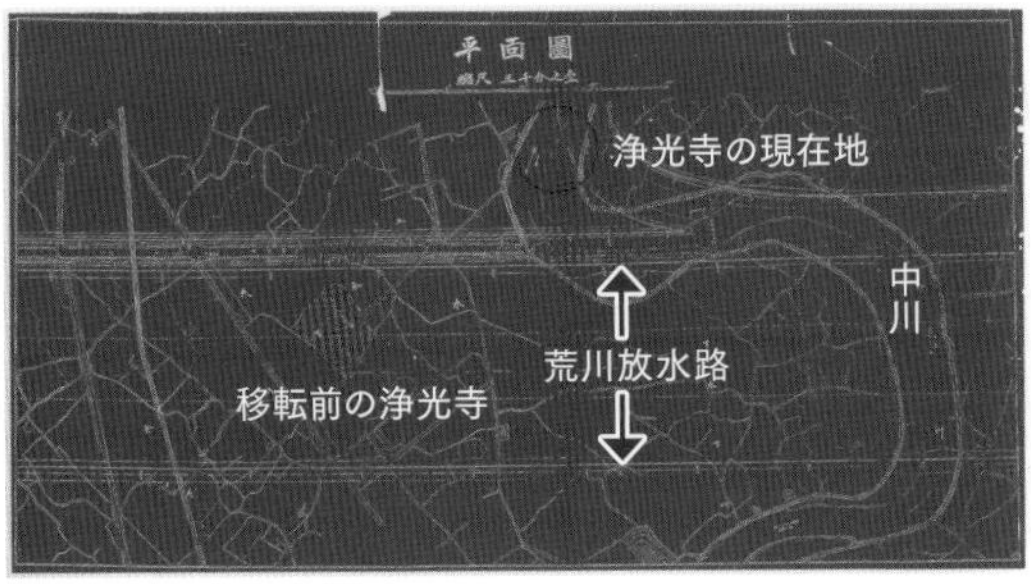

4-4 荒川放水路の開削と浄光寺の移転（原資料は提供：国土交通省　荒川下流河川事務所）

葛飾区東四《ひがしよ》つ木《ぎ》に所在する古刹《こさつ》浄光《じょうこう》寺《じ》（木下川《きねがわ》薬師《やくし》）は、放水路建設によって一九一九（大正八）年に移転を余儀なくされました。移転といっても堂宇《どうう》を移せばいいという単純な問題ではありません。放水路は、浄光寺と檀家《だんか》の関係を引き裂くことになり、放水路のどちら側に堂宇や墓所を移転するのか、大きな問題となりました。また、移転によって江戸近郊随一と賞された杜若《かきつばた》や、それまで永きにわたり培われてきた寺院境内の文化財などの歴史的環境も失われることになったのです。

放水路は、新たに土地を開削したことで、地域の有する町付き合いや寺社の檀家や氏子《うじこ》など地域コミュニティを分断して造られました。

しかし、放水路によって隔たれた地域は、橋梁によって結ばれるだけでなく、橋の建設とともに道路網の整備が行われ、鉄道も再整備されることになりました。

こうして、新たに整備された荒川放水路沿岸地域の開発を促すことになったのは、一九二三年の関東大震災でした。放水路開削工事中に起きた大震災により、東京は甚大な被害を受け、罹災《りさい》した人は新天地を求め、新開地の荒川放水路沿岸地域に居を移しました。のちに葛飾区となる地域の一九二三年の人口は約三万六〇〇〇人で、大震災前は年間二〇〇〇人から三〇〇〇人程度の増加です。しかし、葛飾区が誕生する一九三二（昭和七）年には約九万人を数え、震災後の九年間で二・五倍となっています。

この急激な変化は人口だけの出来事ではなく、化学、紙製造、プレス、ゴム関連、玩具、文具、染色業など、さまざまな産業も同様に荒川放水路沿岸地域に根付いていくことになります。大規模な工場だけでなく、中小の工場も進出し、労働人口の増加をもたらしました（図4－5参照）。その結果、飲食業や銭湯などの労働者を支えるさまざまな職業が発展していきました。

荒川放水路は、治水という観点からみれば欠くことのできない大規模土木事業でしたが、およそ一三〇〇世帯の住民に移転を余儀なくさせ、地域社会に分断をもたらしたことも事実です。その一方、関連インフラ整備を促進し、沿岸地域の発展ももたらしていったのです（三巻一章参照）。

4-5 荒川放水路沿岸に建ち並ぶ町工場群（昭和30年代，個人蔵）

あるく

東京《とうきょう》低地《ていち》が育んだ新旧名所めぐり

「みる」「よむ」で見てきたように荒川放水路《あらかわほうすいろ》は、首都東京を洪水から守るために建設されました。しかしその地勢的条件は、逆に水にまつわる名所や、見渡す限り広がる低地の景観を生み出してきたものでもありました。ここでは葛飾区域にしぼって東京低地の名所を紹介します。

杜若《かきつばた》から花菖蒲《はなしょうぶ》へ

「よむ」で荒川放水路Ⓐによって移転を余儀なくされた寺院として紹介した浄光寺《じょうこうじ》①は、江戸近郊唯一の杜若の名所でもありました。八四九（嘉祥《かしょう》二）年に最澄《さいちょう》（伝教大師《でんきょうだいし》）が作ったといわれる秘仏《ひぶつ》の薬師如来《やくしにょらい》像を本尊とし、木下川《きねがわ》薬師とも呼ばれて、地域の信仰を集めている古《こ》刹《さつ》です。杜若は、水中や湿った所に育つアヤメ科の植物で、五月中旬から下旬に青紫や白色の花を咲かせます。「いずれ菖蒲《あやめ》か杜若」といわれるように、アヤメや花菖蒲によく似ていますが、別種のものです。一八二七（文政《ぶんせい》十）年刊の『江戸名所花暦《えどめいしょはなごよみ》』Ⓑでは「池中八一面紫にして、そのなかへ八ツ橋をかけわたし、往来をなさしむ」として、池一面に紫の花を咲かせる杜若の様子を図示しています。

この浄光寺が花の名所としての先駆《さきがけ》となり、花菖蒲の名所堀切《ほりきり》が続きました。歌川広重《うたがわひろしげ》をはじめとする錦絵や江戸近郊の名所案内Ⓒ、紀行文にもこの地の菖蒲園《しょうぶえん》のことが記され、江戸時代には花菖蒲の名所として広く知られていたことがわかります。幕末から明治前半期にかけて小高《こだか》園・武蔵《むさし》園・吉野園・堀切園といった菖蒲園が開園し、明治中期から大正期にその最盛期を現出していました。

これらの菖蒲園は、大正末から昭和に入ると廃園が相次ぎ、残っていた小高園・堀切園も戦時中の食糧難により水田化されるなどして閉鎖されました。しかし、戦後堀切園が再開されると、その一部を東京都が買収し、一九六〇（昭和三十五）年に都立堀切菖蒲園②として公開、一九七五年に葛飾区に移管され整備が進められました。花菖蒲が見ごろとなる六月を中心に多くの観光客で賑《にぎ》わっています。

風雅なり、曳舟《ひきふね》の光景

水戸《みと》佐倉道《さくらどう》③は、日本橋から隅田川右岸を通っている日光道中《にっこうどうちゅう》の初宿、千住《せんじゅ》④から分岐し、小菅《こすげ》・亀有《かめあり》⑤を通り葛西新宿《かさいにいじゅく》⑥に至り、水戸《みと》道《どう》⑦と佐倉道《さくらどう》⑧とに分かれます。この往還《おうかん》が道《どう》中《ちゅう》奉行《ぶぎょう》の指定する宿と伝馬《てんま》制度の経路ですが、葛西新宿と日本橋の間を千住経由で行くと、かなり遠回りの道程となります。そこで旅慣れた人は、葛西新宿と日本橋を直線に進む道程が距離も短くてすむことを承知し、亀有から小梅《こうめ》⑨（墨田《すみだ》区向島《むこうじま》）方面に流れる古上水《こじょうすい》（本所上水）と葛西用水沿いを往来する近道を使ったようです。

その様子を見た葛西の人びとが、旅人の需要を適え、経済的にもプラスになる仕組みを工夫しようと知恵を出し合って考案したのが引舟《ひきふね》（曳舟）Ⓓです。

上水としての役割を終えていた本所上水を利用し、船に縄をかけて陸から人力で曳いていくというのどかな交通機関は、低地ならではの平坦な地形が生み出したものです。いつしかこの運河は曳舟川⑩と呼ばれるようになり、現在は一部が曳舟川親水公園として整備されています。

癒しの場、境界としての荒川放水路

荒川放水路をモチーフにした文学や映画などの文芸作品の創作者は、都市と新開地を線引きする構造物として荒川放水路を物語の舞台として取り上げ、さらに荒川放水路ならではの川辺や土手の風景と、両岸に広がる都市と新開地《しんかいち》の

Ⓓ歌川広重「四ツ木通用水引ふね」(『名所江戸百景』国立国会図書館蔵)

『風俗画報』に描かれた1910年8月の東京大洪水

②現在の堀切菖蒲園(葛飾区観光課提供)

Ⓒ歌川広重「堀切の里　花菖蒲」(『絵本江戸土産』国立国会図書館蔵)
手前に低く幾重にも繁茂し，花弁を広げて咲き誇る花菖蒲が描かれ，奥行をもって展開する後ろの木立，家屋など，この地が平らで開けた景観地であることが確認できる。

4-6 荒川放水路周辺

Ⓑ浄光寺「木下川薬師」(『江戸名所花暦』東京都公文書館蔵)

①現在の浄光寺

Ⓔ堀切橋より四木橋を望む(永井荷風『断腸亭日乗』1931年11月22日の項，永井壮一郎氏蔵，市川市協力)

Ⓐ現在の荒川放水路(葛飾区広報課提供)

Ⓕ『葛西橋放水路河口』(©Akio Nemoto，鎌倉市鏑木清方記念美術館蔵)
鏑木清方著『道中硯』『新江東図説』双雅房刊に掲載されている挿絵

景観を写し取っています。

その代表的な人物である永井荷風《ながいかふう》は、荒川放水路を何度も訪れ、独自の観察眼で随筆《ずいひつ》『放水路』を著し、日記には堀切橋⑪から四ツ木《よぎ》橋⑫を見た絵Ⓔも残しています。また、美人画で有名な鏑木清方《かぶらききよかた》は、一九三八年に著した『新江東図説《こうとう》』Ⓕの中で、隅田川と荒川放水路を比較し、新しく創造された人工的な景観に注目しています。岡本《おかもと》かの子《こ》、田山花袋《たやまかたい》なども随筆や小説、紀行文などで荒川放水路を取り上げています。そのほか小津安二郎《おづやすじろう》監督『東京物語』(一九三五年、松竹)や山田洋次《やまだようじ》監督『下町の太陽』(一九六三年、松竹)、などの映画の舞台としても登場しています。

これらの作品を振り返ることは、荒川と地域の人びととの関わりや近代化する東京の歴史を考えることにつながるでしょう。

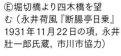

第五節 低地の生業と近代化

谷口　榮

みる

葛飾《かつしか》区南部の奥戸《おくど》地域は中川《なかがわ》左岸に位置し、戦前は区内でトップの農業先進地域でした。沖積土《ちゅうせきど》の土質は野菜作りに適し、河川・水路を用いた舟運で下肥《しもごえ》の確保や作物の迅速な出荷ができたなど、利便性の高い環境にありました。ここではこれらの生業の盛衰や、そのほかの近代化への移行を見てみます。

和7年　新区町界名変更案原図　第十図　奥戸町」（葛飾区郷土と天文の博物館蔵）

①中川
②荒川放水路
③小松川境川
④ＪＲ総武本線
⑤新小岩駅
⑥西井堀
⑦理研工業株式会社平井工場と那須アルミニューム製造所の場所
⑧関口セルロイド加工所の場所
※赤丸は人家の多い地域を示す。
※⑦⑧については「よむ」参照。

5-1「昭

5-2 奥戸村と他6町村

紫が奥戸村で，江戸時代から続いていた奥戸村・奥戸新田・鎌倉新田・細田村・上小松村・下小松村・上平井村・中平井村を含む。

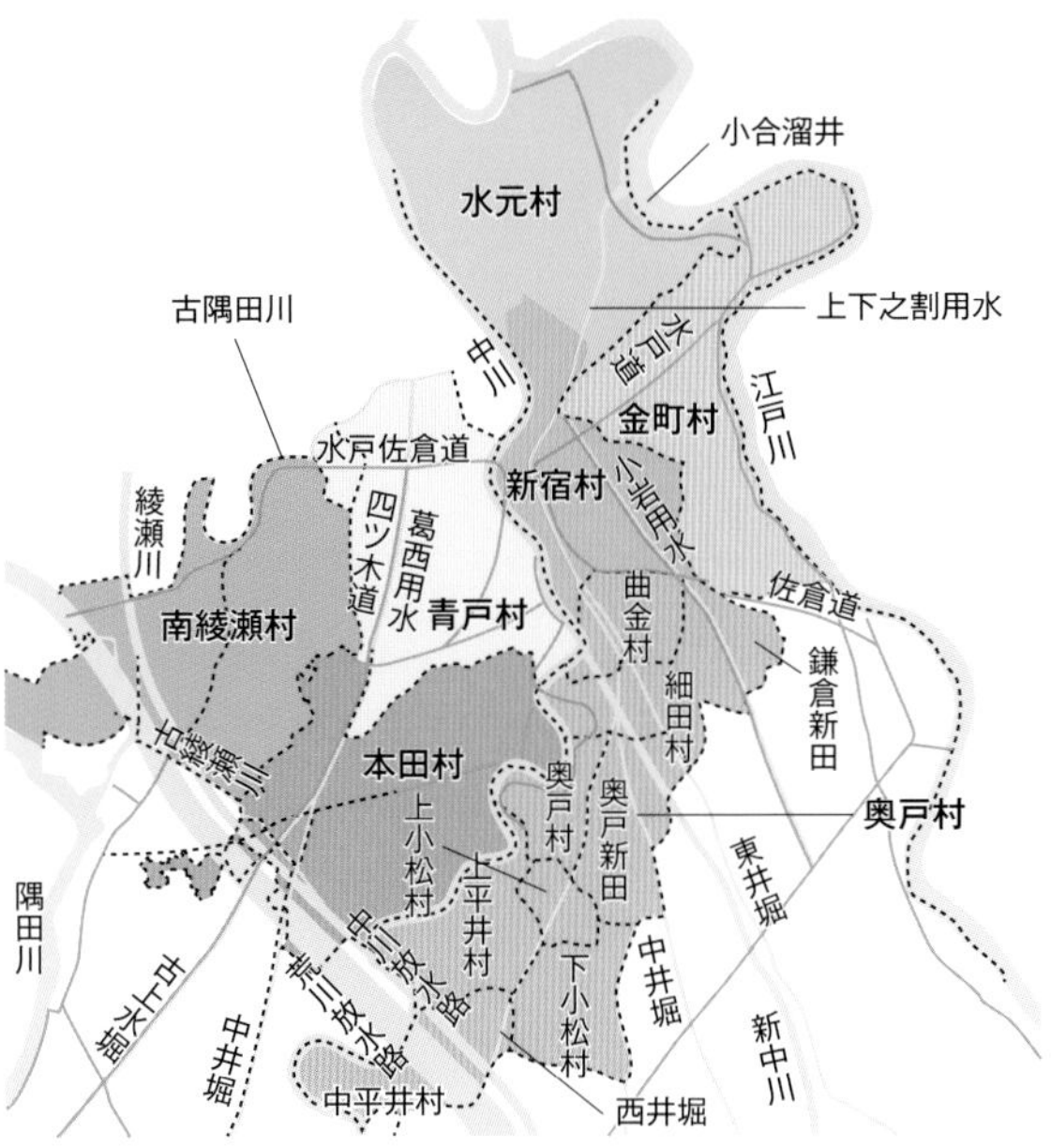

図5－1は一九三二（昭和七）年に作成された東京市葛飾区《かつしか》が誕生する直前の奥戸地域を表した地図の一部です。ここでいう奥戸地域とは、一八八九（明治二十二）年の町村制施行により誕生した「奥戸村」のことで、現住所表示の「奥戸」より広い範囲をさします（図5－2参照）。

図5－1を見ると、奥戸地域は中川《なかがわ》①・荒川《あらかわ》放水路《ほうすいろ》②（荒川下流を北区の岩淵《いわぶち》水門から分水させ、建設した流路）・小松川境《こまつがわさかいがわ》川③に挟まれた土地に位置しています。域内にはJR総武《そうぶ》本線④と、のちに地域の中心駅となる新小岩駅《しんこいわ》⑤も見えます。地域の中心を流れる西井堀《にしい》⑥は農業用水として旧上小松《かみこまつ》・旧平井《ひらい》の水田を潤していました。

さらに地図上の黒い部分（読み取り図の赤丸内）は人家・建物が集まっている地域です。一方、それ以外の地は田圃《たんぼ》が多く、農業用地として使われていたことがわかります。

奥戸地域は、土地の低い湿田《しつでん》が多くあり、近年まで田圃での米作が行われた一方、比較的土地の高い微高地《びこうち》では蔬菜《そさい》類が作られる農村でした。なかでも小松菜は、中川左岸の小松・小松川（図5－2では上小松・下小松の両村辺り）で特産物として栽培されていました。江戸時代の冬の食料の乏しい時期にはなくてはならず、正月の雑煮《ぞうに》にも欠かせませんでした。

現在田圃などは姿を消し、畑地面積も著しく減少していますが、まだ農家の方は健在です。昔の小松菜の栽培では正月の需要に備えるため、十月前半頃に種まきをして、十二月後半に収穫しましたが、一九六〇年代中頃（昭和四十年代）からは年間を通じて栽培されるようになりました。最近では小松菜のせんべいやジュースなど、地元の特産を活かした商品開発も盛んです。

また、この地域ではかつてレンコン栽培も行われていました。低地ならではの特産物で、特に新小岩駅周辺の低湿地には、一面レンコン畑が広がっていました（図5－3参照）。

5-3 新小岩のレンコン栽培の様子（昭和40年代，葛飾区郷土と天文の博物館提供）

また、図5－2の上平井村周辺（現在の東新小岩三・五～八丁目、西新小岩三～五丁目、奥戸一丁目）の農家では、江戸時代から副業として布海《ふの》苔《り》（織物の仕上げのりの原料や、刺身のツマなどの食用にも用いられる海草）作りが盛んでした。乾燥に適した夏季に行われ、北海道や三陸《さんりく》地方を中心に九州・四国・伊豆方面で採れる海藻を原材料として用いました。できた製品は、工業用として群馬や八王子《はちおうじ》方面の織物工場のほか、一般家庭用として全国各地に出荷されました。高度経済成長とともに農業をやめる家が増えて徐々に減少し、現在ではレンコンや布海苔を製造する農家の姿は見られなくなっています。

よむ

奥戸《おくど》地域の近代化

一九一〇（明治四十三）年に計画が立てられ翌年から事業が開始された荒川放水路《あらかわほうすいろ》の開削《かいさく》により、旧中平井《なかひらい》村（図5－2参照）は一部の村地を失い、一九一四（大正三）年には放水路以北が奥戸《おくど》村、以南が現江戸川区となって廃村しました。また新小岩地区の西側には、中川《なかがわ》と荒川放水路を守るように延々と堤防がめぐらされ、景観を大きく変えました。ここでは、荒川放水路の開削前後から進んだ奥戸地域の近代化について、交通や工業化の面から見ていきましょう。

鉄道・放水路と工業進出

一八九四年、総武鉄道（現在のJR総武本線）の本所《ほんじょ》－市川《いちかわ》間が開通し、一九〇七年には総武鉄道が国有化されます。一九二六年には新小岩信号場（のちに新小岩操車場《そうしゃじょう》と変更）が開業、一九二八（昭和三）年には新小岩停車場となり、現在の新小岩駅への歴史を刻むことになります。

一方、荒川放水路の開削は、沿岸地域への工場などの誘致をも促しました。新小岩地区の荒川放水路沿岸は、船だけではなく鉄道も利用できる利便性から、大きな工場が進出しました。

戦前には、理研《りけん》工業株式会社平井工場（のちの大同製鋼《だいどうせいこう》株式会社。現在の西新小岩一丁目付近）や那須《なす》アルミニューム製造所（のちの日軽《にっけい》アルミ。現在の西新小岩二丁目付近。図5－4参照）などの大型工場が操業を開始します。駅周辺の街並みも次第に整備され、その周辺部に広がる田畑も宅地化されていきました。戦後の高度経済成長期には、千葉県市川市と都心を結ぶ蔵前橋《くらまえばし》通りが開通しました。宅地化の波は激しさを増し、新小岩地区の耕地面積を縮小させ、かつての農村的な景観は姿を消してしまいました。

一九七〇年以降、荒川放水路沿いの大きな工場群のうち、理研工業株式会社は一九七三年、那須アルミニューム製造所は一九七五年に操《そう》業《ぎょう》を停止しました。それぞれの跡地は再整備され、葛飾区立の松上《まつがみ》小学校・新小岩中学校、UR（旧公団住宅）や都営の賃貸住宅、新小岩公園などがあります（図5－5参照）。

また、一九一八年に奥戸村上平井（現西新小岩）の関口友吉が、セキグチセルロイド加工所（現株式会社セキグチ）を設立し、セルロイド人形・玩具の製造を始めます。その後、加工所は業績を伸ばし、周りに下請け工場が集まるようになりました。一九三七年に日中戦争が始まると、欧米での日本製品ボイコット運動や、軍需《ぐんじゅ》資材確保のための玩具製造の制限のため、打撃を受けます。しかし、第二次世界大戦後の高度成長期の終わりに発売された「モンチッチ」（図5－6参照）などが人気となり、その後もこ

5-4 日軽アルミ東京工場の配置図

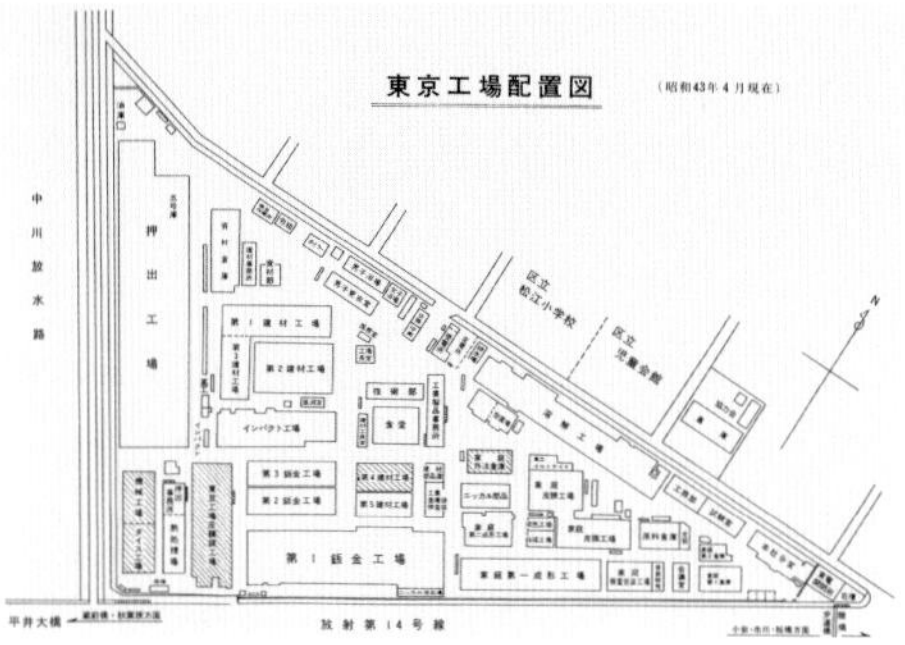

5-5 大規模工場移転後の再開発の状況（昭和60年代，葛飾区広報課提供）
赤の三角形は図5-4の工場の範囲を示す

（ご注意）・

・この用紙は、機械で処理しますので、金額を記入する際は、枠内にはっきりと記入してください。また、本票を汚したり、折り曲げたりしないでください。

・この用紙は、ゆうちょ銀行又は郵便局の払込機能付きＡＴＭでもご利用いただけます。

・この払込書を、ゆうちょ銀行又は郵便局の渉外員にお預けになるときは、引換えに預り証を必ずお受け取りください。

・ご依頼人様からご提出いただきました払込書に記載されたおところ、おなまえ等は、加入者様に通知されます。

・この受領証は、払込みの証拠となるものですから大切に保管してください。

収入印紙
課税相当額以上
貼　　付
印

この用紙で「本郷」年間購読のお申し込みができます。

◆この申込票に必要事項をご記入の上、記載金額を添えて郵便局でお払込み下さい。

◆「本郷」のご送金は、４年分までとさせて頂きます。

※お客様のご都合で解約される場合は、ご返金いたしかねます。ご了承下さい。

この用紙で書籍のご注文ができます。

◆この申込票の通信欄にご注文の書籍をご記入の上、書籍代金（本体価格＋消費税）に荷造送料を加えた金額をお払込み下さい。

◆荷造送料は、ご注文１回の配送につき500円です。

◆入金確認まで約７日かかります。ご諒承下さい。

振替払込料は弊社が負担いたしますから無料です。

※領収証は改めてお送りいたしませんので、予めご諒承下さい。

お問い合わせ　〒113-0033・東京都文京区本郷７—２—８
吉川弘文館　営業部
電話03-3813-9151　FAX03-3812-3544

この場所には、何も記載しないでください。

加入者負担

口座記号番号	金額	千 百 十 万 千 百 十 円
00100-5-244	※	

加入者名	株式会社 吉川弘文館	料金		備考	

各票の※印欄は、ご依頼人において記載してください。

ご依頼人・通信欄

フリガナ			
※ お名前			
郵便番号		電話	
※ ご住所			
※			

◆「本郷」購読を希望します

購読開始 　　号 より

1年 1000円 (6冊)　3年 2800円 (18冊)
2年 2000円 (12冊)　4年 3600円 (24冊)
(ご希望の購読期間に○印をお付け下さい)

日附印

裏面の注意事項をお読みください。(ゆうちょ銀行)(承認番号東第53889号)

これより下部には何も記入しないでください。

切り取らないでお出しください。

記載事項を訂正した場合は、その箇所に訂正印を押してください。

振替払込請求書兼受領証

口座記号番号	00100-5-244	通常払込料金加入者負担
加入者名	株式会社 吉川弘文館	
金額	千 百 十 万 千 百 十 円 ※	
ご依頼人	おなまえ ※　様	
料金		日附印
備考		

この受領証は、大切に保管してください。

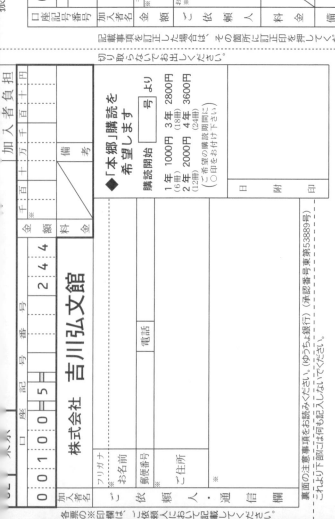

の地で開発・製造を続けています。

東京の金魚

　葛飾区や江戸川区では、金魚の養殖が特に関東大震災以降に隆盛《りゅうせい》し、一九四〇（昭和十五）年頃の最盛期には、五〇〇〇匹を養殖していました（『増補葛飾区史』）。金魚の養殖は、低地で水の供給がたやすく、供給地である大都市に近いことが必要です。葛飾区や江戸川区はそのような条件を満たす好適地であり、金魚の養殖は近・現代のこの地域における産業の一つの特徴をなしていました。

　葛飾区では、新小岩の平和橋通《へいわばしどお》り周辺に養魚場が集中していました（図5－7参照）。明治末頃から養殖が行われるようになり、一九四七年のキャサリン台風の時には、洪水で養殖池が増水し、付近の用水路に逃げた金魚を子供たちが捕えたという話を聞きます（聞き取り調査より）。この地域の金魚は海外へも輸出され、戦時中は一時中断したものの、葛飾・江戸川の両区は、昭和二十年から三十年代（一九四五～六四）にかけて、奈良県大和郡山《やまとこおりやま》市や愛知県弥富《やとみ》市と並んで、日本における金魚養殖の三大産地として知られていました。

　しかし、一九六五年前後の高度経済成長期になると、急速な市街地化と水質などの悪化より、次第に養殖池は減っていきました。現在では昔ながらの金魚を扱う業者は、新小岩地区に二軒を残すのみです。

5-6 「寅チッチ」
葛飾区観光協会広報課長も務め，日本のみならず世界中から愛されているモンチッチが映画『男はつらいよ』50周年プロジェクトとして主人公の「寅さん」とコラボして「寅チッチ」が誕生。

©松竹　©Sekiguchi

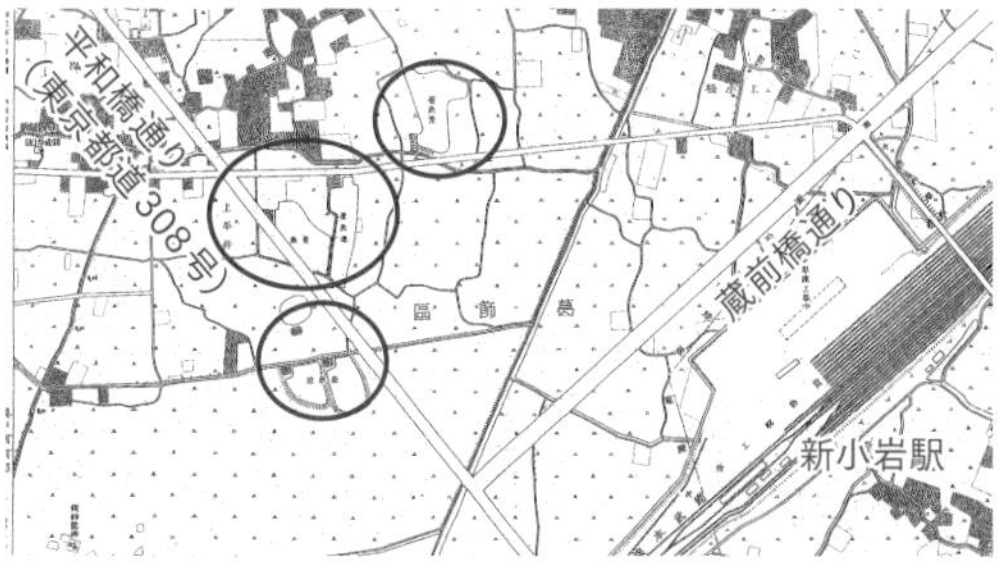

5-7 新小岩駅周辺点在していた金魚の養魚池
（赤丸で囲んだところが養魚池。「奥戸南部」昭和3年測量　1947年補修，内務省復興局）

地盤沈下とゼロメートル地帯

　東京都東部の下町地域の地盤の高さは、東京湾の平均海水面を基準とすると、そのほとんどが海抜四m以下です。特に荒川放水路の両岸には海抜一m以下の地域、いわゆる「ゼロメートル地帯」が広がっています。

　葛飾区は常磐《じょうばん》線以北の水元《みずもと》・東金町《ひがしかなまち》から柴又《しばまた》地域にかけて地盤が高く、南・西部にかけて地盤が次第に低くなり、小菅《こすげ》・堀切《ほりきり》・四《よ》つ木《ぎ》・奥戸・新小岩地域ではほとんどゼロメートル地帯になります。なかでも新小岩地区が一番低く〇m以下の地域が多いところです。

　この荒川放水路沿岸に広がるゼロメートル地帯は、近・現代に起きた地盤沈下《ちんか》による影響が大きいといわれています。高度経済成長期の東京は主に工業用水として地下水を過剰にくみ上げ、その結果、地盤沈下による建物や地下埋設管への被害などの公害問題に悩まされたのです。

　そこで東京都では、一九七〇年代中頃（昭和五十年代）から条例に基づき、地下水の汲み上げ規制を進めました。これにより汲み上げ量が削減され、地下水位は上昇し、地盤沈下は沈静化傾向にあります。現在では地盤沈下の影響を目にすることはなく、日常生活のなかで意識することはありません。

あるく

奥戸《おくど》地域でタイムトリップ

「みる」「よむ」では、奥戸地域の江戸から近代への変遷をたどってきましたが、この地域にはさらに時代を遡って、歴史に思いを馳せることのできるスポットもあります。

古代から中世へ

これまでは奥戸地域の土地が低いことを強調してきましたが、中川左岸に形成された微高《びこう》地には、鬼塚《おにづか》遺跡①（奥戸一丁目）・本郷《ほんごう》遺跡②（奥戸二・三・五・七丁目）・正福寺《しょうふくじ》遺跡③（東新小岩四丁目・奥戸四丁目）などの古墳時代から奈良・平安時代の遺跡が確認されています。一九七〇年代中頃（昭和五十年代）までは、低地ゆえに遺跡が存在しないと思われていました。近年は、低地のなかでも砂州《さす》や自然堤防などの微高地にこのような古代の人びとの足跡が明らかになり、正倉院《しょうそういん》（奈良県）に残る古代の戸籍「養老《ようろう》五年下総国《しもうさのくに》葛飾郡大嶋郷《おおしまごう》戸籍」（本章一節参照）に記された「仲村里」の推定地として注目されています。

埋蔵文化財以外にも奥戸地域には多くの文化財が所在しています。区内ではめずらしく野外に中世の板碑《いたび》「月待《つきまち》供養画像《くようがぞう》板碑」④（東新小岩四丁目）があります。一四六五（寛正《かんしょう》六）年に造立《ぞうりゅう》され、秩父《ちちぶ》地方の緑泥片岩《りょくでいへんがん》に日と三日月《みかづき》、阿弥陀如来《あみだにょらい》を刻んだものです。造立に関わった二八名の人名と法名が刻まれ、中世の信仰形態をうかがわせる貴重な資料です。

江戸時代の江戸東郊農村

真言宗《しんごんしゅう》豊山派《ぶざんは》の寺院、東光寺《とうこうじ》（西新小岩五丁目）の境内には石造地蔵像⑤が祀られています。その台座には、一八五五年十一月十一日（安政《あんせい》二年十月二日）に発生した安政の地震で、この石造地蔵も破損し、一八五七年に新たに造立したということが刻まれています。

安政の地震は、江戸市中の被害については多くの資料が残っていますが、江戸東郊の被害状況を物語る災害資料は少なく、この地蔵像は貴重な文化財です。

新義真言宗《しんぎしんごんしゅう》・上品寺《じょうぼんじ》⑥（東新小岩七丁目）には高さ二mに及ぶ閻魔《えんま》像があり、江戸時代には「江戸十六閻魔」の一つとして信仰を集めていたといわれています。現在も毎年十月の第三日曜日には「大閻魔まつり」が行われ、多くの人びとが訪れています。

近代化の跡を訪ねる

先に触れたモンチッチの生みの親である株式会社セキグチの工場跡地は現在、西新小岩五丁目公園⑦になっており、「モンチッチ公園」の愛称で親しまれています。二〇一六（平成二十八）年に生まれたこの公園の園内の至る所に、モンチッチが描かれていることに由来しています。

中川の対岸の立石《たていし》には、日本の大手玩具メーカーの株式会社タカラトミー⑧があり、葛飾区と地域活性化に向けた連携・協力をする協定を締結し、リカちゃんラッピングバスの運行や「トミカNo.48　日野プロフィア葛飾トラック」の製作等を協働しています。

⑨区立渋江公園には「セルロイド工業発祥記念碑」があります。ここは大正から昭和二十年代にかけて、かつて日本のセルロイド工業界の先駆千種稔が玩具工場を設けたところです。セルロイドなど、かつての玩具産業で栄えた葛飾のおもかげを残しています。

最後に紹介するのは、かつしかハープ橋⑩（西小岩三丁目～東四つ木一丁目）です。首都高速中央環状線を通すこの橋は、世界初の曲線斜《きょくせんしゃ》張橋《ちょうきょう》という構造で、土木学会最高の名誉とされる田中賞を、一九八六年度に授与された名橋です。

5-8 奥戸周辺

①鬼塚遺跡
奥戸に近世以前の古代・中世の遺跡が所在すること知られるきっかけとなった。

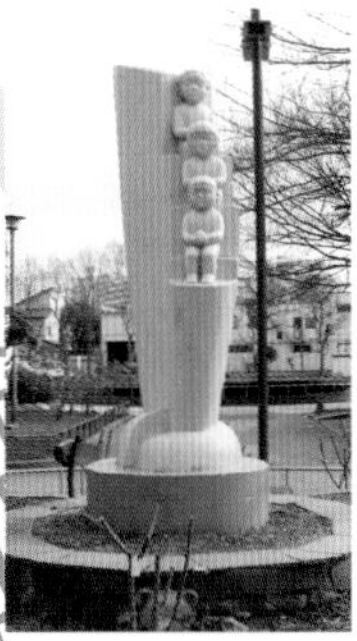

⑨渋江公園内にある「セルロイド工業発祥記念碑」

⑧リカちゃんとトミカ（タカラトミー提供）
© TOMY

©SEKIGUCHI
（葛飾区観光課提供）

⑦西新小岩五丁目公園（通称モンチッチ公園。葛飾区観光課提供）
葛飾区では新小岩地域を「モンチッチに会えるまち」としてモンチッチをデザインした公園やマンホールを設置したり，ラッピングバスなどを運行している。

③正福寺

②本郷遺跡の古墳時代後期の竪穴建物跡（葛飾区郷土と天文の博物館提供）
人が立っているところが柱が据えられた場所。

⑩かつしかハープ橋（葛飾区観光課提供）

⑥上品寺の閻魔大王坐像（葛飾区観光課提供）

⑤東光寺石地蔵

④月待供養画像板碑

参考文献

荒川下流工事事務所『写真集　荒川下流七五年の流れ』同、一九八七年

伊藤毅監修『葛飾・柴又地域　文化的景観調査報告書』柴又地域文化的景観調査委員会・葛飾区教育委員会、二〇一五年

入間田宣夫編『関東武士研究叢書第二期3　葛西氏の研究』名著出版、一九九八年

葛飾区『増補葛飾区史』上・中・下巻、同、一九八五年

葛飾区郷土と天文の博物館編『葛西城と古河公方足利義氏』雄山閣、二〇一〇年

葛飾区郷土と天文の博物館編『東京低地と古代大嶋郷—古代戸籍・考古学の成果から—』名著出版、二〇一二年

葛飾区総務部総務課編『葛飾区史』葛飾区、二〇一七年

鏑木清方『清方随筆選集』一〜三、双雅房、一九四二・四三年 [図5-2]

木村礎監修『東京低地の中世を考える』名著出版、一九九五年

小山昭『葛飾ときめき文庫①　かつしか楽しい散歩道』葛飾区、一九八九年

小山昭『葛飾ときめき文庫②　かつしか愛する風物　風景』葛飾区、一九九〇年

小山昭『葛飾ときめき文庫③　かつしか嬉しい祭りと行事』葛飾区、一九九一年

埼玉県立嵐山史跡の博物館・葛飾区郷土と天文の博物館編『秩父平氏の盛衰—畠山重忠と葛西清重—』勉誠出版、二〇一二年

谷口榮『埋められた渡来銭—中世の渡来銭を探る—』葛飾区郷土と天文の博物館、二〇〇〇年

谷口榮『かつしかの地名と歴史』葛飾区郷土と天文の博物館、二〇〇五年（二刷）

谷口榮『江戸東京の下町と考古学—地域考古学のすすめ—』雄山閣、二〇一九年

谷口榮編『源頼朝と葛西氏』葛飾区郷土と天文の博物館、二〇〇一年

谷口榮編『親鸞と青砥藤綱—東京下町の歴史伝説を探る—』葛飾区郷土と天文の博物館、二〇〇五年

谷口榮・鈴木育子編『川の手　放水路のある風景』葛飾区郷土と天文の博物館、二〇〇三年

谷口榮・五十嵐聡江編『関東戦乱—戦国を駆け抜けた葛西城—』葛飾区郷土と天文の博物館、二〇〇七年

長塚孝「浄光院殿—足利義氏室—」黒田基樹他編『北条氏康の子供たち』宮帯出版社、二〇一五年

＊二章で引用した図表番号を、文献名に続けて［　］内に示した。原図に加筆・着色などの改変を行ったものもある。

第三章

荒川区

荒川自然公園（荒川区）

はじめに

1 荒川区のなりたち

東京都の北東部に位置する荒川区。隅田川《すみだがわ》が区の北東部を迂回するように流れ、南は台東《たいとう》区、西は北区・文京区、北は足立《あだち》区、東は墨田《すみだ》区と境を接しています。面積は一〇・一六km²で、二三区中二二番目です。

一八八九（明治二十二）年、市制町村制という地方自治制度が施行されるに伴い江戸以来の町村の合併が行われ、南千住《みなみせんじゅ》町・日暮里《にっぽり》村・三河島《みかわしま》村・尾久《おぐ》村の一町三村が成立しました。東京府北豊島《きたとしま》郡に属したこれらの町村は、工場の町として発展し、さらに鉄道の延伸に伴って人口を増加させていきました。日暮里村は一九一三（大正二）年、三河島村は一九二〇年、尾久村は一九二三年にそれぞれ村から町になっています。関東大震災後にはさらに人口の大量流入が進みました（表０-１参照）。

こうした都市周辺地域の市街地化を受けて一九三二（昭和七）年十月一日、東京市周辺の五郡八二町村が東京市に編入された際、先の四つの町が合わさり荒川区が誕生しました。

アジア・太平洋戦争下、化学工場などが多くあった荒川区は、一九四二年の尾久の東京初空襲に始まり、早い段階から空襲を受け、一九四五年三月十日の東京大空襲ではほぼ区域全体が罹災《りさい》しました。その結果人口も大きく減少しましたが、地方自治法施行の際には他の区との合併をみることなく、特別区の一つの荒川区となり現在に至っています。一九六七年住居表示法の実施を機会に地名整備の結

0-1 荒川区の人口推移

年次	人口
1925年10月（国勢調査）	218,428
1935年10月（国勢調査）	326,210
1945年11月（人口調査）	84,010
1955年10月（国勢調査）	253,323
1965年10月（国勢調査）	278,412
1975年10月（国勢調査）	217,905
1985年10月（国勢調査）	190,061
1995年10月（国勢調査）	176,886
2005年10月（国勢調査）	191,207
2015年10月（国勢調査）	212,264
2015年昼夜間人口比率	91.39％
2018年外国人人口	18,564

0-2 荒川区の地域区分図

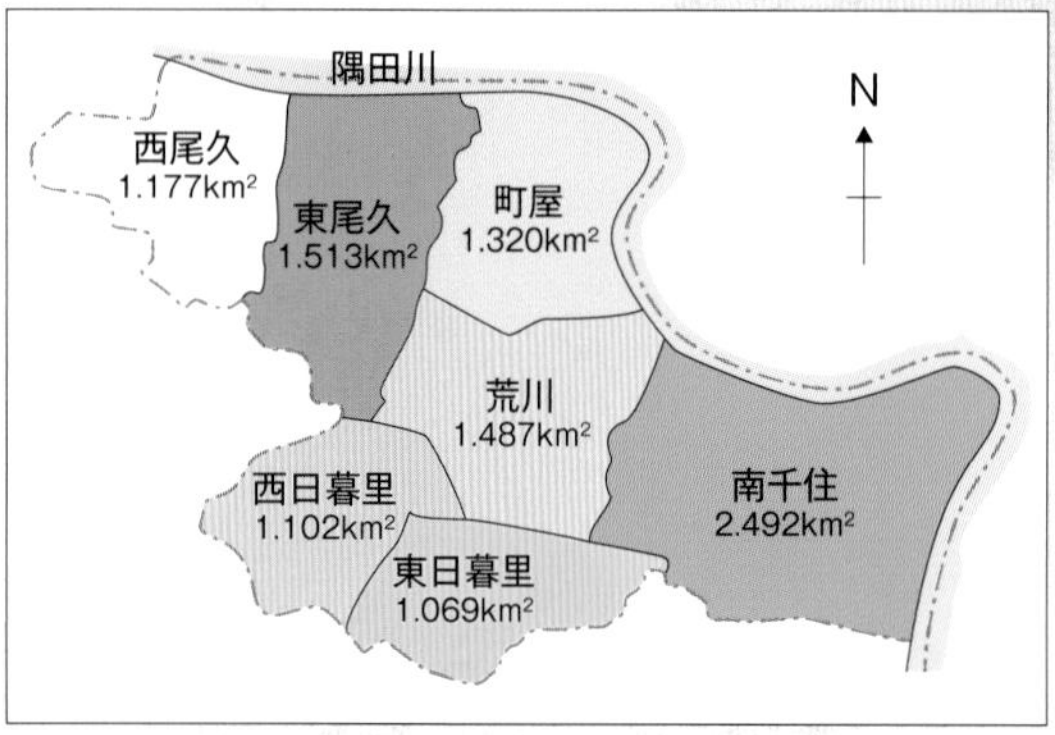

果、三河島の地名を廃して、荒川・町屋《まちや》・東尾久・西尾久・南千住・東日暮里・西日暮里の七地域となっています（図0－2参照）。

2 荒川区の地勢

東西に細長い荒川区の大部分は、東京低地《とうきょうていち》と呼ばれる沖積《ちゅうせき》低地で、ほとんど起伏のない平坦な土地です。軟弱な地盤の低地帯で水害の多い地域でした。区の南西部、日暮里の北方には山の手台地に連なる通称諏訪台《すわだい》、道灌山《どうかんやま》と呼ばれる地域があり、標高約二一mとなっています。

現在ではJR京浜東北《けいひんとうほく》線を境にしてこの高低差のある二つの地域が接する形になっていますが、江戸期にはこの高低差が生み出す眺望が日暮里（「日ぐらしの里」）という名所を作り出しました（図0－3参照）。

0-3 歌川広重「名所江戸百景」日暮里諏訪の台（国立国会図書館蔵）

3 歴史的沿革

荒川区の大部分を占める低地には縄文《じょうもん》時代までは浅い海が広がっていました。このため、それ以前の遺跡は台地部分でのみ確認されています。諏訪台（西日暮里三丁目）の日暮里延命院《えんめいいん》貝塚は一八八八年、大森《おおもり》貝塚に次いで日本で二番目に発見された縄文時代後期の貝塚です。また道灌山遺跡（西日暮里四丁目）からは、縄文時代前期の住居跡、弥生時代中期の住居跡、平安時代の掘立柱《ほったてばしら》建物などが発見されました。

台地上に住んでいた人びとは次第に低地にも生活の場を求めるようになりました。二〇〇五（平成十七）年、低地の町屋で弥生時代末期から古墳時代を中心とする町屋四丁目実揚《みあがり》遺跡が発見され、古墳時代の複数の井戸跡や祭祀に使われたと推定される土器等が多数検出されています。古代には『和名類聚抄《わみょうるいじゅしょう》』記載の豊島郡七郷のうち、占方《うらかた》郷・荒墓《あらはか》郷・湯島《ゆしま》郷が現在の荒川区域に比定されています。

中世にはさらに開発が進み、微高地上に集落が営まれるようになっていきました。荒川区には板碑《いたび》といわれる中世の石塔が数多く分布しています。これらの材料は荒川上流域にあたる埼玉県長瀞《ながとろ》町、小川《おがわ》町で産出される緑泥片岩《りょくでいへんがん》（青石）で、石材や製品の運搬には荒川の水運が利用されたと考えられます。荒川下流域での板碑の数的なピークは十五世紀の後半から十六世紀初頭にみられ、この頃中世村落の結合が強まり「結衆」した人びとによる板碑の造立がさかんになったものと推定されています。

江戸が徳川幕府の拠点となり天下の城下町が確立していくと、荒川区域の町や村は江戸近郊としての性格を刻印づけられていきます。

徳川家康《とくがわいえやす》が江戸入りして初めて架橋《かきょう》したのが、一五九四（文禄《ぶんろく》三）年に成立した千住大橋《せんじゅおおはし》です。当初は軍事的な意味もありましたが、やがて奥州《おうしゅう》・日光《にっこう》方面への交通・運輸上の要衝《ようしょう》として機能していきます。奥州・日光道中と荒川が交差するこの場では、橋の南北に千住宿が広がり、江戸四宿の一つとして賑《にぎ》わいます。また、当時荒川水系は関東各地と江戸を結ぶ物資の輸送路として重要な役割を果たしていました。秩父《ちちぶ》方面の西川林業地帯から切り出され、筏《いかだ》に組んで流下してきた材木は、千住大橋南詰の山王社《さんのうしゃ》前で組み替えて深川《ふかがわ》方面へ送られました。流通の結節点だった小塚原《こづかはら》町や熊野《くまの》門前などには材木屋が建ち並び、筏宿《いかだやど》も軒《のき》を連ねていました。

0-4 千住製絨所の様子（荒川ふるさと文化館蔵）

また、江戸の人口が急増すると、近郊の村々はそこに向けた新鮮な野菜の供給地へと変貌《へんぼう》を遂げ、三河島菜《みかわしまな》、谷中生姜《やなかしょうが》、汐入《しおいり》大根といったブランド野菜が成立していきました。

近代化の過程では、東京の中心部に近く、荒川の水の利が得やすく、まとまった広大な敷地が確保可能だった荒川区域には繊維・製紙・機械工業などの大規模工場が次々と進出しました。

その一方で在来の技術を活かした手工業も地域に根付き、工芸品や日常雑貨に加えて、工場の製品づくりにも活かされていったのです。

一八八三年に日本鉄道上野—熊谷《くまがや》間が開通しはじめて区内に鉄道が走ると、水運と陸運をつなぐ隅田川駅・南千住駅の開設が相次ぎ、さらに国道四号線が完成するなど、交通の近代化がさらに工場の誘致《ゆうち》に拍車をかけ、農村から都市への変貌が進みました。

荒川区内には軍需《ぐんじゅ》工場もあったため、アジア・太平洋戦争下では早い時期から空襲を受けました。一九三五年十月とその一〇年後、終戦直後の一九四五年十一月を比較すると人口はおよそ四分の一に激減していま

す。それでも戦後、めざましい復興を遂げ、荒川区域は「工場の町」として日本の経済成長を支える地域となっていきました。

その後、高度経済成長以後には人口の減少、高齢化の傾向を免れずにきましたが、大規模工場の跡地利用も含んだ再開発事業も進み、南千住八丁目の高層マンション群「汐入地域ニュータウン」が誕生するなど、東京周縁の暮らしの場として新たなコミュニティが形成されています。

4 本章の構成

本章では、江戸・東京の北東部の周縁に位置した荒川区域の歴史の変遷をたどっていきます。

第一節はかつて徳川将軍とのゆかりの深さを由緒《ゆいしょ》意識としていた三河島地域の農村部が、近代の都市計画の中で変容していく様相を探ります。

第二節では、上野台地と斜面が育んだ江戸名所日暮里とブランド野菜谷中生姜に注目、その盛衰と地域景観の変容をたどります。

第三節は荒川（隅田川）に最初に架けられた千住大橋と、その後北への街道整備の一環として形成された千住宿を取り上げ、交通・流通の要所であった千住のすがたに光を当てています。

続く第四節では、千住製絨所《せいじゅうしょ》に始まる近代的工場の集積過程と、水陸交通の結節点であった隅田川駅を紹介します。

最後に第五節では、隅田川西岸に位置した江戸近郊の名所橋場《はしば》と、その北に位置して大根と胡粉《ごふん》を特産としていた汐入が、近代工場群の進出と撤退を経て再開発され、近年新たなコミュニティを形成している、地域の歴史の移り変わりに焦点を当てています。

（西木浩一）

第一節 鶴《つる》御《お》成《なり》と三《み》河《かわ》島《しま》菜《な》

野尻かおる

みる

三河島の地名は、徳川家康《とくがわいえやす》が三河から江戸に入部《にゅうぶ》したことによるという地名伝承があります。伝承の真偽は別として、三河島村の人びとは将軍家に対して格別に崇敬の念を抱いていたようです。地域の中の由緒《ゆいしょ》意識を探ってみましょう。

1-1 村越其栄「絹本着色献上鶴図」（個人蔵）

御鷹場と鶴

図1－1は、幕末の琳派《りんぱ》の絵師鈴木《すずき》其《き》一《いつ》（一七九六～一八五八）の弟子で、千住《せんじゅ》・下谷《したや》周辺に住んで活躍した村越《むらこし》其栄《きえい》（一八〇八～六七）の作で（一章三節参照）、「献上鶴図《けんじょうつるのず》」と呼ばれているものです。太い青竹《あおだけ》に括り付けられた獲物は真鶴《まなづる》。将軍《しょうぐん》が朝廷《ちょうてい》に献上する鶴を描いたものといわれています。

この絵は三河島《みかわしま》村の百姓《ひゃくしょう》で、植木屋も営んでいた伊藤安兵衛《いとうやすべえ》家に伝わっています。伊藤家は綱差役《つなさしやく》といって、鷹場《たかば》において鷹狩《たかが》りが無事に遂行されるために、獲物である鶴の世話をする役目を務めた家でした。

三河島村は、将軍家の御鷹場《おたかば》とされていた六地区のうち岩淵《いわぶち》筋にありました（四章二節図2－3参照）。鶴は将軍の鷹狩りにおいて最上の獲物とされ、鶴を狩るこの村は最も格式の高い御鷹場でした。将軍が鷹狩りに来訪することを「鶴《つる》御成《おなり》」と言い、一回の鷹狩りで七〇～八〇人のお供がついていたようです。将軍の鷹狩り時に捕獲した鶴は朝廷に献上するほか、諸大名《しょだいみょう》に下《か》賜《し》しましたが、そのような鶴を特に「御鷹之鶴」と呼びました。年末の「鶴御成」の獲物は朝廷に献上されるのが恒例となっていました。

献上されたブランド野菜

村内の新義真言宗《しんぎしんごんしゅう》観音寺《かんのんじ》（荒川四丁目）と浄《じょう》土《ど》宗《しゅう》法界寺《ほうかいじ》（荒川三丁目）は、鷹狩りの際に将軍が休息を取るための御膳所《ごぜんしょ》に当てられていました。その休息の際には地域名産の三河島菜が献上されたといいます（図1－3・4参照）。

三河島菜は、江戸とその周辺の野菜・果物その他動植物を収載した「武江産物志《ぶこうさんぶつし》」（一八二四年刊）に、三河島産「箭幹菜《つけな》」と紹介されています。一般に漬菜と記され、漬け物用の野菜でした。三河島産の質の良さから三河島の地名が付いたブランド野菜となり、江戸の代表的な蔬《そ》菜《さい》として知られていました。

栄えある将軍御成《しょうぐんおなり》の際に献上された名品は、そのことによっていっそうブランド価値を高め、地域の由緒意識を育むことにもなったのです。

1-2 「蓑輪・金杉・三河しま」（歌川広重『名所江戸百景』荒川ふるさと文化館蔵）
三ノ輪村・金杉村の近くにあった鶴の飛来地の沼地を描いた冬の三河島の田園風景。

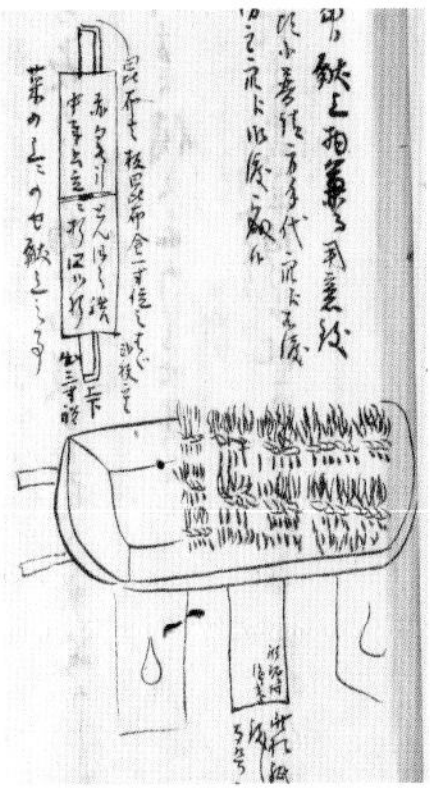

1-3 「御成御用留」（部分, 諏方神社蔵）
1845（弘化2）年2月に新堀村浄光寺で御成献上された三河島菜。誂えた献上台に載せられている。
←青菜（三河島菜）15把

1-4 三河島菘「穀菜弁覧」初編（荒川ふるさと文化館蔵）
竹中卓郎著。1889（明治22）年，三田育種場発行。三田育種所は明治政府が創設した優良種苗育成農場。この資料は，野菜の図案をまとめたもの。

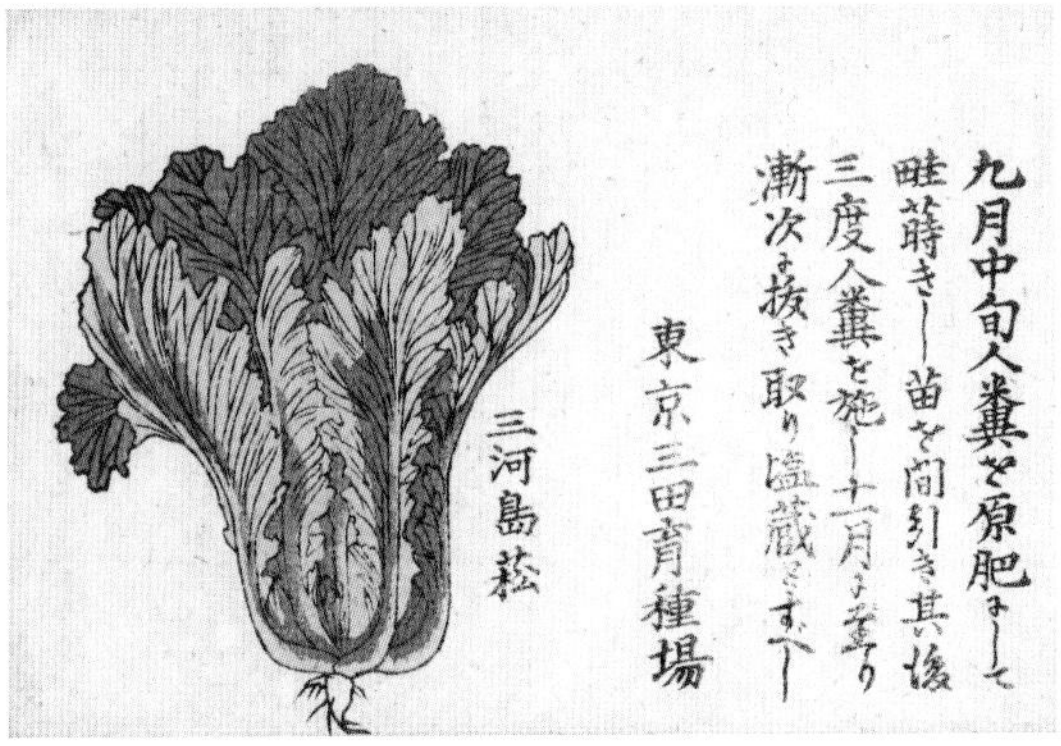

第三章
荒川区

よむ

三《み》河《かわ》島《しま》と山車《だし》人形

東叡山領《とうえいざんりょう》の村

三河島は、江戸時代初期は幕府《ばくふ》直轄領《ちょっかつりょう》でしたが、一六八一（天和《てんな》元）年に五〇〇石が、幕府から上野《うえの》の東叡山寛永寺《かんえいじ》に加増《かぞう》され（元《もと》領）、さらに一六九八（元禄《げんろく》十一）年、一七〇二年に「新《しん》領」「北《きた》領」の計三六〇石余が寄進《きしん》されました。また、毎年春、荒木田《あらきだ》（現町屋《まちや》八丁目付近）の「東叡山御用芝地《ごようしばち》」の芝を、将軍家と寛永寺に献上することが慣例とされました。こうして、徳川《とくがわ》将軍家の菩提寺《ぼだいじ》であった寛永寺領となったことで、三河島村はいっそう徳川家との密接な関係を意識するようになりました。

1-5 稲田姫の山車人形（荒川四丁目西仲睦会・荒川文化会・大西町会・荒川宮地町会蔵）

天王祭《てんのうさい》と山車人形

三河島には、「稲田姫《いなだひめ》」（図1-5）と「熊坂《くまさか》長範《ちょうはん》」（図1-6）の二体の山車人形（荒川区指定有形民俗文化財）が伝存しています。稲田姫は『古事記《こじき》』『日本書紀《にほんしょき》』に登場する、八岐大蛇《やまたのおろち》にのまれようとするところを素戔嗚命《すさのおのみこと》によって助けられ、その妻になった女性で、名前のとおり農業（特に稲作）を司る女神です。「稲田姫」には、三河島二番の札があります。幕末の人形師古川長延《ふるかわちょうえん》の作で、頭函には、図1-7のように「文《ぶん》久《きゅう》元（一八六一）年酉九月出来」の墨書があります。衣裳《いしょう》・水引幕《みずひきまく》・高欄《こうらん》などの用具も当時の物と推定されています。

熊坂長範は、平安時代後期の盗賊で、牛若丸《うしわかまる》に討たれたという伝承があります。「熊坂長範」の山車人形は三河島一番の札を持ち、やはり古川長延の作と伝え、明治時代の作と思われます。また、戦前までは、素戔嗚命の人形があったそうです（図1-8参照）。

三河島（現荒川一～五・同七・八丁目、同六丁目・

1-6 熊坂長範の山車人形（荒川中央町会蔵）

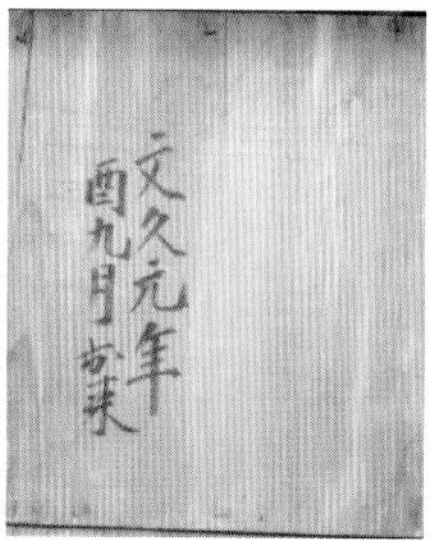

1-7 稲田姫の頭函墨書銘

1-8 戦前の素戔嗚命（左）と稲田姫（右）の山車人形
素戔嗚命は戦後不明になった。

町屋八丁目の一部界隈）の人びとは、小塚原町《こづかはらまち》・中村町《なかむらまち》・通新町《とおりしんまち》（以上、現南千住《みなみせんじゅ》一丁目の一部、同五～七丁目界隈）・三之輪《みのわ》村（現南千住一丁目・同二丁目・五丁目・東日暮里《ひがしにっぽり》一丁目の一部界隈）・三ノ輪町・町屋村（現町屋二～四丁目、荒川六丁目・町屋一丁目・同五～七丁目の一部界隈）と同じく南千住の天王様（素盞雄《すさのお》神社・南千住六丁目、図1－9参照）の氏子《うじこ》です。三河島の山車人形「稲田姫」と「熊坂長範」は、六月初めの天王祭に登場します。しかし、山車に載せて曳《ひ》き回されるのではなく、町の中に設けられた神酒所などで飾られます。いうなれば、歩みを止めた山車人形なのです。

1-10 荒川区の地域

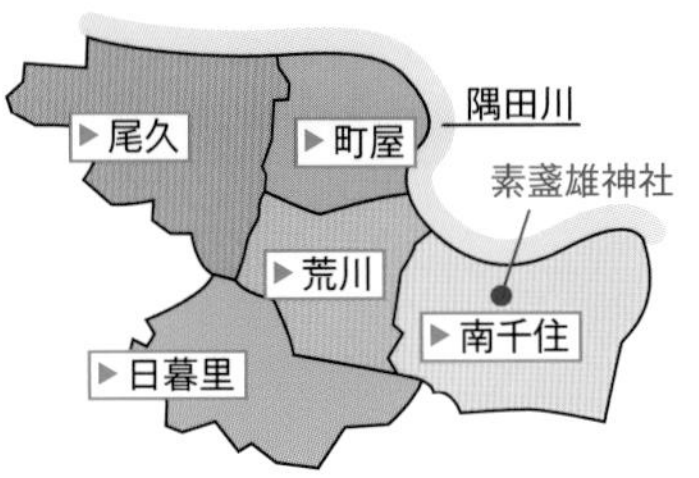

1-9 素盞雄神社

現在の天王祭は千《せん》貫神輿《がんみこし》と呼ばれる大きな神社神輿の渡御《とぎょ》で知られていますが、江戸時代から明治・大正時代の頃までは、多くの山車が祭礼を彩っていました。三河島の山車人形もその一つでした。山車やその飾りである山車人形を維持するには相当の経済力と技術が必要でした。

三河島には、大名家に出入りするほどの大きな植木屋が何軒もあり、三体もの山車人形を維持できたのでしょう。

上野に向かう山車人形

『三河島町郷土史』（一九三二〈昭和七〉年刊行）によれば、文化《ぶんか》～文政《ぶんせい》期（一八〇四～三〇）頃、三河島の人びとは、稲田姫、熊坂長範と素戔嗚命の三体の人形を載せた山車を上野広小路《ひろこうじ》まで曳き回していました。三体は、寛永寺の寺領であった「元領」「新領」「北領」がそれぞれ有していた可能性があります。

天下《てんか》祭《まつり》の山王祭《さんのうまつり》や神田《かんだ》祭《まつり》の際、将軍の上覧《じょうらん》のために江戸城内まで巡行したように、三河島の領主である東叡山寛永寺に披露するために、巡行したのではないかと思われます。

上野には三ノ輪、坂本を経由して向かいましたが、その際に「小室節」という三河島に伝わる民謡を唄いながら歩いたといいます。「小室節」は江戸時代後期の『声曲 類纂《せいきょくるいさん》』という音楽の本にも紹介されています。それによると、諸大名が江戸に入る時に御馬前《おうまさき》に立って唄われる曲で、この曲を伝承する家は三河島村にあり、三河国から来た子孫であるとされています。ここでも徳川将軍家との関連性が伝承されているのです。

近代以降、街の中に市電の電線などが張り巡らされると、高さのある山車の巡行は困難になりました。また、人口の移動が激しい町場では、氏子の構成員が変化することにより、維持しきれなくなったともいわれています。こうして、山車人形は天王祭から姿を消していきました。

それでも、祭礼の際に特設スペースに安置される三河島の山車人形「稲田姫」と「熊坂長範」は、三河島の歴史を伝承する文化財としてのみならず、地域のシンボルとして、コミュニティの紐帯《ちゅうたい》として定着しているのです。

1-11 熊坂長範（個人蔵）
熊坂の飾りに欠かせない松と岩が見事。場所は仙光院跡（のちの三河島町役場）。1920（大正9）年2月町制施行を祝して飾られた時の記念写真。

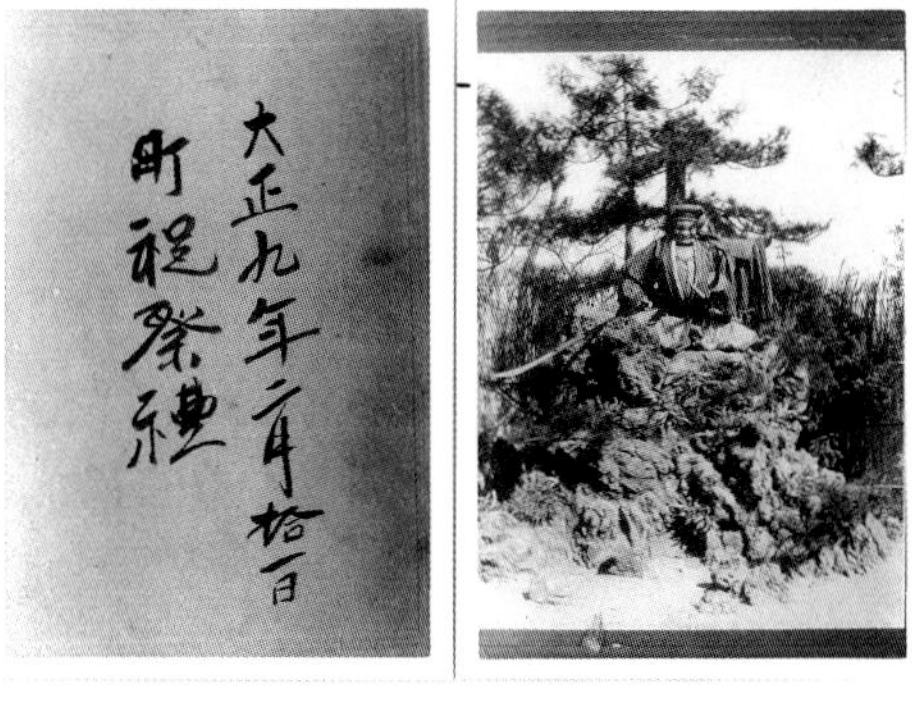

あるく

市区改正と三《み》河《かわ》島《しま》

三河島は大きな変化を迎えます。一八八八（明治二十一）年、東京市区改正条例に基づき都市計画が施行されると、将来の東京市の外縁部に位置づけられ、火葬場などの諸施設が設けられました。ここでは明治以前の歴史の痕跡と、市区改正後の三河島をたどります。

ムラの痕跡をたどる

ＪＲ常磐《じょうばん》線三河島駅を降りて北に歩くと、現在の明治通りをはさんで、観音寺《かんのんじ》①、法界寺《ほうかいじ》②、浄正寺《じょうしょうじ》③があります。①②の寺は「みる」でふれたように、将軍《しょうぐん》が鷹《たか》狩りの際に立ち寄る御膳所《ごぜんしょ》でした。また、観音寺の北西側には下尾久《しもおぐ》・町屋《まちや》から日本橋《にほんばし》に通じる「江戸道《えどみち》」と呼ばれた通りがあり、近代以降、商店街が形成されます。その道の脇には、庚申塚《こうしんづか》の名残の六《ろく》地蔵《じぞう》④が今も残されています。

明治通りを東に進むと、小さな森の中、台座に「東叡山領《とうえいざんりょう》 参河嶋邑《みかわしまむら》」と刻まれた袈裟塚耳《けさづかのみみ》無不動《なしふどう》⑤があります。通路の北側にあった仙光院《せんこういん》の参道に安置されていましたが、明治通りの工事の際に移されたものです。さらに東に進むと荒川《あらかわ》警察署がありますが、その脇にある地蔵

⑧左／旧三河島町役場
右／跡地に建つ「仙光院と峡田小学校跡」の史跡説明板

⑦旧三河島汚水処分場喞筒場施設（東京都下水道局提供）

④六地蔵と蓮田子育地蔵尊

1-12 三河島周辺

①観音寺

⑤袈裟塚耳無不動

②法界寺

③浄正寺

堀の石地蔵⑥は、一七四〇（元文五《げんぶん》）年に村内の安穏と五穀豊穣《ごこくほうじょう》を祈って建立されたものです。もとは現在のサンパール荒川側にあり、南を向いて立っていました。また、前を流れていた用水は「地蔵堀」と呼ばれていました。一九二五（大正十四）年の道路拡張時、今の場所に北向きに安置されました。

ムラからマチへ

大正時代になると、三河島のマチ化に拍車がかかります。一九一三（大正二）年には、三河島村の中央を通る王子電車（現都電荒川線）が開通しました。一九一四年には、東京市の衛生的な環境整備のため、日本初の下水処理場として三河島汚水処分場が起工、二二年に運用を開始しました。先の荒川警察署からさらに北へ向かうと、三河島水再生センターがあります。その敷地内にある「旧三河島汚水処分場喞筒場《ポンプじょう》施設」⑦は、二〇〇七（平成十九）年に国の重要文化財に指定されています。

一九二三年の関東大震災後、東京市内の集住地域から移転を余儀なくされた人びとの住宅が建てられ、人口増加をもたらしました。

コラム　開発で失われた村の風景―塚―

一八八八（明治二十一）年の東京市区改正条例により、三河島では道路拡張、鉄道敷設が進み、田圃《たんぼ》や林は整地され、小祠《しょうし》や石仏《せきぶつ》は動かされ、村境や辻《つじ》にあった小さな塚が崩され姿を消していきました。図1-13は、失われた塚と所在した位置を示しています。

『三河島町郷土史』によれば、現在の三河島水再生センターの敷地にあった妻夫塚（l）や、町屋斎場近くの三つ塚（d）からは、多数の板碑《いたび》が出土したといいます。村の風景の一部をなしていた多くの塚は消滅しましたが、そこにまつわる板碑・庚申塔《こうしんとう》などの石塔が他の場所に移され、ムラの時代の記憶として今日に伝存しています。

1-13 開発で消滅・変化した塚

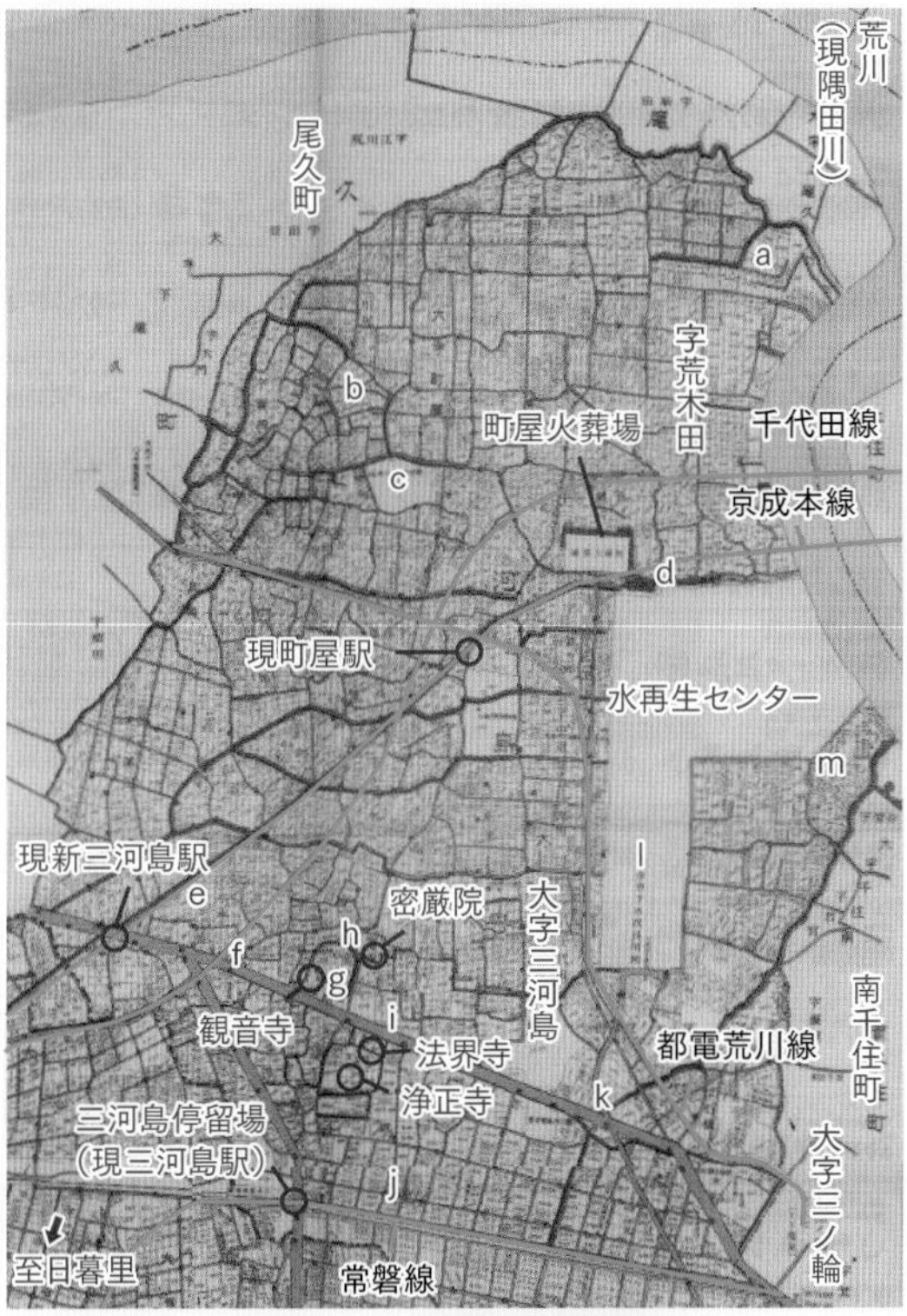

a	無名の塚	h	龍女塚
b	村犬塚	i	三山塚
c	雉子塚	j	おかめ塚
d	三つ塚	k	石地蔵塚
e	庚申塚	l	妻夫塚
f	庚申塚	m	無名の塚
g	水塚		

現在の地蔵堀の石地蔵

石井柏亭画「三河島地蔵堀」1899年（荒川ふるさと文化館蔵）

妻夫塚出土という説がある板碑（個人蔵）

みる

第二節　日ぐらしの里

亀川泰照

現在の西日暮里《にしにっぽり》三丁目にあたる台地の上と西側の斜面は、『江戸名所図会《えどめいしょずえ》』をはじめ、多くの浮世絵《うきよえ》にも描かれた江戸名所の一つでした。江戸時代には新堀村《にっぽり》に属し、いつしか、「にっぽり」に「日」「暮」「里」という字をあて、「日ぐらしの里」と呼ばれるようになりました。

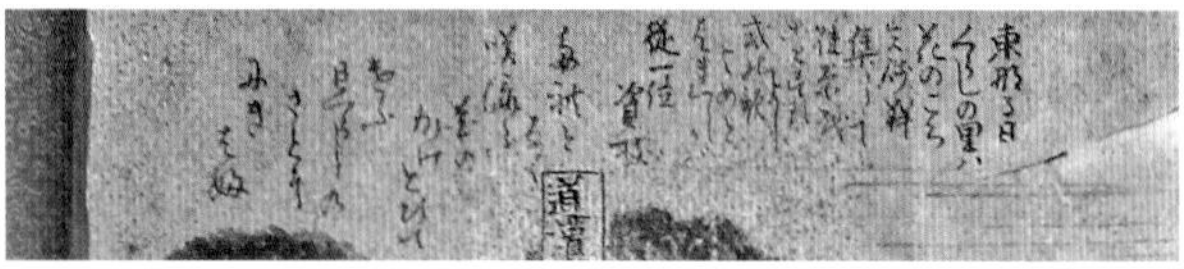

図2−1左上の詞書部分（抜粋）

釈文　（／は改行）

東なる日／くらしの里ハ／花のころ／貴賤群／集して／佳景を／賞するよし／或の歌／よめと／乞れしか／従一位資枝／　たれとなく／咲添る花のかけとひて／けふ日くらしの／さとをにきはふ

現代語訳

東にある日ぐらしの里は、花の頃は人びとが群集し、よい景色をほめたたえるという。歌を詠んでくれと乞われて

従一位《じゅいちい》日野《ひの》資枝《すけき》

誰となく、咲添る花の影、とひて、今日日ぐらしの里に賑《にぎ》わう。

2-1 田中嶺玉「江都日暮里八景」（諏方神社蔵）

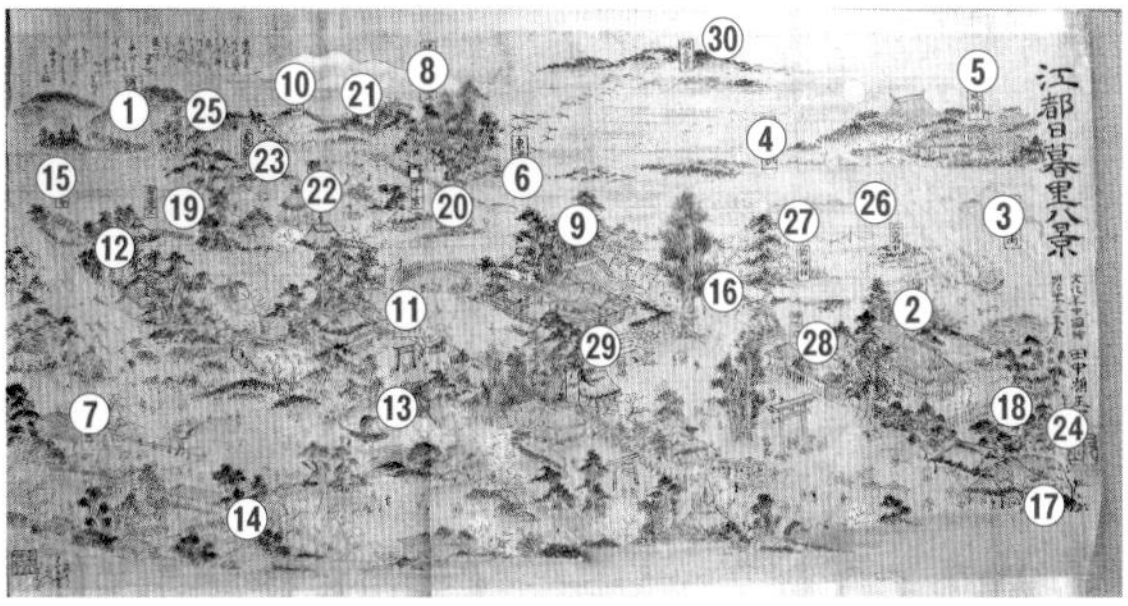

①道灌山晴嵐
②浄光寺秋月
③谷中村夜雨
④利根川帰帆
⑤東叡山晩鐘
⑥東漢（灌）森落雁
⑦修性院夕照
⑧筑波山暮雪
⑨諏方神社
⑩飛鳥山
⑪聖徳太子三十番神毘沙門天
⑫日野大納言御哥大石碑（資枝の歌碑）
⑬梅木船
⑭妙隆寺
⑮青雲寺
⑯水茶屋
⑰年季町屋
⑱養福寺（梅天神）
⑲布袋堂
⑳雉子宮
㉑王子権現
㉒観音堂
㉓金毘羅
㉔人麿社
㉕道灌船繋松
㉖三河島村
㉗新堀村
㉘神楽殿
㉙大神宮
㉚鴻之台

※⑱以降は図絵にはあるが本文にはないもの

図２－１「江都《えど》日暮里《ひぐらしのさと》八景《はっけい》」は、もともと江戸時代後期の浮世絵師の北尾重《きたおしげ》政《まさ》（一七三九〜一八二〇）が描いた日ぐらしの里の鳥瞰図です。一九一〇（明治四十三）年、地元日暮里に住んでいた象牙彫刻家田中嶺玉がこれを写し、諏方《すわ》神社に奉納されました。

絵は西側から東側を望み、道灌山晴嵐《どうかんやませいらん》①、浄光寺《じょうこうじ》秋《しゅう》月《げつ》②、谷中村夜雨《やなかやう》③、利根《とね》川帰帆《がわきはん》④、東叡山晩鐘《とうえいざんばんしょう》⑤、東灌森落雁《とうかんもりらくがん》⑥、修性院夕《しゅしょういんせき》照《しょう》⑦、筑波山暮雪《つくばさんぼせつ》⑧という八つの風景を描いています。このうち、④⑤⑧は遠景、③⑥は東側崖下の近景、①②⑦は実際に歩いていける西側の斜面となっています。一七五九（宝暦《ほうれき》九）年、実際にこの地を訪れ、歩いた俳諧師《はいかいし》・国学者《こくがくしゃ》の瀬下《せじも》玉芝《ぎょくし》の「遊日暮里紀」と、図２－１を合わせて考えると、次のことがわかります。

第一に、西側の斜面が回遊式の庭園となっていて、石碑や小さな社、植えられた草木が見どころとして挙げられています。小祠として三十番神堂⑪や、古今伝授を継承した歌人《かじん》の日野《ひの》資《すけ》枝《き》の碑⑫も描かれています。ちなみにこの碑の前の立札には、「拓本禁止」と書いてあったそうです。植栽では、船形に剪定《せんてい》された「梅木船」⑬が見えます。他にも庭には植木屋が見事に剪定したつつじや松、楓、桜などの樹木が配置されていたそうです。

図２－１にある妙隆寺《みょうりゅうじ》⑭・修性院⑦・青雲《せいうん》寺《じ》⑮は合わせて花見寺と称されていました。この三ヵ寺は、西側の崖下を南北に通る道側からそれぞれ入口があり、境内《けいだい》は境のないぶち抜きになっており、先述した碑や小祠、植栽を楽しみながら散策できるようになっていました。

第二に、遠景・近景の風景が価値あるものとされ、特に視野の近くに収まる村人の生活の営みもその価値に含まれています。

第三に、それらの風景を望むため、山の上には水茶屋《みずちゃや》があったことがわかります。図２－１を見ると、諏方神社⑨の境内の崖側には、葭簀《よしず》の屋根の縁台が多数描かれています。名物は豆腐田楽で、訪れる人びとは舌鼓をうっていました。

よむ

上野台地《うえのだいち》と崖

江戸時代には多くの人びとが訪れた日ぐらしの里は、どのようにその景観を変えていったのでしょうか。

日暮里の崖

図2-2に掲げた「東京《とうきよう》府《ふ》武蔵国《むさしのくに》南足立郡《みなみあだちぐん》本木村《もときむら》及《および》北豊島郡《きたとしまぐん》三河島村《みかわしまむら》ノ《の》図《ず》」は、一八八〇（明治十三）年頃の、現在のJR日暮里《にっぽり》駅や西日暮里《にしにっぽり》駅のあたりの地形図です。等高線で表されているように、南北に細長い丘陵地があります。一部途切れたところがあり、その北側が道灌山《どうかんやま》（青色の範囲、西日暮里四丁目）、南側は日ぐらしの里と江戸時代に呼ばれた地域（赤色の範囲、西日暮里三丁目）にあたります。この丘陵地は、「上野の西郷さん」のあたりからずっと続いていて、現在では、JR山手《やまのて》線や京浜東北《けいひんとうほく》線がこの山の東側に沿って走っています。そのすそ野にあたるところには、北から南へと川が流れています。音無《おとなし》川といいますが、今は暗渠《あんきょ》になっています。

また、山の東西は斜面になっていることが等高線からわかりますが、西側はなだらかで、東側は急な崖でした。その、崖の上にはお寺や神社が見えます。その一つである諏方《すわ》神社は、元亨《げんこう》年間（一三二一～二四）に、このあたりの領主だった豊島左衛門《としまさえもんの》尉《じょう》によって創建されたという縁起をもっています。諏方神社は、西の鳥居の神名額に「日暮里谷中惣鎮守《やなかそうちんじゅ》」とあるように、この周辺の新堀《にっぽり》村・谷中本村、そして谷中諸町の総鎮守です。その別当寺である浄光寺《じょうこうじ》を除き、他の寺院は江戸時代の初めに創建されました。

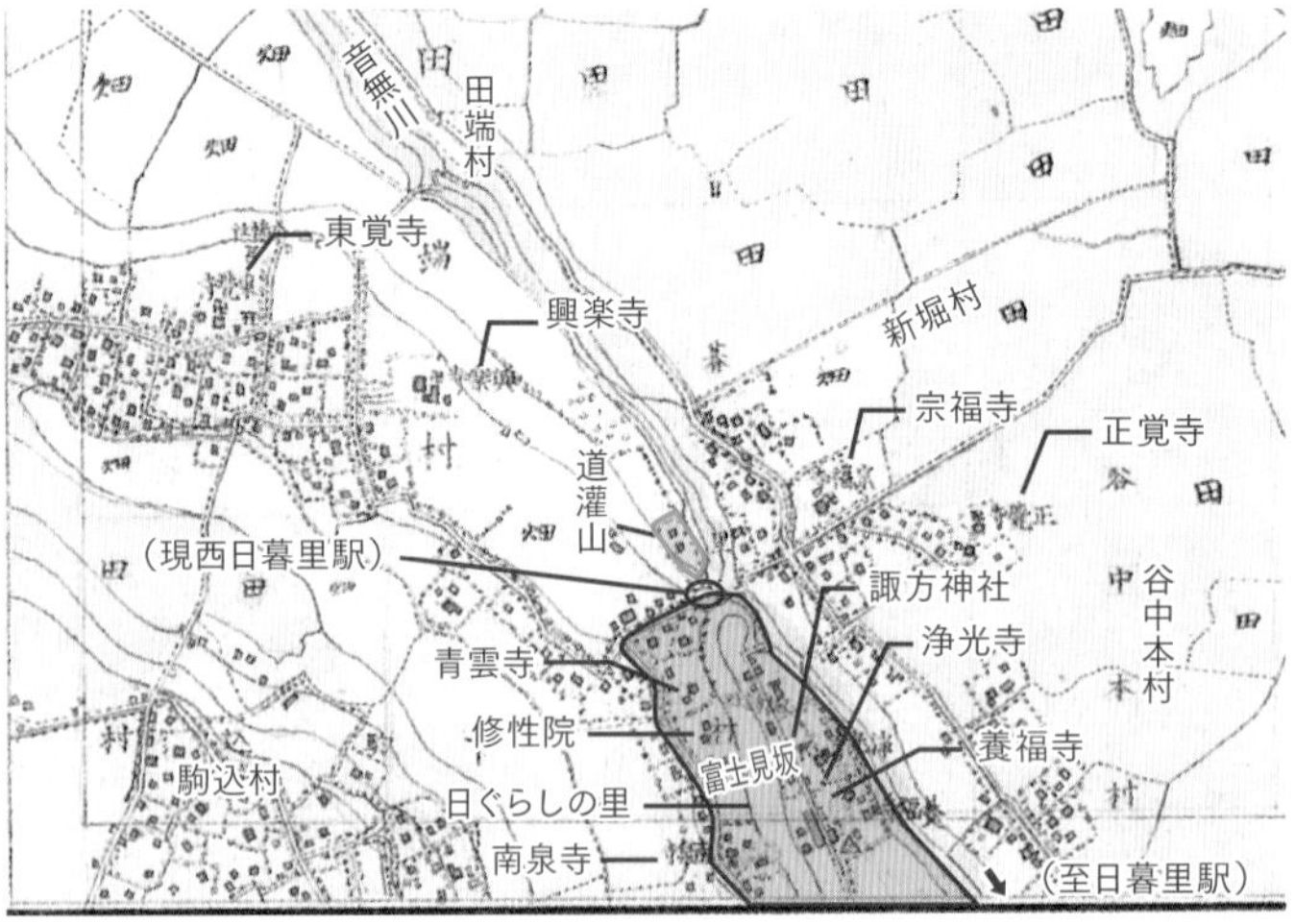

2-2 「東京府武蔵国南足立郡本木村及北豊島郡三河島村ノ図」『明治前期測量 2万分1フランス式彩色地図』（『第一軍管地方二万分一迅速測図原図』復刻版014）

谷中生姜畑

図2-3は今の日暮里駅前のバス停付近、つまり東側の崖下のあたりを映したものです。畑で栽培されているのは、現在でもよく知られている谷中生姜《しょうが》です。江戸時代の江戸近郊の農村

2-3 日暮里駅前にあった生姜畑(年代未詳)（荒川ふるさと文化館蔵）

では、生産された地名のついた野菜が数多く作られ、流通していました。谷中生姜もその一つで、村の名が冠された生姜です。この地域は谷中本村といいました。明治初年の『東京府志料』によると、谷中本村では、生姜一二万把が生産されていました。隣の新堀村でも栽培されていましたが、四〇〇〇把となっているので圧倒的です。

この村で生姜が栽培されていたことには、理由があります。まず、消費地が近く、商売がしやすいという地理的・経済的理由が挙げられるのですが、それ以上に、地形的な理由も大きかったと考えられています。すなわち、村の西側にある崖が西日を避けてくれ、崖からしみて流れてくる清らかな水が生姜作りに適していたからとみられています。

2-4 谷中しやうか（「新板大江戸名物双六」部分, 国立国会図書館蔵）

谷中生姜の栽培

谷中生姜を栽培していた一九〇〇（明治三十三）年の農家の日記によると、生姜作りは種を買うところから始まります。種は、千住《せんじゅ》のやっちゃば（市場）で入手していました。四月下旬より、いくつかある畑に順次植えていきます。六月に入ると肥料をやり、草取りも始めて、七月十一日には、収穫を始めていました。

そのあとの作業の様子を描いた貴重な絵が、一八五二（嘉永《かえい》五）年の「新板《しんぱん》大江戸《おおえど》名物《めいぶつ》双《すご》六《ろく》」の一コマに描かれています（図2－4参照）。この絵によると、生姜は根をばらさずに収穫されたようで、葉の部分を縄で束ね、音無川で洗っています。他の野菜でも見られることですが、束ねた縄は、生姜がばらけないようにするとともに、持ち運ぶときにも用いられています。そして出荷を迎えます。

なお、谷中生姜の作業の様子がこの双六に登場するということは、江戸の社会の中でよく知られていたことを示しています。江戸の名物を番付にした「江戸自慢」にも、谷中生姜は「すじなし」（筋がなくて柔らかい）という説明を添えて採り上げられています。

谷中生姜の終焉

一八八一（明治十四）年、日本鉄道の上野―熊谷《くまがや》間が開通します。その際、線路敷設のため、東側の斜面は削られ崖のようになりました。日暮里駅は、一九〇五年に開業し、この頃からこの地域は農地から工場地・宅地へと徐々に変わっていきました。同時に、村の人口も急激に増加します。一九〇六年まで四〇〇〇人程度だった日暮里村の人口は、一九一一年には一万四〇〇〇人に達するほどになりました。かくて大正末年には農業はほとんど行われなくなります。

こうして谷中生姜は日暮里で作られなくなりました。しかし、ブランド名だけが残り、「谷中生姜」は、今日も別の地域で作られ続けています。

あるく

富士見坂《ふじみざか》と日暮里《にっぽり》・道灌山《どうかんやま》

ここでは、日ぐらしの里の昔の姿をしのばせるスポットを歩いてみましょう。

日暮里の富士見坂と妙隆寺《みょうりゅうじ》

西日暮里《にしにっぽり》三丁目には、富士見坂①という坂があります。ほんの数年前までは、実際に富士山が見えましたが、今はビルがあってほとんど見えません。かつてこの坂は、「妙隆坂」と呼ばれていました。この坂が妙隆寺②の境内にあったためです。妙隆寺は、一九三二（昭和七）年に他所に移転しましたが、江戸時代は、境内の桜が美しく、青雲寺《せいうんじ》③や修性院《しゅしょういん》④とともに「花見寺」と呼ばれていたことは「みる」で述べました。この富士見坂の傾斜こそ、今日唯一残っている往年の日ぐらしの里の西側の斜面でした。

2-5 現在の富士見坂

一九二八（昭和三）年、かつてここで暮らした画家の藤井浩祐《ふじいこうゆう》は、そのあたりの事情を以下のように綴っています（「上野近辺」〈『大東京繁昌記』山手篇〉）。

妙隆寺の住職は、お寺の品を売り払っていたが、しまいに庭の山を掘り崩し、土を売るようになった。ここの土は、赤い砂と砂利なので、そのままコンクリートに使えたり、霜《しも》どけの道に敷かれたりするのに利用された。当初は一、二人で掘っていたが、日ぐらしの里の花見寺の一角を担った寺の境内は、僅《わず》か一年か一年半ほどの内に、殆《ほとん》ど真っ平らになってしまったという。桜などは枯れ、石碑は傾いたが、それでも奥へ奥へと掘り進めたという。

そんなある晩、土砂降りが翌朝まで続いた日、坂の上の屋敷の庭が崩れ落ちるという事件が起こった。屋敷の主は住職に、人の庭の下の土まで掘り取ったからだと裁判沙汰となり、寺側は裁判に負け、境内を大分提供して、石垣を積むこととなったという。

こうして妙隆寺境内は、大幅に縮小した。

日暮里の土取り

現在の富士見坂の両側は、坂とは別の地形が続いており、富士見坂だけが、なだらかな坂になっています。近代以降、日ぐらしの里の西側

2-6 日暮里・西日暮里

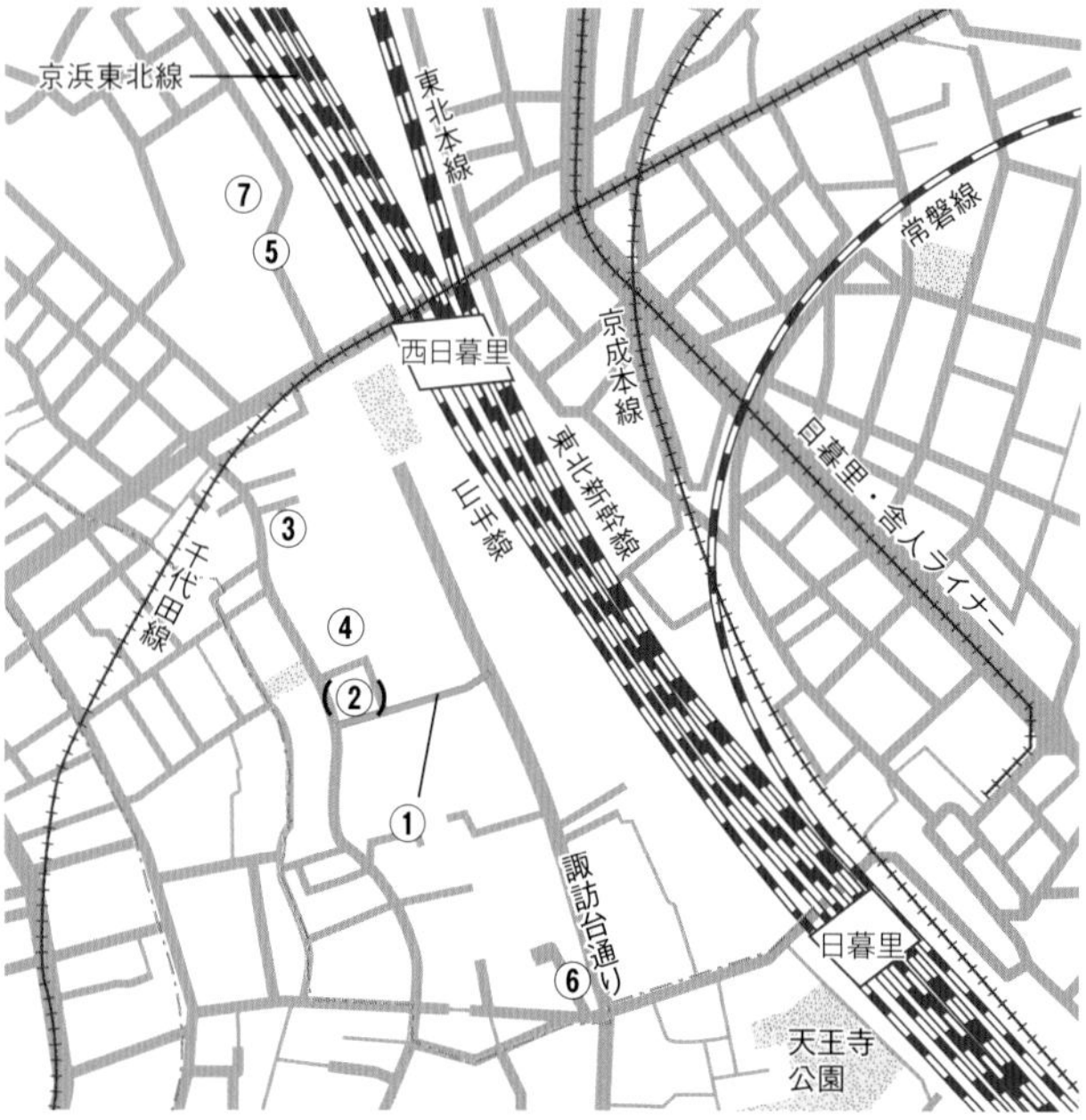

の斜面は、富士見坂を残して土が削られていった歴史があります。

妙隆寺の他にもたとえば、延命院《えんめいいん》⑥近くの土は、上野《うえの》の不忍池《しのばずのいけ》をぐるりと一周する競馬場を作るために使われたといわれています。また、道灌山⑤あたりの土は、隅田川《すみだがわ》駅の造成を請け負った鹿島組により貨車で運ばれ、土地のかさ上げに用いられました。

こうして日ぐらしの里は、近代以降、中央部のみ細長い台地というような地形となり、近世のような行楽客が訪れる場所ではなくなりました。

なお、藤井浩祐は、境内の土を売った妙隆寺②の住職が「ミミズ坊主」とあだ名をつけられていた話を残していますが、妙隆寺に限った話というより、明治初年のこの地域の象徴的なエピソードだったのかもしれません。

2-7 藤井浩祐「上野近辺」
白い道筋が今の富士見坂。坂の向う側が妙隆寺。両側の斜面が削られ坂のみが残った。

コラム 土器採取地としての日暮里・道灌山

日ぐらしの里が江戸の名所としての風情を失ってしまった頃、人類学を学ぶ東京帝国大学の学生たちが、このあたりを訪れるようになりました。帝国大学の学生たちは、モースの大森貝塚《おおもりかいづか》の発見以来、似たような地形を求めて歩くようになったためだといわれています。あの南方熊楠《みなかたくまぐす》も帝大生時代にここを探訪し、土器片や貝殻を採取しています（『南方熊楠日記』一、八坂書房、一九八七年）。

のちに考古学者となる関保之助《せきやすのすけ》は、このあたりの地形から貝塚があるのでは、などと考えながら、上野公園からの帰途、日暮里村を通りかかりました。すると、ちょうどその時、延命院では土取りをしているのが目に入ってきました。関はそこで貝塚（日暮里延命院貝塚／図2－6⑥）を「発見」し、土器の破片も見出します。関が人夫に質問したところ、次のような話があったといいます。

一八八七（明治二十）年正月から掘り始めたが、三月頃から貝殻が出てきたので、昔はこの辺ころ海底だったのであろうと思いつつ作業を進めていた。土器も出てきたがさして注意せず、まれに完全な土器が出てきても、土の運搬の際、故意に壊した。（関保之助「東京日暮里村の貝塚」『東京人類学雑誌』五—四六、一八八九年）

また道灌山でも、鉄道敷設工事の際に道灌山遺跡（現開成中学・高等学校の第2グラウンド付近／図2－6⑦）の竪穴《たてあな》の断面が発見されています。土取りは、地面の下があらわになる契機でもあったのです。

ただし、遺跡や遺物を「発見」するための条件はまだあります。先ほどの人夫の回答を思い起こせば、畑を耕す人や、土を掘り運んだ人夫は、当然、人類学者たちよりずっと前から、土器や貝を見ていました。しかし、彼らは土器を考古資料としては毛頭見ていないため、「発見」することはありませんでした。この点について、いみじくも東京帝国大学の人類学教室を主宰した坪《つぼ》井《い》正《しょう》五《ご》郎《ろう》は、西ヶ《にしが》原《はら》貝塚（東京都北区西ヶ原）の発掘を回顧するなかで、「無用の瓦礫《がれき》と見做されて居た物も此時から有用なる学術標本と成りました」といっています（坪井正五郎「西ヶ原貝塚探究報告。其一。」『東京人類学雑誌』八—八五、一八九三年）。遺跡や遺物の発見には学問的なまなざしが必要だったのです。

このようにして見出された日暮里・道灌山の遺跡は、発掘された遺物などを根拠に戦後、文化財保護法のもと周知の埋蔵文化財包蔵地として指定されました。今も開発があれば、そのたびに調査が行われることになっています。

第三節

千《せん》住《じゅ》大《おお》橋《はし》と日《にっ》光《こう》道《どう》中《ちゅう》

野尻かおる

みる

千住大橋は一五九四(文禄《ぶんろく》三)年に荒川《あらかわ》(隅田川《すみだがわ》)に架けられ、四〇〇年以上の歴史を持つ橋です。江戸時代に入って、日光道中・奥州《おうしゅう》道中が整備され、その途上にある千住大橋の北と南に、初宿となる千住宿が形成されると、交通の要所としても、重要な機能を果たしました。

行粧之図」(1865〈慶応元〉年, 荒川ふるさと文化館蔵)

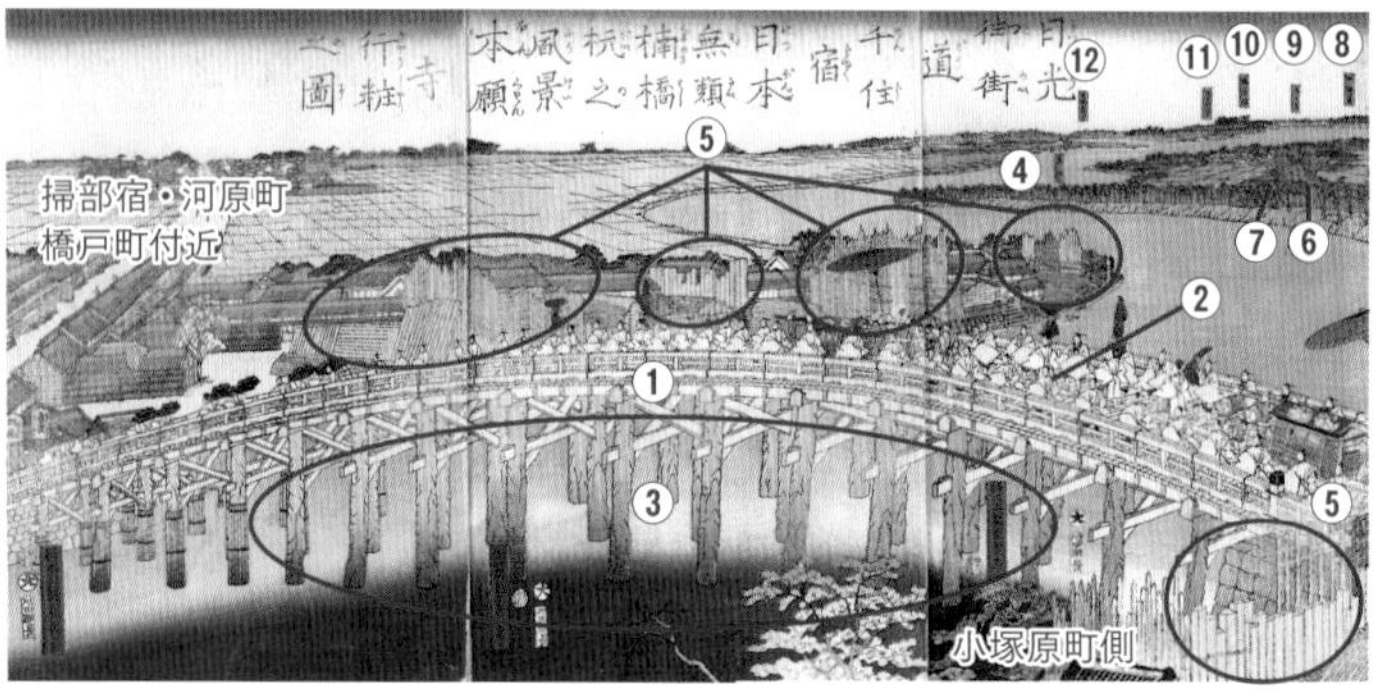

①千住大橋	⑦石ハま村(石浜村)
②東本願寺門跡の一行	⑧水神森(現在の隅田川神社)
③橋杭	⑨かねが淵(鐘ヶ淵)
④荒川(隅田川)	⑩梅若塚
⑤材木	⑪せきや乃里(関屋の里)
⑥砂尾村	⑫丑だむら(牛田村)

図3－1の錦絵《にしきえ》は、江戸後期から明治時代に活躍した絵師、橋本《はしもと》（歌川《うたがわ》）貞秀《さだひで》が描いた、千《せん》住大橋《じゅおおはし》とその界隈です。貞秀は遠近法を使用した風景図などを得意としました。

図の中央に千住大橋①が描かれ、その上を左側へ渡っている華やかな行列②は、日光社参《にっこうしゃさん》（日光東照宮《とうしょうぐう》への参拝）のため、東に向かう東本《ひがしほん》願寺門跡《がんじもんぜき》の一行です。強固そうな形状に描かれている橋の杭③は、図の題名でも「無類の楠橋杭」と表現されています。手前から奥に向かって流れる荒川《あらかわ》④の両岸に、材木屋の材木⑤が集められているのが見えます。この錦絵の右側は小塚原町《こづかはらまち》（荒川区南千住五～七丁目付近）で、橋を渡った左側の先には橋戸町《はしどちょう》・河原町《かわらまち》、さらに掃部宿《かもんじゅく》（いずれも足立区《あだち》）と続きます。荒川に突き出るように描かれているのは、砂尾村《すなお》⑥・石はま（浜）村⑦などの汐入《しおいり》・橋場地域（南千住四・八丁目付近）です。さらに奥には、水神森《すいじんもり》⑧や梅若塚《うめわかづか》⑩など、現在の墨田区《すみだ》の地域も描かれています。

一八二五（文政《ぶんせい》八）年の郷土誌「浅草名跡《あさくさめいせき》誌《し》」によると、千住大橋の長さは「六六間」（約一二〇m）、幅は「四間」（約七・二七m）、架橋当初は、二町（約二一八m）ほど上流にありましたが、一六八四（天和《てんな》四）年に、下流の現在地に架け替えが行われ、その後も修理工事がたびたび行われたと記されています。

橋の杭の材料には、檜《ひのき》・槇《まき》・楠《くす》などが使われましたが、そのなかでも水腐れに強い槇が最も多く使用されていたそうです。

3-1 橋本貞秀「日光御街道千住宿日本無類楠橋杭之風景本願寺

3-2 千住大橋模型150分の1（荒川ふるさと文化館蔵）
※詳細は「よむ」参照

A 千住大橋
B・C 火除地
D・E・F 荷揚場
G・H・I・J 材木屋
K 千住大橋の守護神，熊野神社
L 材木筏宿・炭薪材木屋
M リンバ（材木をしまっておく施設）
O 瀬戸物屋・舂米屋・材木屋・酒屋などの店
P 開帳建札
Q 御上がり場（将軍の船が着くところ）
R 煮売酒屋・水油醬油屋・酒屋などの店
S 筏
T 艜船
U・V 橋番・髪結・大工など
※手前が南詰で小塚原町（荒川区），奥が北詰の橋戸町・河原町（足立区）

第三章 荒川区

よむ

千《せん》住《じゅ》大《おお》橋《はし》の歴史と宿場《しゅくば》の人びと

ここでは千住大橋の歴史や、橋を守った千住宿の人びとについてみていきましょう。

千住大橋の架《か》橋《きょう》

一五九〇（天正《てんしょう》十八）年、徳川家康《とくがわいえやす》は関東に入国後、北へ赴く際に往来しやすいよう、治水や土木工事に実績のあった伊奈備前守忠次《いなびぜんのかみただつぐ》に千住大橋の架橋を命じました。工事は一五九三（文禄《ぶんろく》二）年から始められ、翌年に完成した橋は、家康が江戸に入ったあと、初めて架けた橋として知られています。

この千住大橋の架橋工事は困難を極めたと言います。荒川《あらかわ》の流れは激しく、耐えきれなかった橋杭は倒れ、船は転覆し、作業に当たった人びとの中に犠牲者が出るほどだったそうです。

3-3 熊野神社棟札（1684〈天和4・貞享元〉年，素盞雄神社蔵，荒川ふるさと文化館寄託）天和4年（4月に貞享に改元）の千住大橋架け替えが完了した際，社殿修復が行われたことを示している。

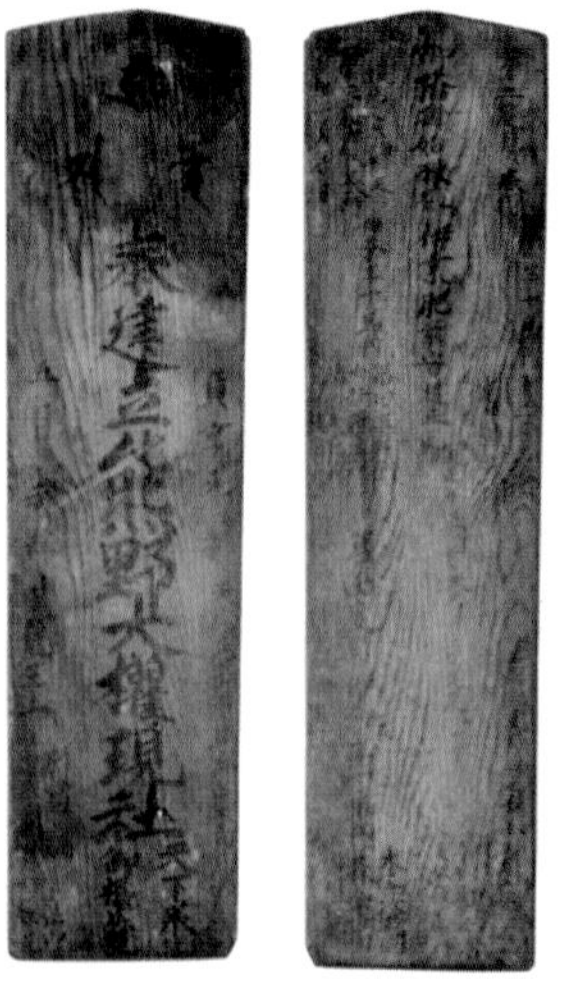

それを象徴するかのように、この地域には架橋に関わる言い伝えがいくつも残されています。

小塚原町《こづかはらまち》の熊野《くまの》神社（南千住《みなみせんじゅ》六丁目）では、伊那忠次が祈願したところ、無事に橋が完成したと伝えられています。以後、橋の工事のたびに、残った材木で熊野神社の社殿工事を行うことが慣例になり（図3－3参照）、地元では熊野神社を千住大橋の守護神と呼んだそうです。

また、日光道中《にっこうどうちゅう》沿いの小塚原天王《てんのう》社（千住天王社。現素盞雄《すさのお》神社。本章一節・「あるく」参照）にも、境内にある「瑞光石」が、実は千住大橋の下にまで岩盤として続いており、そのため初めての工事の時に橋杭が打てなかったという話が残っています。

さらに架橋を祝して、千住大橋の上で綱引きが始まったという話も伝えられています。これについては江戸の年中行事を紹介した『東都《とうと》歳《さい》事《じ》記《き》』の中で、小塚原天王社の「千住大橋綱引」として記されています。

千住大橋と千住宿

千住大橋の架橋後、一六二五（寛永《かんえい》二）年に千住宿が本格的に建設されます（一章三節参照）。その後、千住町が千住一～五丁目（足立区）として「本宿」となり、次に南の掃部宿《かもんじゅく》・河原《かわら》町《まち》・橋戸《はしど》町《ちょう》（足立《あだち》区）が「新宿」、一六六〇（万《まん》治《じ》三）年には千住大橋の南側、現荒川区の小塚原町・中村町《なかむらまち》が「南宿（下宿）」としてそれぞれ加宿《かしゅく》されました（図3－6参照）。これらの宿場の街道沿いには旅籠《はたご》・酒屋などが並ぶ一方、脇道に入ると田畑が広がっていました。

また、当時、荒川を利用した物資の輸送路が重要な役割を果たし、秩父《ちちぶ》方面で切り出された材木が江戸に向けて運ばれました。そのため、千住大橋を挟んだ小塚原町・熊野神社の門前、橋戸町には、多くの材木屋・真木屋が建ち並び、筏乗《いかだのり》の宿泊や手配を行う筏宿もありました。近くにはほかに荷揚げ場もあり、穀物や薪炭など多くの品物が積み降ろしされていました。

千住大橋の管理と防災

江戸時代、千住大橋は日光道中の重要な交通施設として幕府が管理を行いました。橋の北詰（河原町）には御用地《ごようち》があり、水防役人の詰所が置かれ、その地代が、橋の維持費に充てられていました。

また、この時代の千住大橋は木製で、火災に対する手立てとして、橋の回りに空地を設けて「火除地《ひよけち》」（図３－２のＢ・Ｃ）としていました。火除地では、橋の維持に当たった橋番《はしばん》・髪結《かみゆい》・大工等（図３－２のＵ・Ｖ）が、仮設の店舗で商いをしていました。

一方、千住大橋には、その橋杭は朽ち果てることがなく、大雨が降って大洪水が起きても、橋のすべてが流されることはなかったという言い伝えがあります。一七四三（寛保《かんぽう》三）年の「両国橋掛直御修復書留」（『旧幕府引継書』）によると、両国橋《りょうごくばし》の架け替え工事の際、千住大橋の修理仕様書を参照しています。これによると、場所に応じて栂《つが》・杉・槻《つき》などの材木のほか、大きな鎹《かすがい》、鉄輪まで使われたことがわかっており、頑丈に造られていたことは間違いないようです。

しかし、どんなに頑丈に造られ、守護神に守られていたとしても、水害などの災害では、橋を守る人が必要でした。橋の一部だけでも流されれば、下流に架けられた多くの橋に激突し、破損の連鎖が起こりかねませんから、とても重要な任務だったのです。

江戸時代には千住大橋の周辺で働く、水上での作業や力仕事に慣れた筏乗、船頭《せんどう》等の屈強な男たちが活躍しました（図３－４参照）。彼らは荒川の水かさが増してくると、出水で橋が流されないように準備に当たり、見回りも行う、いわゆる水防の任に当たりました。

千住大橋付近の材木屋の古文書「両岸渡世向書物」に、大橋を守った記録があります。そこには、一七九三（寛政《かんせい》五）年七月の大水の際、千住大橋が流出しないように、船頭・筏乗、車《しゃ》力《りき》（大八車などを引き、荷物を運搬する職業）たちが活躍し、代官から褒美として酒樽と夜食、それぞれ一〇〇人分の差し入れがあったことが記されています。

隅田川《すみだがわ》下流のほかの大きな橋には、洪水や高潮の際の水害を警戒し、被害の軽減を図るための「水防組」という組織がありましたが、千住大橋には設置されませんでした。水防組が千住大橋に設置されたのは、吾妻橋《あづまばし》・廐橋《うまやばし》・新大《しんおお》橋《はし》・永代橋《えいたいばし》・千住大橋の五橋ごとに水害警戒・救助のため設置された組織について定めた、五大橋水防規則が制定された一八七五（明治八）年のことでした。

橋の歴史を守る

現在の千住大橋は一九二三（大正十二）年に起こった関東大震災の復興事業として建設され、一九二七（昭和二）年に完成しました。その後、橋には「大橋」と書かれたプレートが取り付けられます。これは最初の架橋から両国橋ができるまで、千住大橋は「大橋」と呼ばれていたという伝承に基づくものです。鉄橋化の際、木橋の残材が地元の人びとに記念として分け与えられました。千住大橋の木橋時代の歴史は、火鉢や花器台、大黒《だいこく》・恵比寿《えびす》像などさまざまな形に姿を変えて、地域の記憶として伝承されています（図３－５参照）。

3-4 水害絵葉書「明治四十三年八月大洪水ノ実況　千住大橋ノ警戒」（荒川ふるさと文化館蔵）
地元の川並（木場で筏を操作する仕事）の人びとが材木にのり，橋桁までせまった水位を警戒している。江戸時代の出水時にも同様の作業が行われたと考えられる。

3-5 千住大橋の橋杭で作った火鉢（荒川ふるさと文化館蔵）
南千住八丁目の旧家に伝来したもの。伊達政宗由来の橋杭の伝承により伊達の家紋と擬宝珠の木象嵌が施されている。

千《せん》住《じゅ》大《おお》橋《はし》と日《にっ》光《こう》道《どう》中《ちゅう》

図3－6は元禄《げんろく》時代の頃の情報が書き込まれた三枚からなる「小塚原村絵図」を合成したものです。この地図から、千住下宿《しもじゅく》が置かれた小《こ》塚原町《づかはらまち》・中村町《なかむらまち》、そして通新町《とおりしんまち》（南千住《みなみせんじゅ》一・五・六丁目の現在の国道四号線両脇付近）・三之輪《みのわ》村（現荒川《あらかわ》区東日暮里《ひがしにっぽり》・南千住、台東《たいとう》区三ノ輪）等の様子がうかがえます。江戸の北の境、千住大橋①に向かって延びる二筋の線（道路）の内、右側が日光道中⑥で宿場《しゅくば》の町並み、左側は下谷《したや》通り⑨で三之輪町に向かう町並みが確認できます。地図に描かれた街道、社寺、さまざまな施設、町並みをたどりながら、江戸時代中頃の千住下宿界隈についてみていきましょう。

①千住大橋（南千住6丁目／南岸）
現在は旧橋（下り）と新橋（上り，1973年竣工）の二橋で構成。旧橋は，日本最古の「タイドアーチ橋」（アーチの両端を引張り材でつなぐ）で，正面上部に「大橋」のプレートがある。

②熊野神社（南千住6丁目）
1050（永承5）年八幡太郎義家の創建と伝えられる。

④天王社（現素盞雄神社）の社殿（南千住6丁目）
795（延暦14）年創建と伝えられる。小塚原町・中村町・通新町・三之輪村・三之輪町・三河島村・町屋村の鎮守。

⑤松原大門
天王社から西に向かって松並木が続く。天王祭の神輿巡行に使われる道。

⑦小塚原御仕置場（南千住五丁目）
東海道筋の鈴ヶ森とともに，江戸の両御仕置場（刑場）と言われた。ここでの腑分け（解剖）が杉田玄白らの「解体新書」翻訳の契機となった。この地蔵は，延命地蔵菩薩。刑死者・行倒人などの無縁の供養のため1741（寛保元）年に造立された。俗に，首切地蔵と呼ばれる。

⑥日光道中（現都道464号線，通称コツ通り）
当時の千住宿下宿付近では，飯盛旅籠・酒屋・薬酒屋・古着屋・材木屋などが軒を並べ，賑わいを見せた。

3-6 「小塚原村絵図」（荒川ふるさと文化館蔵）
元禄（1688 ～ 1704）後期の頃の情報が記されているが成立年代不明

③地蔵堀（南千住6丁目と荒川8丁目の境）
石神井川支流の農業用水。河口に護岸用のハンノキが植えられていた。ほとりに設けられた児童公園が暗渠となった堀の存在を伝えている。

⑨下谷通り
上野から三ノ輪，下谷通新町を経て小塚原町に至る通り。現国道4号線。

a.火葬寺（南千住五丁目）
1669（寛文9）年頃に下谷や浅草の寺院の中にあった火葬施設が当地に移転。各宗派ごとの荼毘所があった。

現在の地図

第四節 千《せん》住《じゅ》製《せい》絨《じゅう》所《しょ》での羅《ら》紗《しゃ》製造

亀川泰照

みる

一八七九（明治十二）年、南千住《みなみせんじゅ》に日本初の毛織物の一種「羅《ら》紗《しゃ》」を作る千住製絨《せいじゅう》所《しょ》が誕生しました。以降、この地は一九六一（昭和三十六）年に工場を閉鎖するまで、八〇年余りにわたって繊維・被服産業により発展しました。その歴史を振り返ってみましょう。

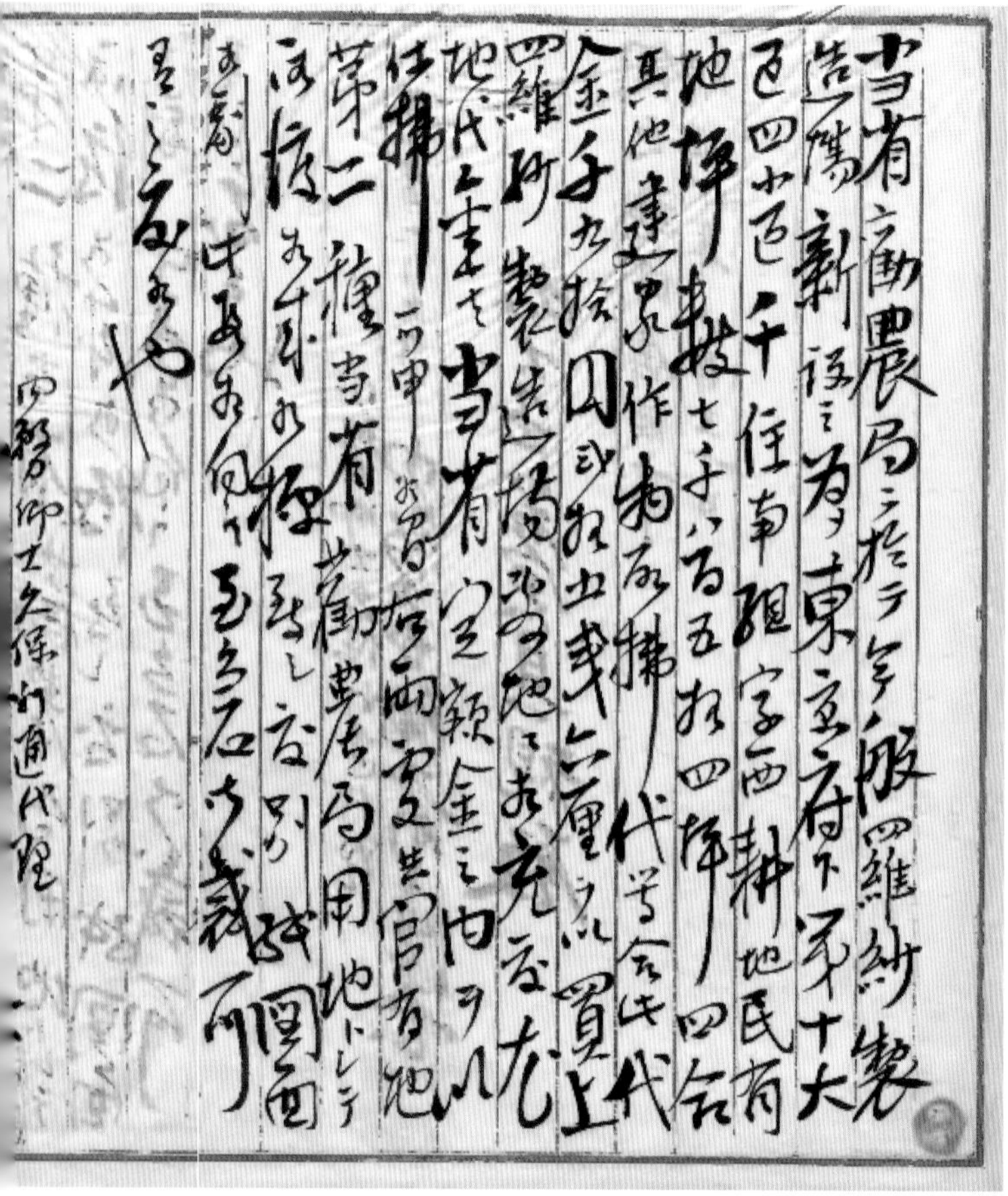

民有地ノ内羅紗造場敷地ニ買上伺』（「明治十〈一八七七〉年，三十七巻，明治十年六月，
書館蔵）

釈文　（／は改行）

当省勧農局ニ於《おい》テ、今般羅紗製／造場新設之為メ、東京府下第十大／区四小区千住南組字西耕地民有／地、坪数七千八百五拾四坪四合、／其他建家作物取払代等合、此代／金千九拾円弐拾五銭六厘ヲ以買上／羅紗製造場敷地ニ相充度、尤／地代金は、当省定額金之内ヲ以／仕払可申候間、右両処共官有地／第二種、当省勧農局用地トシテ／御渡相成候様致シ度、別紙図面／相副此段相伺候、至急御裁可／有之度候也

　　　　　内務卿大久保利通代理
明治十年六月廿九日　内務少輔前島密㊞
　　右大臣岩倉具視殿

伺之趣聞届候事
明治十年六月三十日

伺之趣聞届候事
明治十年六月三十日
右大臣岩倉具視殿

4-1『東京府下千住南組 内務省伺（一）』国立公文

現代語訳

当省勧農局ではこのたび羅紗製造場新設のため、東京府下第十大区四小区千住南組字西耕地の民有地、坪数七八五四坪四合とその他建家取り払い代など、合せて一〇九〇円二五銭《せん》六厘《りん》で買い上げ、羅紗製造場の敷地に充てたい。もっとも地代は、当省定額金の内から支払うので、両所とも官有地第二種、当省勧農局用地として引き渡されるようにしたい。別紙図面を添えて伺う。至急裁可を受けたい。

内務卿大久保利通代理

明治十年（一八七七）六月二十九日　内務少《しょう》輔前島密

右大臣岩倉具視殿

伺の件は聞き届ける

明治十年六月三十日

4-2 羅紗製の陸軍軍属用制帽（荒川ふるさと文化館蔵）

羅紗《らしゃ》とは、紡毛《ぼうもう》を織り上げ、収縮させて厚みを出して毛羽立《けばだ》たせた厚手の毛織物です。羽織《はおり》や軍服などに用いられました。羅紗製造所は内《ない》務省《むしょう》勧農局《かんのうきょく》の管轄で建てられましたが、一八八一（明治十四）年、農商《のうしょう》務省《むしょう》に、八八年には陸軍に移管されました。

図4－1は、一八七七年六月、内務卿《ないむきょう》大久保利通《おおくぼとしみち》の代理で、前島密《まえじまひそか》が右大臣岩倉具視《いわくらともみ》に送ったものです。毛織物の国産化を目的として計画された内務省勧農局の「羅紗製造場」の用地とするため、千住《せんじゅ》南組字西耕地（現南千住六丁目）の民有地の買収と、建物・作物の取払料の支払いを願い出ました。「至急」としたこともあってか、翌日認可され、七八五四坪四合の土地が内務省により買い上げられました。用地には当初、関口水道町《せきぐちすいどうちょう》（文京区）の陸軍用地が候補地に挙がっていましたが、湿地で地盤改良が必要であることから、再選定の上、千住南組の土地が選ばれました。

生産された製品は、当初、絨《じゅう》・小絨《しょうじゅう》といった毛織物の布地だけでしたが、次第に薬嚢地《やくのうじ》（火薬を詰める袋）や毛布、フェルト、毛糸なども手がけるようになりました。また、民間毛織物工場に、技術を伝授することも千住製絨所の役割でした。千住製絨所の敷地は、徐々に拡張されていき、一九二七（昭和二）年には、三万二四〇六坪となり、当初の四倍にまで達しました。

絨および小絨の生産高は、日露《にちろ》戦争期を含む一九〇四年をピークに、一九〇六年までは他の時期と比べて飛び抜けて高く、同時に全国の職工も一九〇六年に男性三三万一九一八人・女性三九万七三七〇人まで膨れ上がりました。

ところで敷地の拡張は、地元にとっては、これまで生業としてきた農地の縮小を強いられるほか、道や水路の変更も求められることを意味し、地元の反発を招くこともありました。その一方で、周辺には、千住製絨所の福利厚生団体・久母会《くもかい》が経営した職工住宅をはじめ、職工や従業員が住む住宅が建設されました。さらに千住製絨所職員を対象とした需要を生み出し、彼ら相手の商売も広がりました。後年の記録によれば、千住製絨所は、地元の戸長や区総代が地域の興隆《こうりゅう》を図って誘致《ゆうち》したとされており、南千住町は町誌の中で千住製絨所の誘致を、町の発展の第一段階と位置づけています。

農業の町から工業の町へ。千住製絨所は、地域の産業転換のきっかけとなりました。

よむ

隅《すみ》田《だ》川《がわ》駅と工場地帯

荒川《あらかわ》の水運が利用でき、比較的土地も安価であった荒川区域には、「みる」で取り上げた一八七九（明治十二）年の千住製絨所《せんじゅせいじゅうしょ》をはじめ、千住製紙・東京瓦斯《ガス》などの工場が次々と建てられました。

工場地帯の名残、隅田川駅

荒川区の東端、大きく湾曲《わんきょく》した隅田川にはさまれた地点にある汐入《しおいり》（現南千住《みなみせんじゅ》八丁目）も、鐘ヶ淵《かねがふち》紡績《ぼうせき》工場南千住工場、大日本紡績東京工場、日本石油で占められた工場地帯で、これらをつなぐように、隅田川とつながる運河が入り込んでいました。白髭《しらひげ》西地区再開発事業の後、現在は高層マンション群が連なり、風景は一変しています（三章五節参照）。

けれども工場地帯であった頃の痕跡は、全くなくなったわけでもありません。その最大のものが、JR貨物の隅田川駅（南千住四丁目）です。地元の人や鉄道趣味の方以外は、この駅にあまり馴染《なじ》みがないかもしれませんが、JR・東京メトロ・つくばエクスプレス南千住駅の南側に広がっている貨物専用の駅で、総面積は二四万七〇〇〇㎡あり、隅田川に向かって線路が扇を広げたように展開しています。

隅田川駅は駅名が示す通り隅田川を前提とした駅でした。一八九七（明治三十）年、それまで海上輸送で運ばれていた常磐《じょうばん》炭鉱地帯の石炭を効率よく輸送するため、田端《たばた》―隅田川間の隅田川線と南千住―土浦《つちうら》間の土浦線が敷設され、その集散地として隅田川駅が開設されました。この年から一九〇一年にかけて、第一から第三ドックが新設され、運河によって隅田川と駅は接続し、列車と船の荷物の積み替えが効率的に行われました。後年、ドックに上屋が設けられたり、クレーンが設置されたりと、さらなる効

4-3『東京航空写真地図』

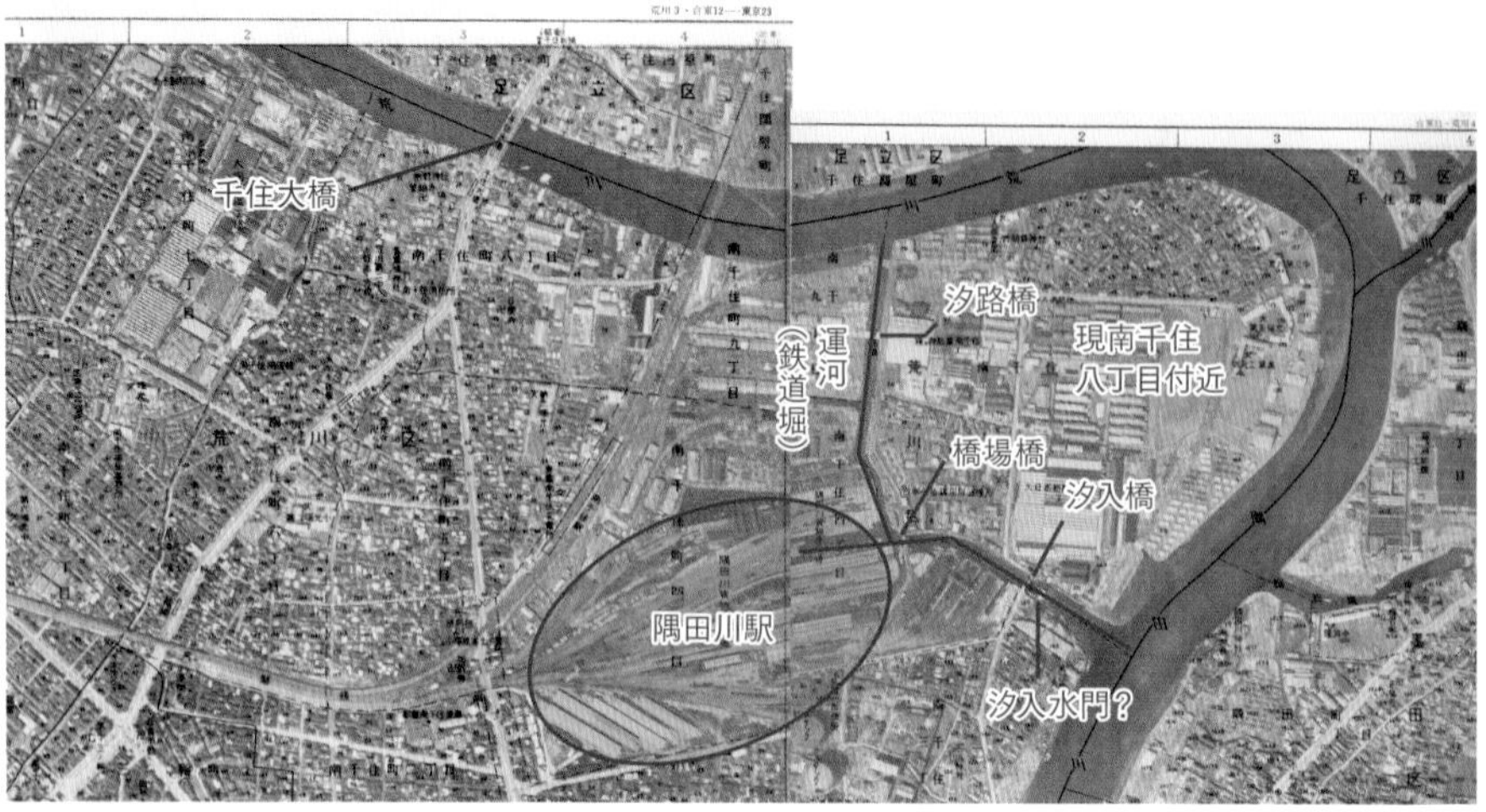

4-4 第二船渠内のガントリークレーン

率化が図られ、船は潮の干満を利用して一日二回行き来しました。たとえば、主要な荷物だった石炭は、隅田川駅で艀《はしけ》などに積み替えられ、工場などへ運ばれていきました。なお、日本鉄道は一九〇六年、国有化され、一九八七（昭和六十二）年の民営化を経て今日に至ります。

隅田川駅東側を走るT字の道がこの運河の跡です。かつて鉄道堀とも呼ばれました。運河はそのまま東と北で隅田川とつながっていました。地元では、隅田川駅の東側の出口を出て北に向かったところにある、東京メトロ千住検車区のコンクリートの土止めが運河の護岸堤防の遺構だといわれています。

工場群と水害リスク

4-5 汐入水門

隅田川駅の東側の出口を南に進むと、隅田川駅の南辺の道路とぶつかります。ここの信号機には、「橋場橋通り入口交差点」の地名表示板があります。

橋場橋とは、運河に架けられていた橋の一つで、他に汐入橋と汐路《しおじ》橋がありました。

橋が架かる通りは、かつて砂尾《すなお》通りとも呼ばれていました。この通りの名称は砂尾堤に由来します。砂尾堤には、かつてこのあたりにいたという砂尾長者《ちょうじゃ》が築造したという伝説が残っています。隅田川駅の建設に伴い喪失しました。

堤が掘り崩されたということは、隅田川駅のみならず、この地域に水害のリスクを高めることを意味しました。実際、一九四九年度の調査では、水害により二三一回も荷役に支障をきたしたとされています。洪水が毎年のように起こるこの地域では、日本鉄道に対し、その対策をたびたび求めましたが、抜本的な改善は、後述する水門の建設を待たなくてはなりませんでした。

対策が必要だったのは、周辺だけではありません。堤防の高さが少しでも変わると、洪水時の水の流路が変わり、対岸の地域にも影響を与えます。隅田川をはさんだ千住大橋両岸の町村の間では、建物はもちろん、道路の高低に至るまで容易に変更を許さないという規約もあったほどです。川沿いに大規模工場ができる時、地域の水害リスク対策が問題化するという事態はしばしば引き起こされていました。

さて、そこで設けられたのが汐入水門です（図4－5参照）。一九五二年、隅田川から運河への入口に設置され、駅構内はもとより、一般民家への浸水を解消しました。しかし、汐入水門は、一九七〇年頃その役目を終えました。運河が埋め立てられ、水門が不要になったためです。白髭西地区再開発事業の後に誕生した瑞光橋《ずいこうばし》公園にその遺構がモニュメントとして残されています。

隅田川駅が語る地域の近代

運河を埋め立てた理由は、隅田川駅が取り扱う主要な荷物が変化したことによります。当初は石炭をはじめ、木材や食料品などさまざまな物を取り扱ってきましたが、高度経済成長期に入り、エネルギーの主役が石炭から石油に変わりました。また、鮮魚や小荷物が扱われたこともありましたが、その後はコンテナが中心となっていきました。このように主要な取り扱い荷物の変遷と連動して、隅田川駅では運搬《うんぱん》の効率化を図るため、線路やホーム、時には水路まで構内を改修してきました。その意味で、隅田川駅及びその周辺地域に残る工場地帯時代の痕跡は、日本経済と流通の移り変わりに対応して、地形まで変えていったという歴史のようすがともいうべきものといえます。

ラシャ場の痕跡をあるく

一八七九（明治十二）年に創業した千住製絨《せんじゅせいじゅう》所《しょ》は、地元の人びとから、「ラシャ場」と呼ばれていました。残された明治期の地図から工場内を紹介していきます。

ラシャ場内の施設

当初、隅田川《すみだがわ》とは二本の水路でつながっていたラシャ場は、南へ向けて拡張され、やがて北側の水路と水路の間にあった民有地も敷地とされました。

周囲には高い煉瓦《れんが》塀が建てられ、倉庫の多くは敷地の外辺に面して配置され、境界装置としても機能していました。構内には当初より電気が引かれ、工場や倉庫、事務所はもちろんのこと、診療所や食堂、浴場、保育所、寄宿舎、図書閲覧所、史料室など、福利厚生施設も充実していました。

①『大日本千住製絨裏面之図』（撮影：江崎礼二）明治時代。北東から製絨所を撮影。右の川は荒川（現隅田川）から引き込んだ堀。竹矢来に囲まれた官舎，山積みになった石炭などがみられる。

②『千住製絨所正門』1927～28（昭和2～3）年　中央奥右よりの建物は第一事務所。左の煉瓦塀は，スーパーマーケット脇に現存するものと考えられる。

ラシャ場のその後

一九四九（昭和二十四）年、千住製絨所は、大和毛織株式会社に払い下げられました。しかし、一九六一年に工場は閉鎖されました。高い煉瓦塀は倒され、その一部は、東京都が買い上げ、東京都立荒川工業高等学校（荒川《あらかわ》区南《みなみ》千住《せんじゅ》六丁目）が建てられて現在に至ります。また、南側の部分は大映株式会社が取得し、一九六二年に毎日大映オリオンズ（現千葉ロッテマリーンズ）の本拠地として、東京スタジアムが建設されました。この球場は夜間の照明が放つ明るさから「光の球場」と呼ばれ、親しまれましたが、一九七二年に球場は閉鎖され、現在は荒川総合スポーツセンター（南千住六丁目）が建っています。

戦後、こうした変遷を経て、景観は一変しましたが、荒川総合スポーツセンターの脇には、一時期行方不明となっていたものの、地元の有志により再建された、千住製絨所初代所長井上省三の銅像および井上省三君碑が並んでいます。なにより、一部残された煉瓦塀や、周囲を囲む道がラシャ場の痕跡を今にとどめています。

4-6 「千住製絨所配置平面図」(1907〈明治40〉年)

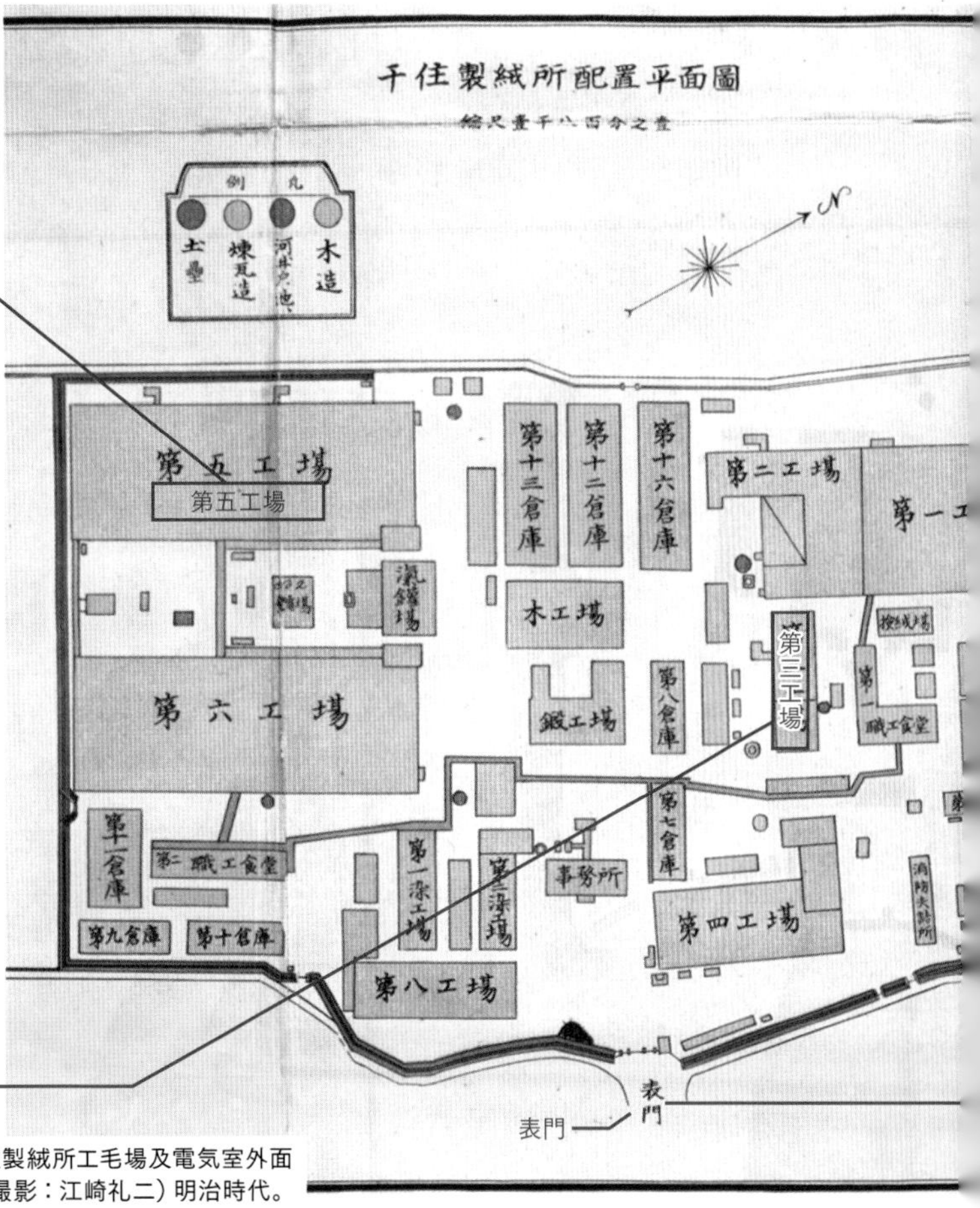

③『千住製絨所第五工場竣工』(清水建設株式会社蔵) 1928(昭和3)年9月29日。第五工場(機械工場)の竣工時。

④剪毛中の様子

⑤『千住製絨所工毛場及電気室外面之図』(撮影:江崎礼二)明治時代。北西から第三工場を撮影したもの

4-7 南千住近辺

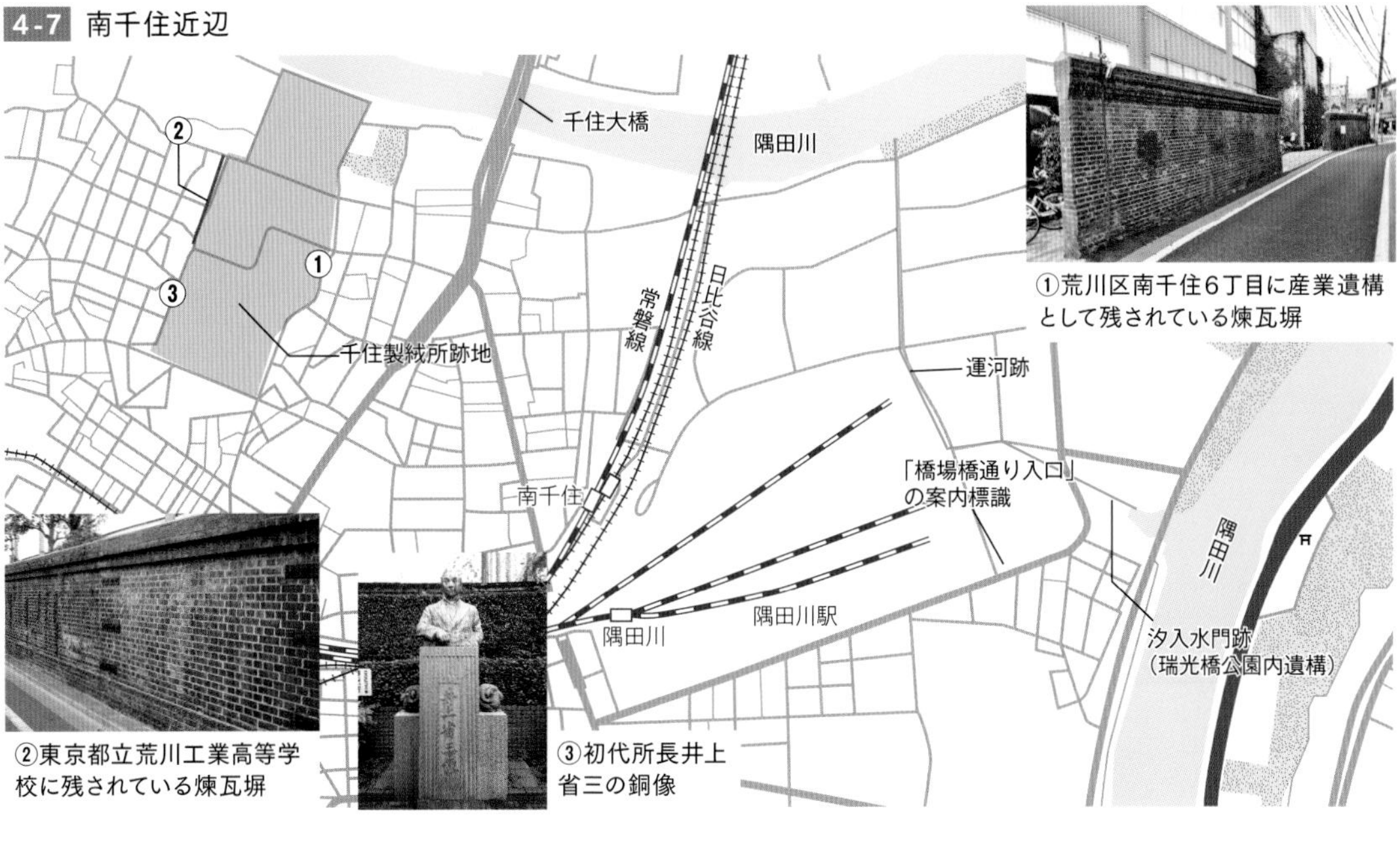

①荒川区南千住6丁目に産業遺構として残されている煉瓦塀

②東京都立荒川工業高等学校に残されている煉瓦塀

③初代所長井上省三の銅像

第五節 名所としての橋場《はしば》・汐入《しおいり》

野尻かおる

保14〉年～1847〈弘化4〉）年，国会図書館蔵）

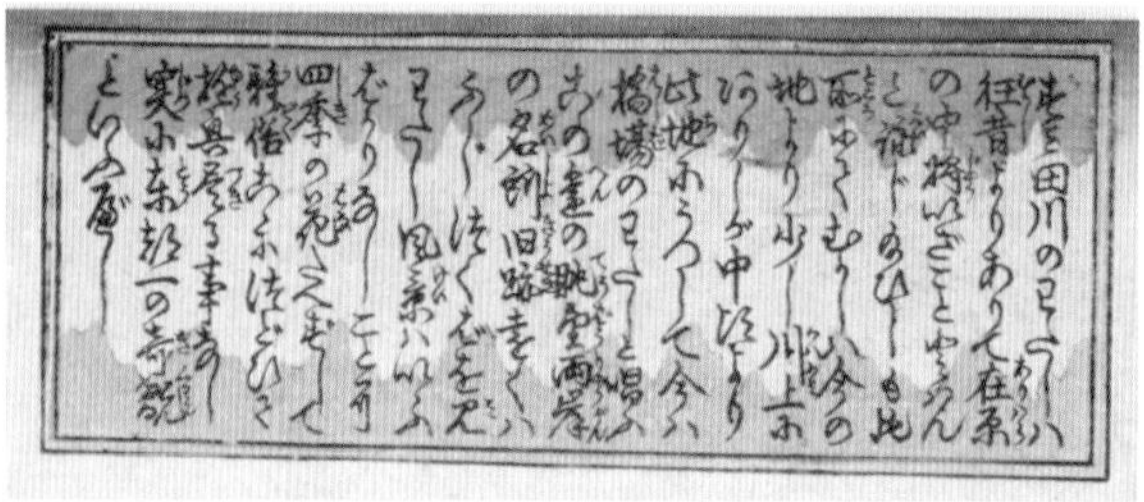

詞書部分（拡大）

みる

橋場は、隅田《すみだ》川《がわ》西岸に位置する江戸の名所で、四季折々の景色や風情を楽しむ人びとで賑《にぎ》わいました。古代以来の渡河《とか》地点で『伊勢《いせ》物語《ものがたり》』、源頼朝《みなもとのよりとも》所縁の史跡としても知られます。江戸の地誌や錦絵《にしきえ》に紹介されてきた橋場の名所の魅力やその歴史を一つの錦絵から探ってみましょう。

釈文（錦絵詞書部分）

（／は改行）

すみ田川のわたしハ、／往昔よりありて在原《ありわら》／の中将いざことゝハん／と詠《えい》じゐひしも此／所《ところ》にて、むかしハ今の／地より少し川上《かわかみ》に／ありしが、中頃より／此地《ち》にうつして今ハ／橋場《はしば》のわたしと唱ふ。／この辺《へん》の眺望両岸《ちょうぼうりょうがん》／の名所《めいしょ》旧跡《きゅうせき》、遠くは／ふじ・つくばを見《み》／わたし風景《けい》ハいふ／ばかりなし。ことに／四季《しき》の花《はな》たへずして、／雅俗こゝにつどひて／遊興尽《つき》る事なし。／実《じつ》に東都《とうと》一の奇観《きかん》／といふべし。

現代語訳

隅田川の渡しは、昔からあり、平安時代の在原業平《ありわらのなりひら》が「名にしおはばいざ言問はむみやこ鳥《とり》我が思ふ人はありやなしやと」と詠んだ所で、少し上流にあったと言われている。その後現在地に移り「橋場の渡し」と呼ばれるようになった。この辺の眺望、両岸の名所旧跡、遠景の富士山・筑波山の眺望はもとより、四季の花が絶えず、あらゆる人がここに集い遊興を楽しむ、江戸で一番の素晴らしい景色である。

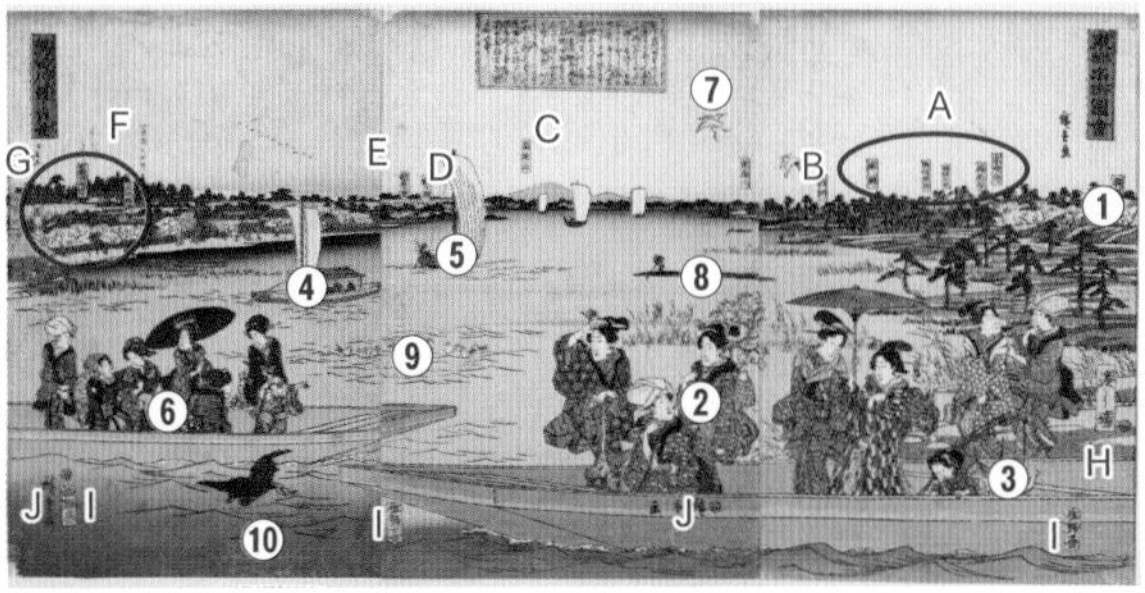

①隅田堤
②真崎稲荷方面に向かう花見一行
③土産の都鳥の玩具
④行楽客を乗せた船
⑤荷を運ぶ帆掛け船
⑥隅田堤に花見に向かう一行
⑦白鷺
⑧筏師が操る筏
⑨都鳥の群れ
⑩川鵜

A（右から）木母寺・梅若塚・丹頂ガ池・御前栽畑・水神・内川
B綾瀬川
C筑波山
D鐘ヶ淵
E関屋の里
F（右から）真崎稲荷・石浜神明宮（現在の石浜神社）・思川
G橋場の渡し（右岸側）
H渡し場（左岸側）
I佐野喜（版画の版元）
J広重画（署名）

5-1「隅田川渡しの図」（歌川広重『東都名所図会』1843〈天

5-2 現在の橋場の渡し跡付近（白鬚橋）

5-3 石浜神社（南千住4丁目）

5-4 ユリカモメ

図5－1は歌川広重《うたがわひろしげ》の作品です。左（隅田川《すみだがわ》右岸、荒川区南千住《あらかわくみなみせんじゅ》）の石浜神明宮《いしはましんめいぐう》・真崎稲荷《まさきいなり》・田楽茶屋《でんがくちゃや》、右（左岸、墨田《すみだ》区堤通）の隅田堤①、木母寺《もくぼじ》、水神《すいじん》等Aの名所旧跡を包み込む満開の桜、隅田川を象徴する鳥、都鳥《みやこどり》（ユリカモメの別名）が遊ぶ雄大な隅田川を中央に、奥には常陸《ひたちの》国《くに》（茨城県）の筑波山《つくばさん》Cを描いています。筑波山は、二つの峰が特徴で橋場《はしば》は北の筑波山と西の富士山《ふじさん》のビュースポットとして中世から知られていました。鐘ヶ淵《かねがふち》（汐入《しおいり》付近）Dで流れは大きく左に折れ千住に向かいます。二艘《そう》の渡し船を見ると、花見を楽しむ美女たちと幼子の姿が。右の船には隅田堤での花見帰りの一行②が乗っていて一枝の桜を抱えています。また右下の子供の手には、隅田堤のあたりで求めた土産の都鳥の玩具を吊るした笹竹が握られています③。左側には行楽客を乗せた屋形船④、その奥には、荷を運ぶ帆掛け船⑤が見えます。手前の一行は隅田堤に花見に向かう一行⑥で、左の船で煙草をくゆらす女性の足下には火縄箱《ひなわばこ》があります。隅田川の渡し、その春の風景が見事に描き込まれています。

よむ

名所の生業——大根と胡粉《ごふん》づくりの村

汐入《しおいり》の由来

橋場《はしば》の北端に位置する汐入は、隅田川《すみだがわ》が大きく湾曲《わんきょく》するところに形成されたムラです。標高は約一mで、満潮時に東京湾から汐が遡ることから汐入の地名が付いたといわれます。

汐入大根

5-5 史料に現れた牡蠣殻山・貝塚

名称	場所	刊行年	資料名
カヒヅカ（貝塚）	（三河島村境）	1820 文政3年	根岸略図
貝塚	（金杉村）	1901 明治34年	根岸近及近傍図
貝塚	（谷中本村）	1828 文政11年	新編武蔵風土記稿
貝塚	（金杉村）	1828 文政11年	新編武蔵風土記稿
カキカラ	（田畑村）	1828 文政11年	新編武蔵風土記稿
貝塚	（西ヶ原村）	1828 文政11年	新編武蔵風土記稿
蠣殻	（橋場）	1828 文政11年	墨水遊覧誌
（蠣殻）	（潮入村）	1861 （文久元年）	さえずり草　巻218
牡蠣塚・カキツカ	（田畑村・上尾久村）	1829 文政12年	江戸近郊道しるべ

汐入は、戦国時代の末に、越後《えちご》の上杉《うえすぎ》の家臣がこの地に落ち延びて開発したという伝承を持つ、江戸の近郊農村でした。明《めい》暦《れき》年間（一六五五〜一五八）に、草分けの高田嘉左衛門が、白首の細長い大根、汐入大根の栽培を始めたといいます。汐入の畑の土は、砂混じりの土で、大根や穂紫蘇《ほじそ》の栽培に適しており、江戸の料理屋向けの野菜として人気があったそうです。

牡蠣殻と胡粉

また、汐入の地中の所々には、「ある資源」が大量に眠っていました。これは、東京の低地部に位置する荒川《あらかわ》区周辺の近世の村々に広く見られました。そのほとんどが縄文《じょうもん》時代の貝塚《かいづか》以前の太古に埋もれた牡蠣《かき》殻の堆積層《たいせきそう》でした。『新編武蔵風土記稿《しんぺんむさしふどきこう》』によると、享保《きょうほう》年間（一七一六〜三六）までは、毎日、牡蠣殻を掘って馬に載せ浅草《あさくさ》まで運搬《うんぱん》し胡粉《ごふん》の材料にしたと記されています。土中の牡蠣殻は、耕作にとっては、まことに厄介な代物でしたが、牡蠣殻山から採取された牡蠣殻は、庭先の加工場に運ばれて、汐入の高価な特産品に生まれ変わったのです。

汐入で盛んに作られていた胡粉とは、貝殻の成分、炭酸カルシウムを主成分とする主に日本画に用いられる白色の絵具のことです。単に白の絵具として用いるだけでなく、歴史的な建築物の装飾には欠かせない物でした。京都の智《ち》積院《しゃくいん》の長谷川等伯《はせがわとうはく》一門の障壁画《しょうへきが》、二《に》条城《じょうじょう》の狩野探幽《かのうたんゆう》の障壁画などに描かれた桜や松や楓《かえで》等の立体的な表現には、胡粉を膠《にかわ》で溶いたものを盛り上げる技法が使われています。また、能面《のうめん》の彩色、雛人形の頭《かしら》（顔のこと）の製作など、さまざまな用途に利用されていました。原料の牡蠣殻を厳選し、製造に手間がかかることから非常に高値で売買されていました。

汐入ブランドの胡粉

浅草周辺での胡粉製造は、十八世紀前半には衰退したようで、その後、生産地として注目されたのが汐入でした。汐入から良質な牡蠣殻が採取されることは『墨水遊覧誌《ぼくすいゆうらんし》』（一八二八〈文《ぶん》政《せい》十一〉年）に、田の下を一尺五寸（約四五・四五cm）ほど掘れば、深さ五尺（約一五〇cm）ほどの牡蠣殻の層があり、胡粉の材料として最上の品である」と紹介されています。汐入では、良質の原料が入手できるばかりでなく、最上の胡粉

5-6 胡粉商標版木拓影（個人蔵）

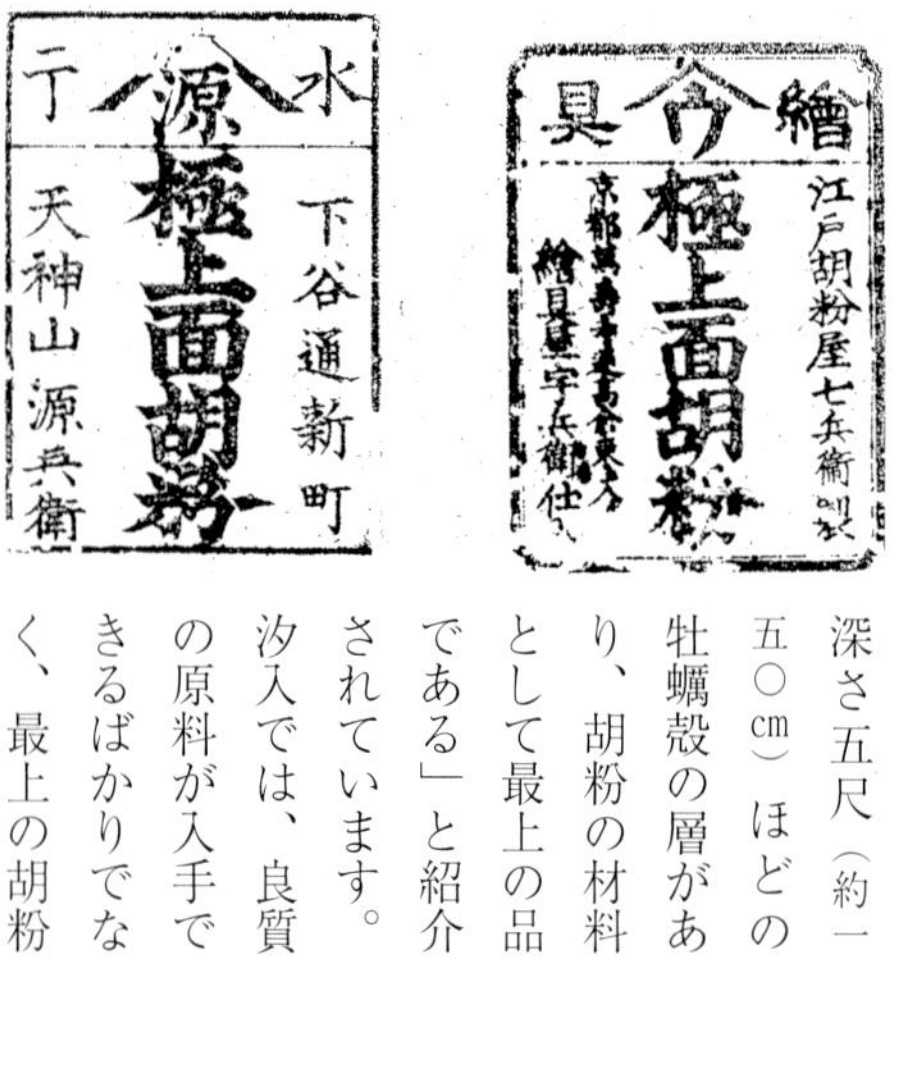

を生産するための技術を持っていたようです。

汐入には、越後から移住してきたという草分けの農家を含む「汐入二八軒」と呼ばれる旧家がありました。その中の一つが、胡粉屋の屋号《やごう》を持ち製造販売に中心的な役割をはたした高田七兵衛家です。高田家には、胡粉に関わっていた頃の古い商標の版木《はんぎ》七点が保存されています。版木には「極上面胡粉」等の製品名、製造元の「江戸胡粉屋七兵衛製」が刻まれているばかりでなく、版木ごとに取引先名があります。「京都万寿寺通高倉入絵具屋宇兵衛」「常州水戸上町和泉□太田屋與右衛門」等の店名から、京都や水戸の城下まで取引先にしていたことがうかがえます。一八九五（明治二十八）年の「胡粉同盟規約」によると、品質によって「太極上板流シ」「同八ッ判」「同七判」「大上七ツ判」の四等に定めることになっていました。

5-7 かつて町中で見られた胡粉製造用石臼（荒川ふるさと文化館蔵）

汐入の胡粉は、高価なブランド品として広く知られていたのです。

胡粉づくり

胡粉の製造には広い作業場が必要でした。作業は、農家の庭で行われていました。

その工程は、①牡蠣殻を掘り起こす→②牡蠣殻を洗う→③巨大な石臼《いしうす》で粉砕し、すり潰す→④水を注ぎながら石臼で挽く、何度も繰り返し濃い液体を作る→⑤丸めて板の上に並べる→⑥日光で乾燥させる→⑦商標を貼り出荷する、というものでした。汐入の胡粉づくりは、小説『当世五人男』（一八九六年）にも登場し、帝大の苦学生をアルバイトで雇用するほど多くの人手をかけて生産していました。農業の余業といってもムラをあげての作業でした。

工業の町へ

しかし、資源は有限であり、汐入の牡蠣殻も例外ではありませんでした。大正時代には、牡蠣殻が不足する事態となり、綾瀬川《あやせがわ》周辺や船橋《ふなばし》辺りから買い入れて製造したものの、生産に従事する家も減少し、製造を止めたそうです。生産を停止した理由は原料の不足ですが、地元産の自然堆積の牡蠣殻でなければ汐入ブランドの品質を保持できなかったことが要因と言われています。また、一九〇六年の東京毛織物株式会社、一九〇九年の東京紡績会社と、大規模工場等の進出が相次ぎ、汐入は都市近郊農村から工業の町、そこで働く人びとの住宅地へと大きく転換していきました。そのような時期に、汐入大根等の蔬菜《そさい》の生産や、胡粉づくりの歴史は幕を下ろしたのです。

この地域は汐入ニュータウンとして新しく生まれ変わりましたが、胡粉製造の歴史は、保存された大きな石臼、そして汐入の鎮守《ちんじゅ》胡録神社《ころくじんじゃ》の襖絵《ふすまえ》（図5－8参照）によって、現在も記憶されています。

5-8 襖絵（「地方橋場汐入四季風物図」胡録神社蔵）に描かれた作業風景
牡蠣殻の山と胡粉の塊を並べた板，小屋の中に大きな石臼が見える。

あるく

古くて新しい町汐入《しおいり》

南千住《みなみせんじゅ》駅の東側に南千住八丁目の高層マンション群「汐入地域ニュータウン」が広がっています（通称「汐入」）。白鬚《しらひげ》西地区市街地再開発事業によって誕生した町です。再開発事業は、四一年の歳月をかけて二〇一〇（平成二十二）年に完了しました。かつての姿は下町情緒《したまちじょうちょ》が漂う風情ある町。汐入大根や穂紫蘇《ほじそ》といった蔬菜《そさい》類を中心とした農業と余業の胡粉《ごふん》製造を生業としていた農村から、大規模工場を誘致し、労働者の居住する長屋が軒を連ねた工業地帯を経て、不燃化対策防災事業の大規模開発が実施され、ウォーターフロントの新しい街へと姿を変えました。旧住民と新住民との新たなコミュニティが形成されるなか、汐入の歴史そして記憶は、新しい町のあちこちに顔をのぞかせ、汐入の暮らしに浸透した風景になりつつあります。

5-9 現在の汐入地域（2018年3月，グーグルアースより）
右上の川が荒川（旧荒川放水路），中央が隅田川。

胡録《ころく》神社①

汐入集落の西の外れにあった村の鎮守《ちんじゅ》です。江戸時代は第六天と称しました。境内《けいだい》には、かつて胡粉製造のために牡蠣殻《かきがら》を挽いた石臼《いしうす》が残されています。二〇〇三年、再開発事業により南東に移転しました。

草分けの屋敷②

汐入の草分けの屋敷。汐入大根を始めた家と伝える汐入の旧家は「汐入二十八軒」と呼ばれており、水害に備えて盛土し石垣で固めた上に屋敷を構えました。大木が植えられ、中には板塀を廻らし、門を構える大きな家もありました。

胡粉屋七兵衛の屋敷③

汐入の産業・胡粉製造の中心的な役割を果たした家の屋敷がありました。

入会地《いりあいち》跡④

嘴《くちばし》のような形の砂州《さす》が入会地で、ここで採取される葭《あし》の売上は村の収益になりました。

汐入の渡し⑤

一八九〇（明治二十三）年から一九六六（昭和四十一）年まで、数多く存在した隅田川の渡しの中で最後まで残った渡しでした。南千住八丁目と対岸の千住曙町《せんじゅあけぼのちょう》（足立《あだち》区）を結び、主に墨田《すみだ》区堤通《つつみどおり》にあった鐘淵紡績《かねがふちぼうせき》株式会社で働く人の通勤に利用されました。

長屋の密集地⑥

工場で働く人たちのために、旧家の周囲に多くの長屋が建設されました。

造船所⑦

木造船を製造した場所で、船を揚げるため自然の砂浜が残されていました。

第五瑞光小学校⑧

一九三一年に開校、二〇〇二年に第四瑞光小学校と合併し、汐入小学校になりました。当時は川沿いに第三中学校、第五瑞光小学校、都立航空高等専門学校が並んでいました。

都立航空高等専門学校⑨

一九三八年に東京府航空工業学校として開校。二〇〇六年に統合・再編し、都立産業技術高等専門学校となりました。現在は位置を変え、都立汐入公園の南側に移転しています。

鐘淵紡績南千住工場⑩

一九〇六年に設立された東京毛織物株式会社

を前身としました。一九七〇年代に、再開発計画により移転しました。

大日本紡績工場⑪

一九〇九年に設立された東京紡績会社橋場《はしば》工場を前身としました。鐘淵紡績南千住工場と同じく一九七〇年代に移転しました。

隅田川駅とドック⑫

貨物駅である隅田川駅に設けられた水路とドックです。陸運と水運を結ぶ東京の物流の拠点として、多くの物資がここで積み替えられました。

5-10 都立汐入公園と高層マンション群

①胡録神社　左／正門　右／境内に残る，胡粉製造用の石臼

右上／「第一軍管区地方二万分一迅速測図原図　東京府武蔵国南足立郡普賢寺村及南葛飾郡堀切村ノ図」1880（明治13）年より作成
左下／「国土地理院撮影空中写真」1963（昭和38）年より作成

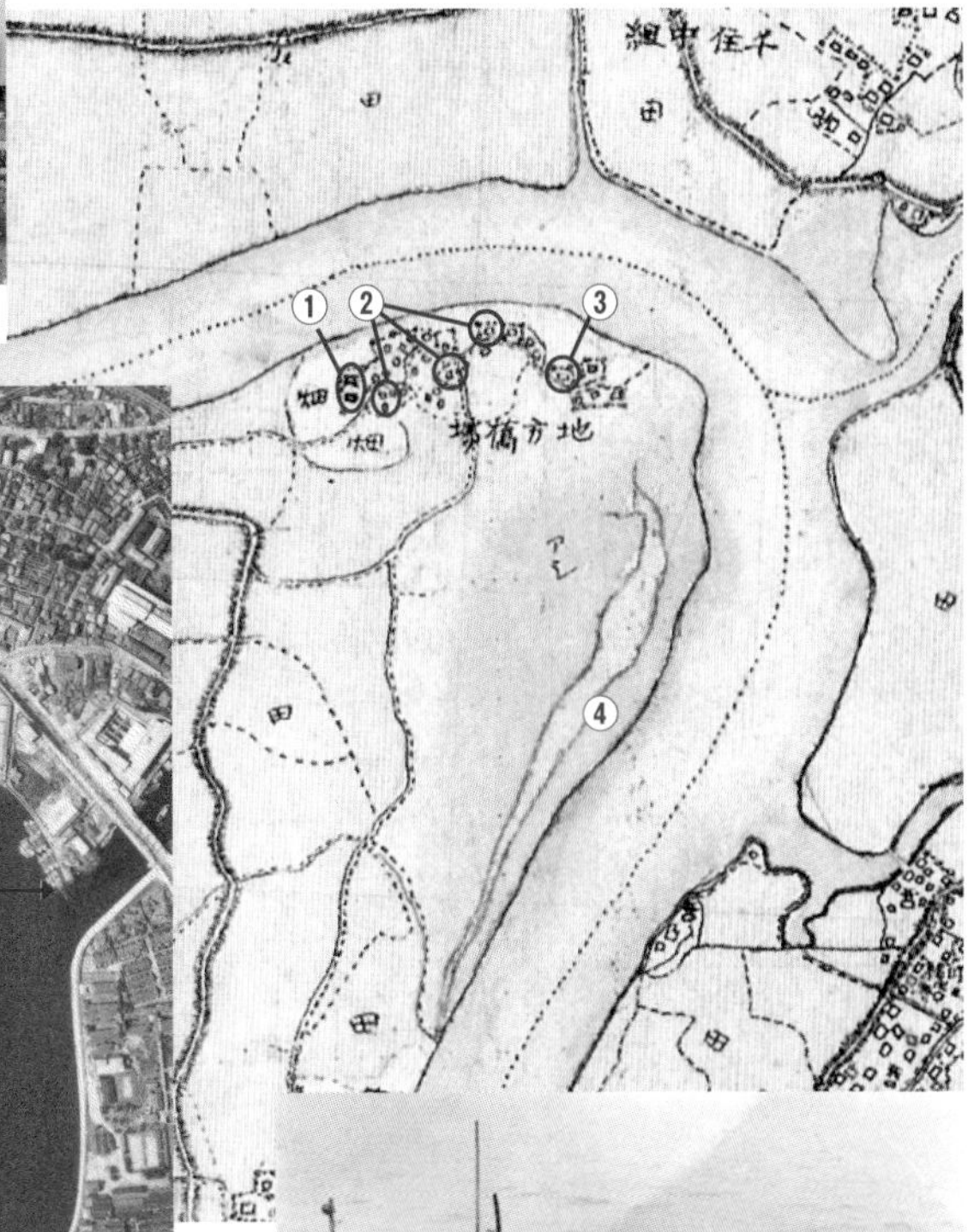

5-11 汐入周辺

⑤「汐入の渡し」（荒川区蔵）
昭和40年代の渡船場

第三章
荒川区

参考文献

荒川区民俗調査団編『荒川区民俗調査報告書四　南千住の民俗』東京都荒川区教育委員会、一九九六年

荒川区民俗調査団編『荒川区民俗調査報告書五　日暮里の民俗』東京都荒川区教育委員会、一九九七年

荒川区教育委員会・荒川区立荒川ふるさと文化館編『荒川ふるさと文化館常設展示図録』同、二〇〇〇年

荒川区教育委員会・荒川区立荒川ふるさと文化館編『日本羅紗物語　千住製絨所とあらかわの近代』同、二〇〇四年

荒川区教育委員会・荒川区立荒川ふるさと文化館編『あらかわとお野菜都市とお野菜』同、二〇〇六年

荒川区教育委員会・荒川区立荒川ふるさと文化館編『千住で一番 江戸で一番 千住大橋』同、二〇〇八年

荒川区教育委員会・荒川区立荒川ふるさと文化館編『日暮里ＳＡＩＫＯ（最高・再考）―日暮里舎人ライナー開通1周年記念―　1868-2009』同、二〇〇九年

荒川区教育委員会・荒川区立荒川ふるさと文化館編『発掘！　あらかわの遺跡展』同、二〇一〇年

荒川区教育委員会・荒川区立荒川ふるさと文化館編『三河島と日本初下水処理施設』同、二〇一〇年 [図1-13]

荒川区教育委員会・荒川区立荒川ふるさと文化館編『絵解き　あらかわの浮世絵』同、二〇一二年

荒川区役所土木部編『荒川区土木誌』荒川区役所、一九七一年 [図4-5]

入本英太郎編『三河島町郷土史』三河島町郷土史刊行会、一九三一年 [図1-8]

江戸遺跡研究会編『江戸時代の名産品と商標』吉川弘文館、二〇一一年

写真測量所編『東京航空写真地図』創元社、一九五四年

菅野忠五郎編『鹿島組史料』鹿島建設、一九六三年

隅田川駅１００年史編集委員会編『隅田川駅１００年史』日本貨物鉄道株式会社関東支社、一九九七年 [図4-5]

千住製絨所編『千住製絨所五十年略史』同、一九二八年 [図4-6④]

東京市荒川区編『荒川区史』上、同、一九三六年

東京都荒川区編『荒川区史』下、同、一九八九年 [図1-12⑧]

東京都荒川区企画部広報課『目で見る荒川区五〇年のあゆみ』東京都荒川区、一九八二年

東京都荒川区区役所編『新修荒川区史』上巻、同、一九五五年

東京日日新聞社編『大東京繁昌記』山手編、春秋社、一九二八年 [図2-7]

日本貨物鉄道株式会社貨物鉄道百三十年史編纂委員会編『貨物鉄道百三十年史』中・下　日本貨物鉄道、二〇〇七年 [図4-4]

根崎光男『犬と鷹の江戸時代―〈犬公方〉綱吉と〈鷹将軍〉吉宗―』吉川弘文館、二〇一六年

吉江一雄「隅田川駅の今と昔」かのう書房編『隅田川の歴史』同、一九八九年

＊三章で引用した図表番号を、文献名に続けて［　］内に示した。原図に加筆・着色などの改変を行ったものもある。

第四章

江戸川区

葛西臨海公園（江戸川区）

はじめに

1 江戸川区のなりたち

江戸川区は、東京都の東端に位置し、北は葛飾《かつしか》区、西は墨田《すみだ》区・江東《こうとう》区に、東は南流する江戸川・旧江戸川をはさんで千葉県市川《いちかわ》市・浦安《うらやす》市に接し、南は東京湾に面しています。区の西部では、荒川《あらかわ》と中川《なかがわ》が南流して東京湾に注ぎ、中央部を新《しん》中川《なかがわ》が南流して旧江戸川に合流します。区域全体が下総台地《しもうさだいち》の西、現在の江戸川・中川が注ぐ東京湾に面して形成されたデルタ状地です。南北約一三km、東西に約八kmで、全体に平坦で、区域の約七割がいわゆるゼロメートル地帯です。

一八七八（明治十一）年の郡区町村編成法により南葛飾郡であった江戸川区域は荒川や中川、利根川水系（江戸川）の乱流する低地でした。隅田《すみだ》川《がわ》以西の平地と下総台地の西端に挟まれた低地帯ですが、古代から中世は武蔵国《むさしのくに》と房総《ぼうそう》を結ぶ幹線の通過地であり、近世には水運の発展とともに近郊農業地帯として江戸の消費を支えてきました。

一九一三（大正二）年に始められた荒川放水路《あらかわほうすいろ》（現荒川）と中川放水路（現中川）の開さく工事は一九三一（昭和六）年に終わりましたが、江戸川区域西部の大半が河道となったため、町村の大幅な配置分合が行われました。一九四一年に

0-1 江戸川区の人口推移

年次	人口
1925年10月（国勢調査）	64,530
1935年10月（国勢調査）	129,230
1945年10月（人口調査）	146,497
1955年10月（国勢調査）	254,771
1965年10月（国勢調査）	405,139
1975年10月（国勢調査）	473,656
1985年10月（国勢調査）	514,812
1995年10月（国勢調査）	589,414
2005年10月（国勢調査）	619,953
2015年10月（国勢調査）	681,298
2015年昼夜間人口比率	82.40%
2018年外国人人口総数	33,457

0-2 江戸川区の地域区分図

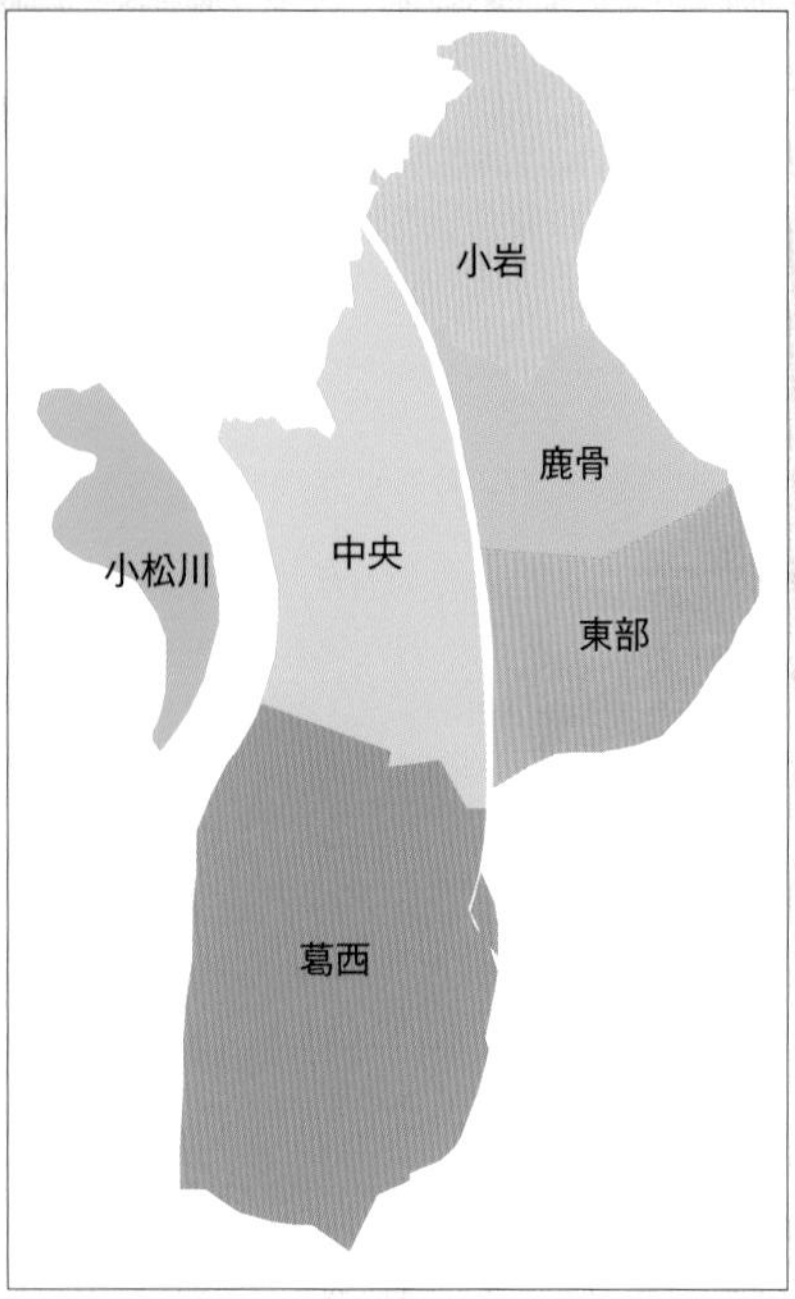

は、区の中央部を南北に流れる新中川放水路（現新中川）の開さく工事が始められましたが、戦争で一時中断し、一九六三年に南端の今井《いまい》水門が完成して工事を終えています。一九七二年からの葛西沖《かさいおき》埋め立て事業により、約三四八haが整備され、一九八二年に清新町《せいしんちょう》、八三年に臨海町《りんかいちょう》が区南部に新たに生まれました。面積は四九・〇八六㎢です。

一九三二年に区ができたときの人口は約一〇万人、面積約四五㎢でした。一九四五年三月の平井《ひらい》・小松川《こまつがわ》地区の空襲、戦争終結後の一九四七年と四九年に関東を襲った台風で、江戸川区域は大きな被害を受けました。一九六〇年代に急速に都市化が進み、六〇年から始められた土地区画整理事業とともに、農地の宅地・商工業地化によって住環境の整備が急速に進んでいます。人口は一九八四年に五〇万人に達し、一九九九（平成十一）年に六〇万人を超えました。

江戸川区では区内を小岩《こいわ》・鹿骨《ししぼね》・東部・中央・葛西・小松川の六地区に分け、それぞれに区役所（事務所）を設置しています。

2 歴史的沿革

この低地に人が住み始めたのがいつ頃であるのかは明らかになっていません。わずかに弥生《やよい》後期の土器が出土する遺跡が小岩にあり、古墳時代にかけて集落が営まれた可能性もあります。現在確認されている文字による記録の中で、江戸川区に関する最も古いものは、奈良東大寺《とうだいじ》の正倉院《しょうそういん》に現存する七二一（養老《ようろう》五）年下総国葛飾郡大嶋郷《おおしまごう》の戸籍です。これによって、今から一三〇〇年ほど以前に、小岩近辺に四五〇人くらいの人びとの住む集落のあったことがわかります。大嶋郷の甲和里《こうわ》という村で、ここが現在の小岩ではないかと考えられているからです。しかしながら、この甲和里と小岩を直接結びつける証拠はまだ発見されていません。

今から一三〇〇年くらい前の江戸川区は、下総国葛飾郡の一部でした。葛飾郡は、今の東京都東部、千葉県西部、埼玉県南東部におよぶ広い地域で、これが太日河《おおひがわ》（ふといがわ）を境にして、東を葛東《かとう》、西を葛西《かさい》と呼ぶようになりました。今から八〇〇年くらい前のことです。

中世の江戸川区域は、葛西御厨《かさいのみくりや》と呼ばれた伊勢《いせ》神宮《じんぐう》の荘園《しょうえん》の一部でした。一三九八（応永《おうえい》五）年の「葛西御厨注文」という記録に、小鮎《こあゆ》・猿俣《さるがまた》・金町《かなまち》・飯塚《いいづか》・嶋俣《しままた》・曲金《まがりがね》・奥戸《おくど》・上小岩《かみこいわ》・下小岩《しもこいわ》・一色《いっしき》・小松《こまつ》・上平江《かみひらえ》・下平江《しもひらえ》・上篠崎《かみしのざき》・下篠《しもしの》崎《ざき》・松本《まつもと》・鹿骨《ししぼね》・蒲田《かまた》・西小松河《にしこまつがわ》・東小松河《ひがしこまつがわ》・西一江《にしいちのえ》・東一江《ひがしいちのえ》・今井《いまい》・二江《にのえ》・長嶋《ながしま》・亀無《かめなし》・青戸《あおと》・木庭袋・堀切《ほりきり》・立石《たていし》・渋《しぶ》江《え》・隅田《すみだ》・寺嶋《てらじま》・上木毛河《かみきねがわ》・下木毛河《しもきねがわ》・小村江《おむらえ》・亀津村《かめどむら》・堀内《ほりのうち》という三八の郷村の名が記載されています。現在の葛飾区・江戸川区・墨田区・江東区の四区域がほぼそれにあたります。

室町時代の末、関東では上杉《うえすぎ》、北条《ほうじょう》、里見《さとみ》、太田《おおた》といった有力な武士たちが対抗して、しばしば戦乱に見舞われました。房総の里見氏と、小田原《おだわら》の北条氏による国府台《こうのだい》（市川市）合戦では、このあたりも戦場となり、田畑を荒らされ、戦いに駆り出されるなど、少なからぬ影響を受けました。

江戸開府当初も、江戸川区域は下総国葛飾郡に属していました。一六二二（元和《げんな》八）年の長嶋《ながしま》村検地帳（渡辺家文書）に「下総国勝鹿《かつしか》郡葛西内長嶋」、一六四九（慶安《けいあん》二）年九月の宇喜田《うきた》村中割天祖《なかわりてんそ》神社の社殿棟札《むなふだ》に「下総国葛飾郡葛西庄宇喜新田」と書かれています。一六九七（元禄《げんろく》十）年の検地では各村とも武蔵《むさし》国葛飾郡と表記されていますから、この間に武総《ぶそう》の国境に変化があったことになりますが、徳川家康《とくがわいえやす》入国当初に幕府直轄《ばくふちょっかつ》地となった際にはすでに現在の江戸川筋《えどがわすじ》が国界《こっかい》だったのではないかともいい、明らかではありません。

古代から近世初頭にかけての国境が明らかでないのは、古隅田川や利根川《とねがわ》の流路が必ずしも一定でないことによると考えられます。

一八六八（慶応四）年七月に江戸が東京と改称され、江戸川区域も武蔵知県事《ちけんじ》の支配下に置かれました。翌年正月には新たに設置された小菅《こすげ》県に属し、一八七二（明治五）年に東京府に編入され、一八七八年には郡区町村編成法によって南葛飾郡に属しました。西小松川《にしこまつがわ》村に南葛飾郡役所が置かれています。一八八九年の市制町村制施行により、小松川村、平井村、松江《まつえ》村、船堀《ふなぼり》村、葛西《かさい》村、瑞穂《みずほ》村、一之江《いちのえ》村、鹿本《しかもと》村、篠崎《しのざき》村、小岩村の一〇ヵ村となりました。一九二三（大正十二）年に郡制が廃止され、郡は単なる行政区画となりました。一九二八（昭和三）年には三ヵ町四ヵ村となっています。

一九三二年、東京市域拡張により当時の東京市と周辺五郡が合併して東京三五区が編成されました。江戸川区域も、当時の七ヵ町村をもって江戸川区となりました。江戸川区の立区についての東京市側の案は、小松川町を除く六町村を合体して江戸川区を編成するというものでした。小松川町は、荒川放水路以西であるため、東京市案では亀戸《かめいど》区に属していました。しかし、郡役所が小松川町にあったことや、中川以東との地縁的なつながりから、江戸川区となり、郡役所がのちに区役所になっています。その後、三五区が二三区になっても、江戸川区として現在に至っています。

3 そして、海

葛西海苔《のり》の採取はすでに寛永《かんえい》期（一六二四～四四）の頃から行われ、文政期（一八一八～三〇）頃からは「ひびそだ」を立てて養殖するようになっていました。明治初年には時代の余波を受けて、漁業全般同様、海苔の養殖も進展しなかったようです。しかし、一八八一（明治十四）年頃から、東宇喜田《ひがしうきた》村の森興昌《もりおきまさ》や佐久間七郎兵衛らの尽力によって、同村を中心に乾海《ほしの》苔《り》が作られるようになり、明治二十年代から急激に発展をみせるようになりました。葛西地区には、乾海苔創業の功績を刻んだ石碑が、今も数基残っています。

かつては地場産業として栄えた海苔養殖も、戦後の経済復興に伴う工場排水や、人口増加に伴う生活排水の流入のため水質が変化し、しだいに減産の道をたどり、一九六二（昭和三十七）年、東京湾整備計画とも関連して、ついに葛西浦漁業組合が漁業権を放棄し、海苔養殖もその幕を閉じるに至りました。

川と海に囲まれた江戸川区は、古くから大小の風水害におびやかされてきました。江戸時代からしばしば洪水対策がはかられてきましたが、根本的対策は明治になってからでした。しかし、その後も風水害の被害はあとを絶たず、一九一〇年の洪水、一九一七（大正六）年の高潮、一九四七年のカスリン台風、四九年のキティ台風、五八年の狩野川《かのがわ》台風などが大きな被害をもたらしています。

一九一〇年の洪水は、荒川放水路の開さくを促し、一七年の高潮以来修築を繰り返してきた海岸堤防は、三四年の高潮対策事業として一新することとなりました。カスリン・キティの両台風を経て、一九五七年に護岸が完成しています。

4 本章の構成

江戸川区を五つの地域に分け、それぞれの地域性にふさわしいテーマをかかげて、その地域性を探ることとします。

第一節は、近世の東西交通の要衝であった小岩を取り上げ、古代・中世・近世を通じて江戸と房総を結ぶ通過点であったことが、そのまま近代にも引き継がれていったことを紹介します。

第二節は、篠崎を取り上げ、区内最古の神社といわれる浅間《せんげん》神社と、明治・大正時代にさかんであった江戸川区の富士信仰を紹介します。

第三節は、江戸時代の小松川に住んで、御鷹場《おたかば》を支えた役人の活動とその舞台を紹介します。

第四節は、江戸への舟運の要だった新川《しんかわ》と、その沿岸にスポットをあてます。江戸川区の南部を東西に流れる新川は、現在の旧江戸川最下流部と荒川・中川最下流部をつなぐ運河です。江戸時代のはじめに整備されました。江戸東郊の低地にひろがる農村地帯は、運河による舟運の便を活かし、生鮮野菜を江戸市中へ供給してきました。

第五節は、区域の南に広がる東京湾の沿岸地帯の盛衰です。明治時代にさかんになった海苔養殖と貝採取ですが、東京湾の埋め立てや水質汚染により漁業権を放棄するに至っています。そして、そこには新たな陸地と都市が出現しました。

（樋口政則）

第一節

東京の東の玄関

―小岩《こいわ》―

樋口政則

国立博物館蔵）

みる

江戸時代、小岩は佐倉街道《さくらかいどう》が通る房総《ぼうそう》から江戸への玄関口だったため、江戸の防衛上、江戸川河畔《かはん》に関所と渡し場が設けられ、渡し船が利用されました。近代になって架橋《かきょう》され、東京の東の玄関口になります。

図1‐1は水戸佐倉道《みとさくらどう》を描いた『水戸佐倉道分間延絵図《ぶんけんのべえず》』の小岩・市川関所《いちかわせきしょ》・江戸川《えどがわ》の部分です。

分間延絵図とは江戸幕府が作成した五街道《ごかいどう》の測量絵巻《えまき》のことです。一八〇〇（寛政《かんせい》十二）年に、道中奉行所《どうちゅうぶぎょうしょ》が主体となり、勘定所《かんじょうしょ》や普《ふ》請役《しんやく》の役人たちを派遣し、実地の測量や宿駅の明細書上を集めるなどして、一八〇六（文化《ぶんか》三）年に完成させました。縮尺は一里を七尺二寸（二・一八m余）とするもので、およそ一八〇〇分の一にあたります。問屋場《といやば》・本陣《ほんじん》・脇《わき》本陣・社寺などは特に詳細に描かれており、街路も一里塚《いちりづか》・橋梁《きょうりょう》などを丁寧に記入した詳細な絵図です。

図1‐1で、図面右から来て中央の三叉路（現北小岩《きたこいわ》三丁目）で下に折れ、川を渡るのが佐倉道①です。この三叉路から左上にのびる道には「元佐倉通り逆井道《さかさいみち》、江戸両国橋江道法三里」②と記されています。この道は江戸時代初期に造成された軍用道路でした。

図1‐1に掲げたのは、三叉路から小岩一里

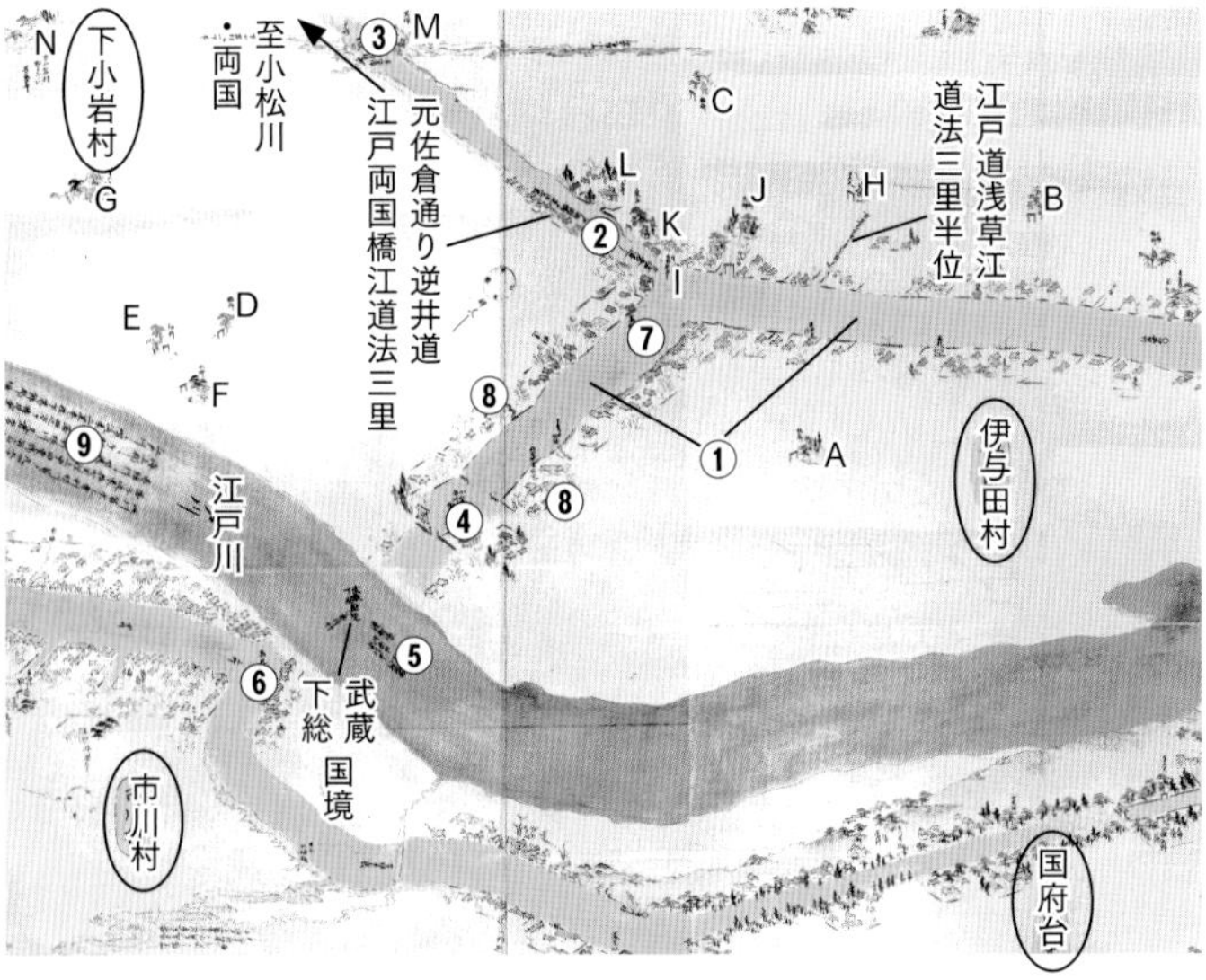

①佐倉道
②元佐倉道（現千葉街道）
③一里塚
④小岩市川御関所
A稲荷（現不明）
B稲荷（現不明）
C稲荷（現小岩神社内）
D稲荷（現不明）
E稲荷（現不明）
F水神（現不明）
G第六天（現不明）
⑤渡船場　河原巾百間余，常川巾八十間余
⑥⑦高札
⑧御関所番住宅
⑨江戸川の流路の説明
H第六天（現不明）
I庚申塔（現宝林寺所在か）
J稲荷天神（現北野神社）
K法林寺（現宝林寺）
L晴立寺（現本蔵寺）
M天王（現北野神社へ合祀）
N善養寺

1-1『水戸佐倉道分間延絵図』(部分，東京

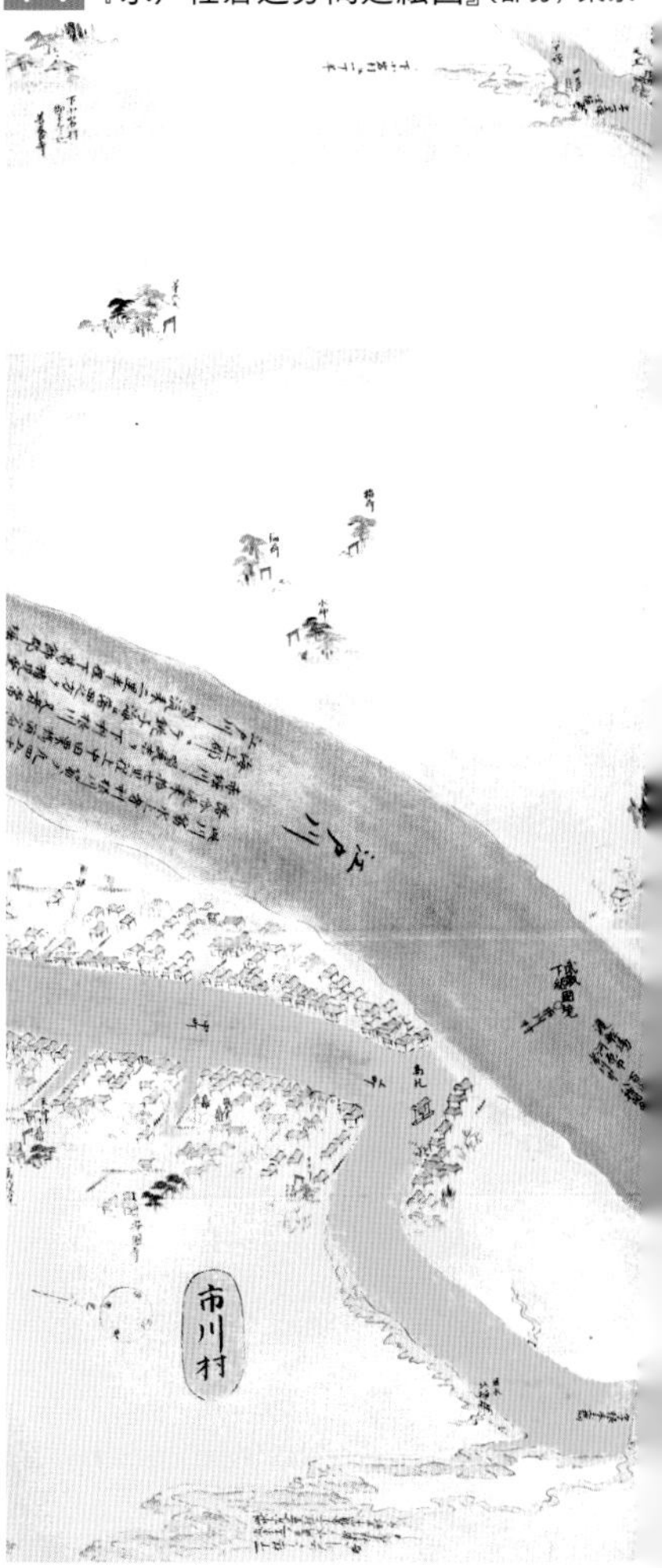

塚③（昭和の中頃まで残存、現在の東小岩《ひがしこいわ》三丁目付近）に至る区間ですが、元佐倉道《もとさくらみち》の道筋はこの道の先にある小松川村の逆井の渡しまで行き、中川《なかがわ》（現在の旧中川）を渡って竪川《たてかわ》の北岸をまっすぐに両国《りょうごく》へ向かっていきます。

佐倉道と江戸川の交差するところに渡船場と、小岩市川関所④が見えます。絵図の川の中に「渡船場／河原巾百間余、常川巾八十間余」と、河原幅と江戸川の通常時の川幅が書かれています⑤。関所には木戸門《きどもん》が設けられ、前後には高札《こうさつ》⑥⑦があります。ここは房総《ぼうそう》から江戸へ入る重要な玄関口だったため、防衛上、関所が設置され、橋は架けられずに渡し船が利用されました。

関所に隣接して「御関所番住宅」⑧が見えます。関所付近の街道筋《かいどうすじ》は御番所《ごばんしょ》町と呼ばれ、「佐倉道（元佐倉道）の小岩の駅（宿場《しゅくば》）」と『徳《とく》川《がわ》実紀《じつき》』（一六七四〈延宝《えんぽう》二〉年）に書かれたものにあたると考えられます。

また、武蔵《むさし》と下総《しもうさ》の国境でもある江戸川については、その流路が説明⑨されています。

明治に入ると、小岩市川関所を含め、全国に設けられた重要な関所は、新政府によってすべて廃止されました。

それでは頁を改めて、この佐倉道と周辺地域の近代に焦点を当てていきましょう。

よむ

街道から鉄道へ

江戸と房総《ぼうそう》を結ぶ佐倉街道《さくらかいどう》（元佐倉道《もとさくらみち》）は、明治時代に入って千葉《ちば》街道と改称され、周辺には鉄道も整備されていきます。小岩《こいわ》駅周辺の発展とともにその様子を見てみましょう。

元佐倉道から千葉街道へ

江戸時代末期、江戸無血開城《むけつかいじょう》を不満とする旧幕府兵と官軍が市川《いちかわ》で衝突し、一部は小岩で戦闘に及びました。江戸の脱走兵や、房総の旧幕府軍が小岩・市川に集結したのは、江戸と房総を結ぶ要路だったからです。戦いが終結し、一八六九（明治二）年に小岩市川関所は明治政府により廃止されました。

元佐倉道は一八七五年に千葉街道と改称され、道幅も拡張されます。先に橋が架けられたのは、中川《なかがわ》（現旧中川）を渡る逆井《さかさい》の渡し場でした。

この逆井橋は、中川をはさむ亀戸《かめいど》村と小松川《こまつがわ》村の共同出資により一八七九年に架橋《かきょう》され、費用を補うために橋銭《はしせん》（通行料）を一八九四年まで徴収しました。

そして逆井橋架橋から一五年後、一八九四年七月に、市川―佐倉間に総武《そうぶ》鉄道（現JR総武線）が開通し、同年十二月には本所《ほんじょ》（現錦糸町《きんしちょう》駅）まで延伸しました。

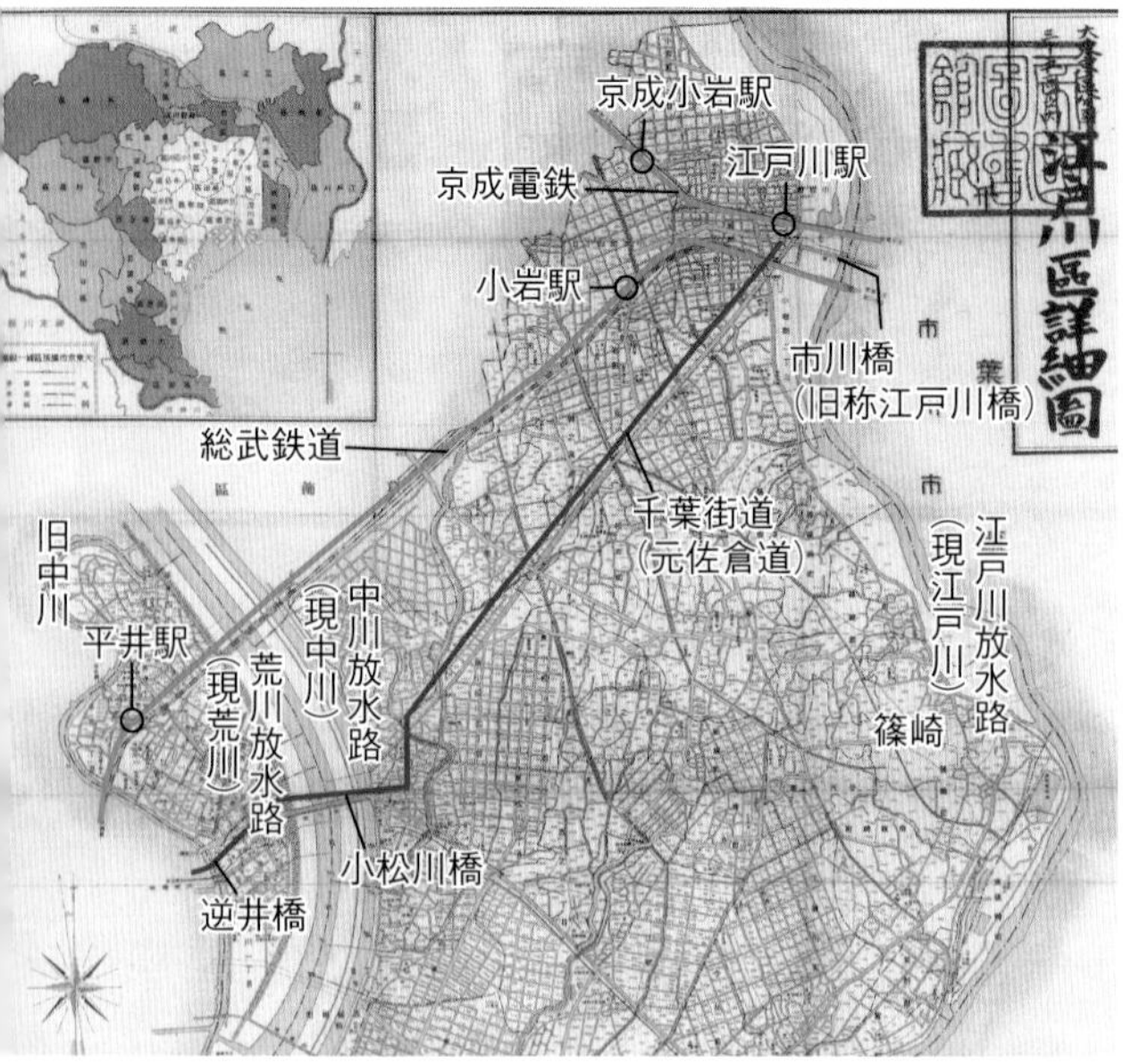

1-2 「江戸川区詳細図」（1941年，部分，大東京区分図三十五区之内，国立国会図書館蔵）

1-3 江戸川鉄橋を渡る蒸気機関車（年代不詳）

鉄道と橋

総武鉄道の開業当時、現在の江戸川区内に駅はなく、蒸気機関車が煙を吐いて通過するだけでした。区内最初の駅は一八九九（明治三十二）年四月に開業した平井《ひらい》駅（平井三丁目）です。その一ヵ月後に小岩駅（南小岩七丁目）が開業しました。現在のように高架ではなく、田園風景のなかに駅舎が遠くからも望めました。

俳人で当時新聞記者だった正岡子規《まさおかしき》は、車窓からの風景を次のように詠んでいます。

村もなく只冬木立《ただふゆこだち》まばらなり
兵営や霜《しも》にあれたる国府《こう》の台
冬枯やはるかに見ゆる真間《まま》の寺

敷設された当初の総武鉄道から眺める小岩・市川の景色は町というにはほど遠く、閑散とした雰囲気が子規の句から読みとれます。

一九〇五年になって、ようやく小岩・市川の渡し場に、当時は江戸川橋と呼ばれた木造橋が架けられました。同年に総武鉄道の本所―両国間が開通し、都心から成田《なりた》（成田鉄道）まで鉄道で結ばれることになります。一九〇七年に複線となりました。

　一九一二（大正元）年には、現在の京成《けいせい》電鉄が押上《おしあげ》―江戸川（当時の名称は伊予田《いよだ》駅。現江戸川駅の少し川寄りに位置）間に開通しました。江戸川の架橋工事は難航し、軍の鉄道連隊に工事を依頼して、一九一四年に鉄橋が開通しました。その後、一九一五年に京成電鉄の線路は中山《なかやま》（現船橋《ふなばし》市）まで延伸されました。

　一九一〇年八月の利根川《とねがわ》水系の大洪水の被害を契機に、一九一四年から一九三〇（昭和五）年にかけて江戸川の改修工事（第一次）が行われました。行徳《ぎょうとく》村（現市川市）に江戸川放水路（現江戸川）が掘られ、小岩から篠崎《しのざき》にかけて大規模な護岸工事が行われました。

1-4 昭和通り商店街（小岩駅南口）

　一九一三年から三〇年にかけては、荒川放水《あらかわほうすい》路《ろ》（現荒川）の掘削《くっさく》工事が行われました（二章四節参照）。この開削で中川が分断されて、東に荒川放水路に並行する中川放水路（現中川）ができ、西側には旧中川が残りました。

千葉街道は、小岩から旧中川の逆井の渡し場までを直線で結んだ旧元佐倉道です。荒川（放水路）に小松川橋が最初に架けられたのは一九二二年です。

　木造の江戸川橋は一九二七年に鉄橋に改修され、市川橋と改称されました。これと同時に京成電鉄の江戸川鉄橋も複線化します。一九三〇年には京成電鉄が現在の京成成田駅まで達し、三二年に京成小岩駅が開設されました。

小岩の市街化――全国初の駐輪場

　明治から昭和にかけての道路整備と鉄道の発達、大正から昭和にかけての耕地整理によって、小岩駅を中心に周辺の市街地化が進み、商業区域が整えられます。特に千葉街道の沿道に街区が発達します。

　一九二三年の関東大震災後の復興事業としての土地区画整理事業と、三三年の総武線電化により、急速に居住人口が増えました。それに伴って小岩に商店街ができますが、ほとんどは急増した地元消費者の需要により発展したもので、広域型の商業地区ではありませんでした。

　一九六二年に市川橋の上流側に新しい橋が開通しました。一九六四年十月七日、東京オリンピックの聖火も新しく架設した市川橋を渡って東京に入っています。一九六六年には旧市川橋の嵩上げが完了し、それぞれ一方通行の二つの市川橋が並びました。国道一四号線（千葉街道）の交通量の増大によるものです。

　一九七二年の総武線複々線化と高架化に伴って小岩駅にショッピングセンターができ、これが周辺小売り商店に影響を与えています。また、交通の発達も、「日用品は地元で買うが、高価なものほど都心へ流失している」（一九七四年「小岩駅周辺地区商業調査」）ともいわれました。

　一九七三年、全国で初めての自転車用公営駐輪場「自転車パーク」が小岩駅に隣接する高架下に設置されました。人口が急増して自転車利用も増えたため、駅周辺の駐輪による混雑緩和に向けて、翌年にも拡幅して合計一二〇〇台を収容しています。一九八〇年には、小岩駅の北口に大型商業店舗が進出しています。

1-5 小岩駅南口ロータリー（1968年）

　その後、二〇〇七（平成十九）年に「ＪＲ小岩駅周辺地区まちづくり基本計画」が策定され、整備が続けられています。

あるく

小《こ》岩《いわ》の道と歴史をたどる

京成《けいせい》本線の江戸川駅周辺に遺る史跡を訪ねてみましょう。

小岩市川関所跡《こいわいちかわせきしょあと》

江戸川駅の南に小さな三叉路があります。このあたりがかつての御番所《ごばんしょ》町で、東に向かえば小岩市川関所（北小岩三丁目）のあった江戸川河川敷に至ります。南に行けば、蔵前橋《くらまえばし》通りにぶつかります。この蔵前橋通りの江戸川を渡る橋が市川橋です。市川橋周辺には、江戸時代から明治にかけての発展の様子のうかがえる遺物・遺跡がよく残っています。

一六三二（寛永《かんえい》九）年に江戸と本行徳《ほんぎょうとく》（現市川市）を結ぶ行徳船《ぎょうとくぶね》が幕府に公認され、その前年には関東の定船場《じょうふなば》の大半が関所となり、全国の関所も確定しました。本行徳の河岸から北上すると佐倉道《さくらみち》に出ることができました。

明治以降、元佐倉道《もとさくらみち》は千葉街道《ちばかいどう》となって道幅を広げ、房総《ぼうそう》への幹線道路の一つとなりました。現在は御番所町手前で蔵前橋通りに入り、市川橋で対岸に渡ります。この道は、今も房総への通路であり、船橋《ふなばし》・千葉、東金《とうがね》や佐倉・成田《なりた》へとつながっています。

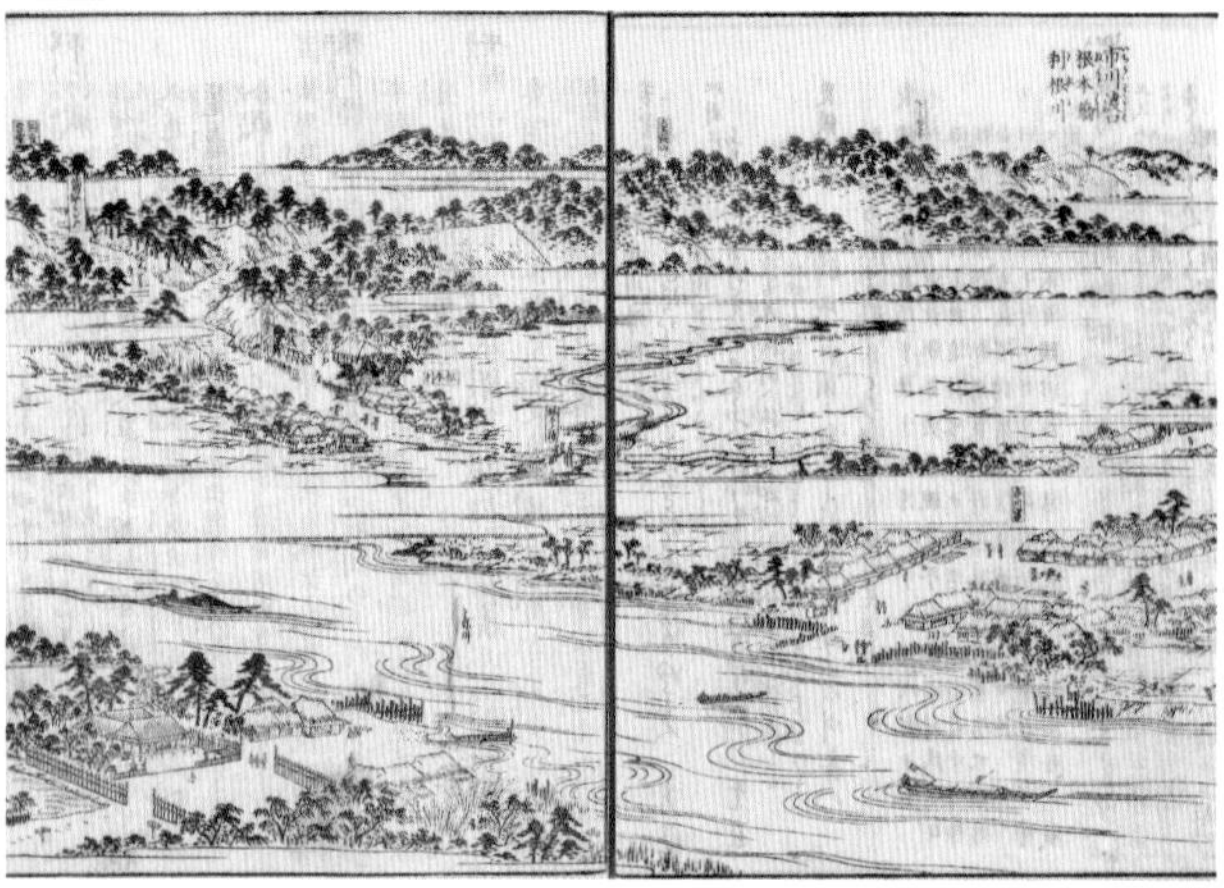

1-6 小岩市川渡し（『江戸名所図会』国立国会図書館蔵）

旧道の遺物

慈恩寺道《じおんじみち》の石造道標①は、一七七五（安永《あんえい》四）年の建立で、正面には「右せんじゅ岩附志おんじ道」（千住岩槻慈恩寺道）、左は元佐倉道で「左り江戸本所ミち」と刻まれています。慈恩寺（天台宗）は坂東三十三観音霊場《ばんどうさんじゅうさんかんのんれいじょう》十二番の札所《ふだしょ》です。

この道標のほかにも、交差する道筋の道標がいくつかあり、そのうちの二基が江戸川駅の北側の店舗前に移築されて残っています。一基は伊予田《いよだ》の観世音道道標②で、浅草観音《あさくさかんのん》、つまり浅草寺《せんそうじ》をめざす道標です。浅草寺は坂東三十三観音霊場十三番の札所です。もう一基は成田道の道標で、成田詣でのためのものでした。

京成線江戸川駅の南にも、図1-1に晴立寺《せいりゅうじ》と書かれた神社や寺院があります。絵図に描かれた本蔵寺《ほんぞうじ》③には、代々小岩市川関所の役人を務めた中根《なかね》氏の墓があります。宝林寺《ほうりんじ》④には、小岩市川の渡し場に建てられていた常灯明《じょうとうみょう》が移設され、保存されています。一八三九（天保《てんぽう》十）年に建造された石造の灯籠です。

小岩菖蒲《しょうぶ》園とムジナモ発見の地

京成線のガード下から上流部にかけての河川敷に小岩菖蒲園⑤があります。地元の方が丹精込めて育てた菖蒲をここに移植し、許可を得て一九八二（昭和五十七）年に区営の菖蒲園として開園しました。

この場所は、一八九〇（明治二十三）年に植物学者牧野《まきの》富太郎《とみたろう》が食虫植物の水藻である「ムジナモ」（国指定天然記念物）を発見したところでもあります。発見一〇〇周年を記念して建立された〈ムジナモ発見の地〉記念碑⑥があります。

青果市場跡

現在、小岩アーバンプラザ⑦の建つ、総武《そうぶ》線の線路際に、かつて東京都中央卸売市場《ちゅうおうおろしうりしじょう》の江《こう》東《とう》市場小岩分場がありました。もともと民営の青果市場でしたが、一九五七年に東京都が認可して小岩配給所となり、六一年に東京都が買収して八四年まで業務を続けました。跡地は区で購入し、文化活動とスポーツ活動の両方ができる区民施設の小岩アーバンプラザが建設され、一九九一（平成三）年三月にオープンしました。

小岩駅

総武鉄道（現JR総武線）小岩駅⑧は一八九九年、まだ農家の点在する田園風景の中に開業しました。一九四六年に北口を新設、四九年には駅舎の改築も行われました。

しかし、一九六九年から七二年の複々線工事で高架となり、旧駅舎は姿を消しました。新しい駅舎は一九七二年七月に開業しています。その五年後、一九七七年に北口広場が完成しました。

⑧旧小岩駅南口1970年代後半（江戸川区郷土資料室蔵提供）

⑦小岩アーバンプラザ

1-7 小岩周辺

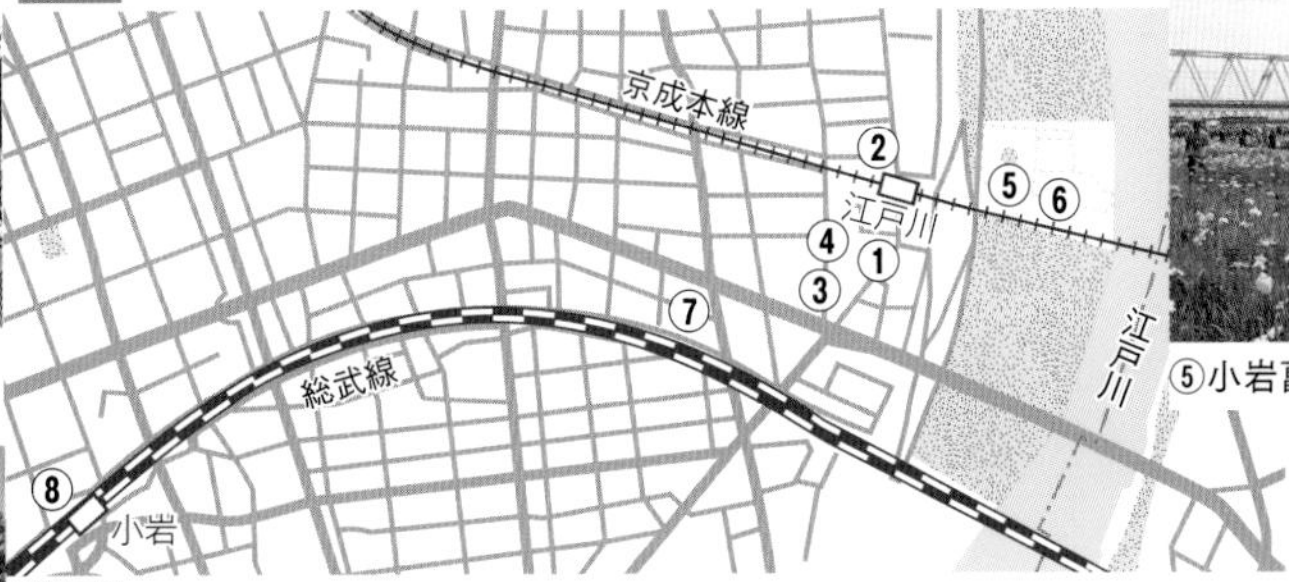

1-8 元佐倉道（赤枠は図1-7の範囲）

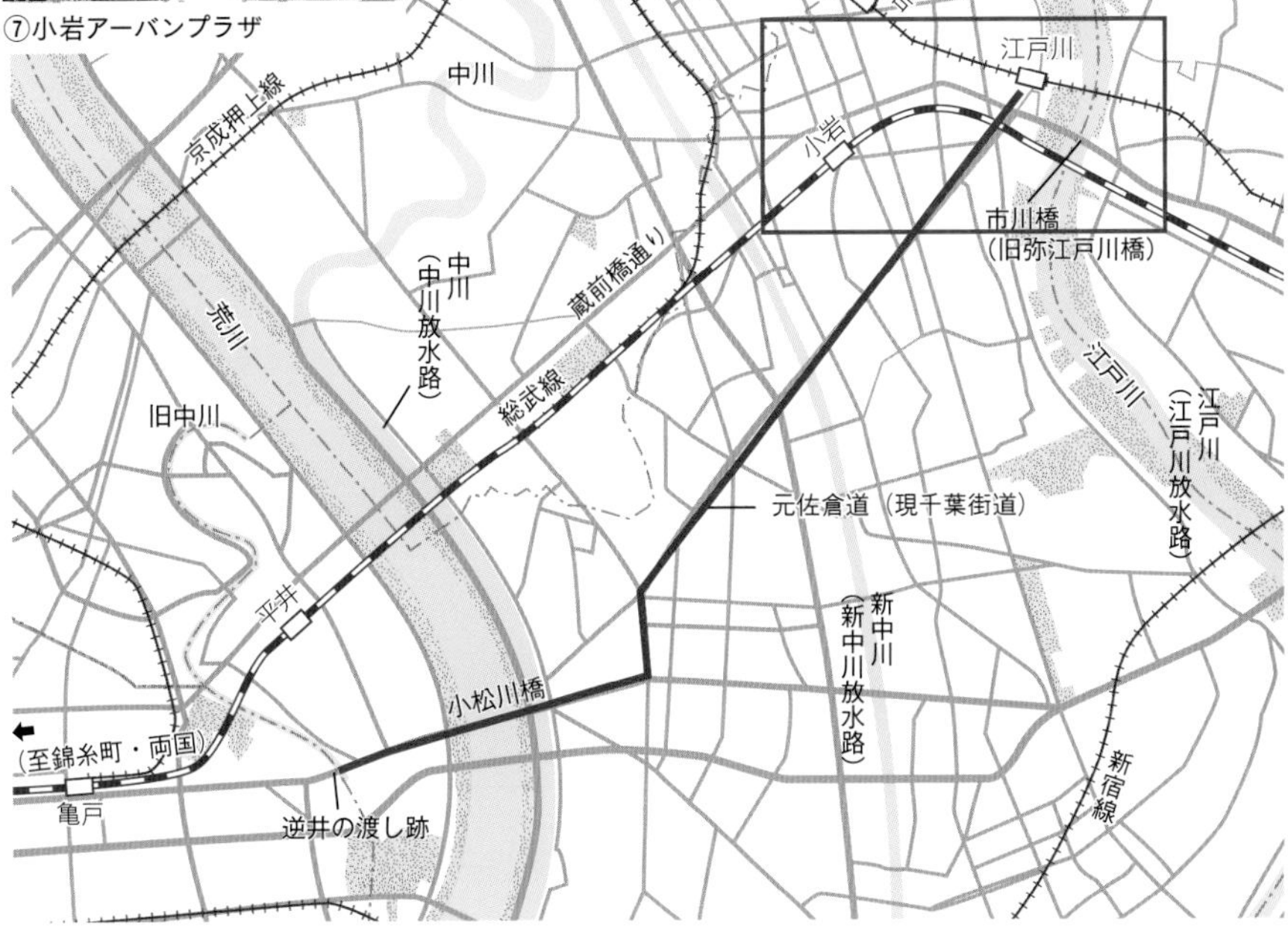

⑤小岩菖蒲園

⑥ムジナモ発見

①慈恩寺道の石造道標

②伊予田観
道標

③本蔵寺にある中根氏の墓

④宝林寺
明（201
月，境内
工事の
時付近へ

第四章 江戸川区

第二節

御《お》鷹《たか》場《ば》と綱《つな》差《さし》

―小《こ》松《まつ》川《がわ》―

樋口政則

みる

江戸川区の西側に位置する小松川地区は、江戸時代には将軍《しょうぐん》が鷹狩《たかが》りを行う御鷹場でした。ここには、鷹狩りの獲物を飼育する者をはじめとして、鷹狩り制度に関連する仕事に従事する人びとがいました。彼らが活躍した小松川地域と、その特色を探ってみましょう。

2-1 「綱差初之事」（「御場御用一件」第一冊，国立公文書館蔵）

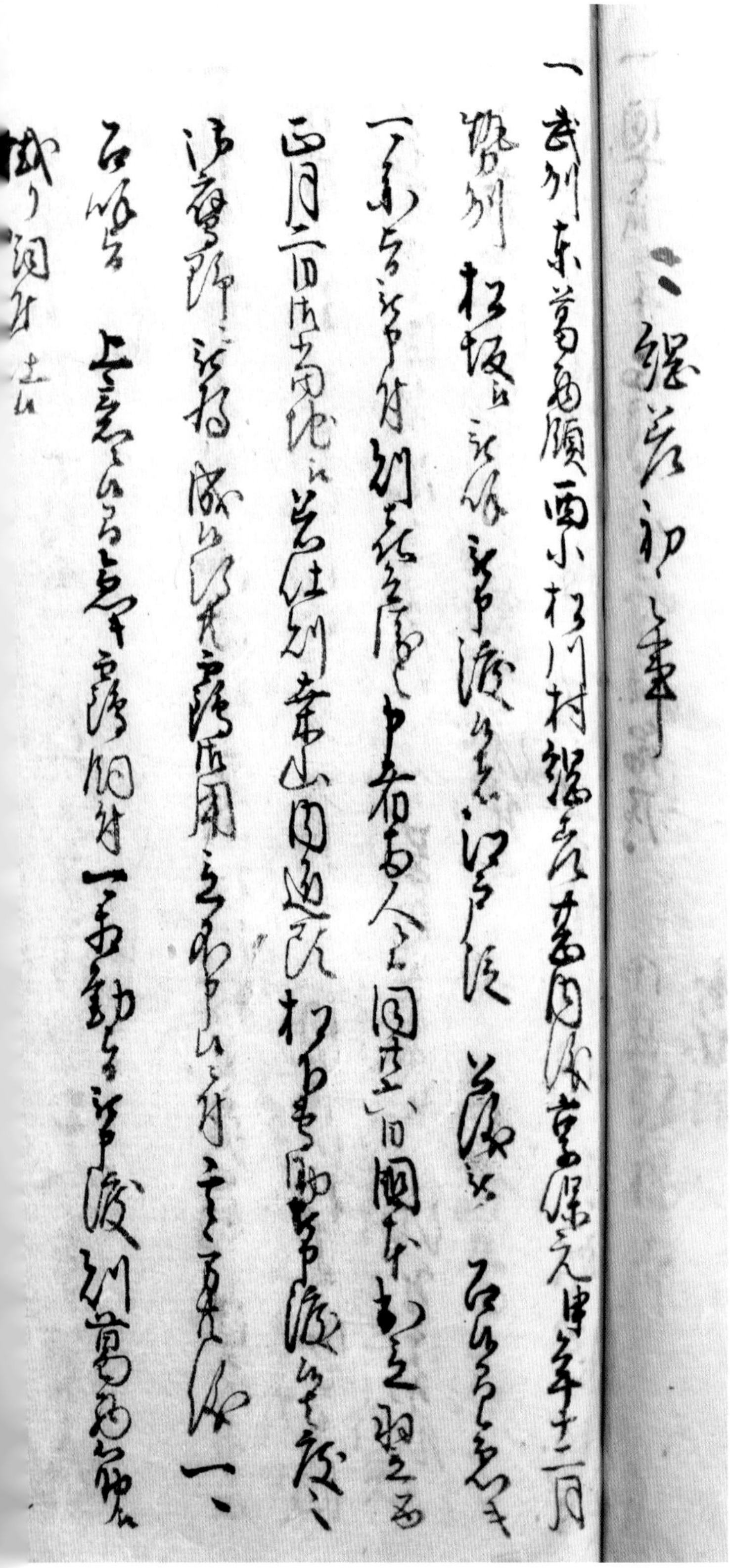

釈文

（／は改行）

綱差初之事

一武州東葛西領西小松川村綱差甚内儀、享保元申年十二月、／勢州松坂江被呼被申渡候者、江戸従　公儀被　召候間、急キ／可参旨被申付、則喜兵衛与申者両人ニ而同廿六日国本出立、翌酉／正月二日御当地江着仕、則桑山内匠頭・松下専助被申渡候者、度々／御鷹野ニ被為　成候得共、鶴御用立不申候ニ付、其方共儀可／召呼旨　上意ニ候間、急キ鶴飼付可相勤旨被申渡、則葛西筋江／掛り飼付仕候

現代語訳

綱差《つなさし》初めのこと

武蔵《むさし》国東葛西《ひがしかさい》領の西小松川《にしこまつがわ》村の綱差甚内《じんない》という者、享保《きょうほう》元年十二月に伊勢《いせ》国松坂《まつさか》へ召《しょう》還《かん》され、命じられたことには、江戸の公儀《こうぎ》よりの召出《めしだ》しであるから、喜兵衛とともに至急江戸へ参上せよとのことでした。二人は十二月二十六日に国元《くにもと》を出立《しゅったつ》、翌享保二年正月二日に江戸に着き、桑山内匠頭《くわやまたくみのかみ》、松《まつ》下専助《したせんすけ》から、再三鷹狩りに出てもなかなか鶴が得られないので、早々に鶴の飼付《かいつけ》に従事するよう申し渡され、葛西筋の鶴飼付をはじめました。

＊御鷹野　鷹狩りのこと。
＊飼付　ここでは主に鶴の飼付を指す。
＊桑山内匠頭（盛政）、松下専助（伊賀守《いがのかみ》当恒）　吉宗の将軍就任に伴い紀州藩士より幕臣《ばくしん》に転じ、小納戸《こなんど》に就任。のちに「御場掛《おんばがかり》」と呼ばれる鷹場関係の実務を担当した。

図2－1は、江戸幕府《えどばくふ》の鷹狩《たかが》りの記録である「御場御用一件《おんばごよういっけん》」の一節です。これは一七九〇年代（寛政《かんせい》期頃）に鳥見《とりみ》（「よむ」参照）によって編集されたものです。江戸幕府八代将軍《しょうぐん》の徳《とく》川《がわ》吉宗《よしむね》のときに設置された「綱差《つなさし》」の成立事情を伝えています。

綱差とは、鷹狩りのとき確実に獲物が捕れるよう、獲物確保のため、村々で鶴やその他の鳥や獣を、監視したり餌付《えづ》けすることを通じて飼い慣らし、囮《おとり》にするなど、御鷹場《おたかば》の環境を整える役職です。図2－1の冒頭では、小松川《こまつがわ》に住んでいた綱差の牧戸《まきど》（のちに加納《かのう》に改姓）甚内《じんない》が一七一六（享保元《きょうほう》）年十二月に江戸へ召し出され、翌年正月に「御場所御用《おんばしょごよう》」、つまり将軍の鷹場の御用を務めるよう、申し渡されています。

甚内の家は、「御由緒書上《ごゆいしょかきあげ》」によると、もともとは伊勢国飯野郡《いせのくにいいのぐん》の西野々《にしのの》村（現三重県松阪《まつさか》市）の出身で祖父の代から三代にわたり、紀《き》州《しゅう》藩《はん》にて鷹狩りの御用を務めていました。

その後、紀州藩出身の吉宗が将軍に就任すると、甚内は召し出され、西小松川《にしこまつがわ》村の名主《なぬし》、甚左衛門方に寄宿し、現在の江戸川区も含まれる葛西筋《かさいすじ》（将軍家の御鷹場の一つ。「よむ」参照）に配置されました。

低湿地が多かった葛西筋には、鶴や雁《かり》などの水鳥が多く飛来し、小松川での鷹狩りでも獲物となった鳥の多くは水鳥でした。江戸幕府編纂の史書『徳川実紀《とくがわじつき》』などを拾うと、鶴・黒鶴《くろづる》・玄鶴《げんかく》・真鶴《まなづる》・鷭《ばん》といった鶴の仲間、五位鷺《ごいさぎ》や朱《と》鷺《き》といった鷺の仲間、そして白鳥《はくちょう》や雁・鴨《かも》の仲間が捕獲されていました。鷭はツルではなくクイナの仲間、黒鶴と玄鶴はいずれもナベヅルの別称のようです。

鶴を得意とした甚内は、当時最も鶴が飛来した葛西筋に配置されたわけですが、鷹狩りで将軍が見事鶴を捕獲した功労をかわれ、褒美をもらい、将軍に随行《ずいこう》した御側衆《おそばしゅう》加納遠江守《かのうとおとうみのかみ》の名字と紋所《もんどころ》を拝領《はいりょう》しました。以来、加納家は加納甚内を代々名乗ることを許され、幕末にいたるまで綱差役を世襲しました。

2-2 江戸時代の絵入り百科事典『和漢三才図会』巻41（水禽類），巻7（人倫類）より（国立国会図書館蔵）

鷹匠　つる

よむ

鷹《たか》狩《が》りと村々

ここでは小松川《こまつがわ》でも行われていた江戸時代の鷹狩りと、御鷹場《おたかば》の村々での生活についてみてみましょう。

鷹狩り制度の変遷と鷹場組合

江戸幕府初代将軍の徳川家康《とくがわいえやす》は、生涯を通じて頻繁に鷹狩りを行いました。鷹狩りは古くから身分の高い者が独占し、「君主の猟」として、権力の象徴でもありました。将軍の鷹狩りで鷹が獲った鶴を「御鷹の鶴」と呼び朝廷へ献上し、恒例の行事としました。

三代家光《いえみつ》の代になると、家康や二代将軍秀忠《ひでただ》のときとは異なり、江戸周辺御鷹場で鷹狩りをするようになりました。家光もたびたび葛西筋《かさいすじ》で鷹狩りをしています。朝廷へ献上する鶴は小松川でも捕獲されています。

しかし、徳川綱吉《つなよし》が五代将軍に就任し、生類《しょうるい》憐《あわれ》みの政策がとられるようになると、一六九三(元禄《げんろく》六)年に鷹狩りは中止されます。

一七一六(享保《きょうほう》元)年、吉宗《よしむね》が将軍に就任すると、再び鷹狩りが復活し、同年、江戸周辺の村々は葛西《かさい》筋・岩淵《いわぶち》筋・戸田《とだ》筋・中野《なかの》筋・品川《しながわ》筋・六郷《ろくごう》筋の六地区に分けられ、御鷹場とされます。その後、品川筋は一七二五年に目黒筋《めぐろすじ》に、六郷筋は品川筋に改称されます(図2-3参照)。

各筋には鷹場組合が編成され、鷹場に関わる負担が一村に集中しないように各村々への振り分けや、法令などの伝達も担いました。この組合が順調に編成できない地域では、領ごとに組織されました。当時、小松川を含む武蔵国葛飾郡《むさしのくにかつしかぐん》は、東葛西《ひがしかさい》領・西葛西《にしかさい》領・二郷半《にごうはん》領・松伏《まつぶし》領・幸手《さって》領・島中川辺《しまなかかわのべ》領の六つの「領」に分かれており、現在の江戸川区域は東葛西領に属していました。東葛西領はさらに、北半分は上之《かみの》割《わり》、南半分は下之《しもの》割《わり》と称され、小松川は下之割に属していました。この二地区がそのまま鷹場組合を結成していました。

御鷹場と鳥見《とりみ》

この頃の関東の村々の多くは幕府領(幕領)で、代官が各地を支配していましたが、大名や旗本《はたもと》の領地(知行《ちぎょう》地)、寺院や神社の朱印《しゅいん》地などもあり、支配は一様ではなく複雑でした。そこで、これらを一括して幕府が把握するために御鷹場が利用されました。各筋に「鳥見」という役人を置き、鷹場の維持と百姓《ひゃくしょう》の統制にあたりました。

葛西筋では、亀有《かめあり》と上小松《かみこまつ》の両村(いずれも葛飾区)に鳥見役所がありました。現江戸川区域には二ヵ村に旗本《はたもと》知行《ちぎょう》所、一ヵ村に寺院領がありましたが、ほとんどが幕府領にあたります。代官《だいかん》や領主の支配のほか、鳥見役人による規制や干渉も受けていました。

鷹場の村々における百姓は、将軍御成《しょうぐんおなり》をはじめ、鷹匠《たかじょう》や鳥見役人などの来村のため、人足《にんそく》としてかりだされました。また、江戸城で必要な物品の納入などの負担をしたほか、農作業や行事など生活全般にわたる制限も受けました。冬から春にかけて行われる鷹狩りが終わらないう

2-3 江戸周辺の六筋鷹場

ちは、耕作に取りかかることも許されませんでした。葛西筋ではしばしば起こる洪水によって、早稲《わせ》の栽培を余儀なくされており、苗代《なわしろ》作りの遅れは致命的でした。

一方、鳥見役人は鷹場の管理が任務ですが、実際には村々の細部にわたる支配権限を持っていました。鷹場の法令である鷹場《たかば》法度《はっと》の遵守《じゅんしゅ》を監視し、法令の伝達・願書の取次・農作業の許可・家作新築改築の許可・飼犬の調査と取締りなどにあたりました。さらに、田のすき返しや水掛けの時期の指示、用水施設や道路・橋の修復の指示などのほか、立木伐採・堀浚《ほりさら》い・種まき時期の指定・許可、祭礼や行事開催の許可なども鳥見の権限でした。

鳥見はそのほか、石高《こくだか》調査、農間余業や兼業の調査など、本来は領主の権限に属すものまで担当していたといいます。もっとも、これらは鷹狩り、鷹場の維持に影響を与える場合に限られていたようで、幕府代官にかわる存在ではありませんでした。

綱吉の生類憐みの政策により鷹狩りが中止されたとき、鳥見職も一六九六年に廃止され、鷹場の支配が代官や各領主に移管されました。吉宗が将軍に就任して鷹狩りが復活すると、鳥見も復活しました。そして、鳥見が管理する御《お》拳場《こぶしば》（将軍の鷹狩り場で、先述の六つの筋）と、幕府鷹師頭《たかしがしら》（鷹匠頭《たかじょうがしら》）が管轄する捉飼場《とりかいば》（御拳場の外側の関東の一〇七万石ともいわれる地域）、将軍家より御三家《ごさんけ》（尾張・水戸・紀伊徳川家）へ下賜された恩賜《おんし》鷹場《たかば》が設けられたのです。

葛西筋では、十八世紀の半ばまでに吉宗・家《いえ》重《しげ》（九代）、家治《いえはる》（一〇代）の将軍三代により、多くの鷹狩りが行われました。

綱差《つなさし》としての暮らしと加納《かのう》甚内《じんない》

鶴は鷹狩りでも最上の獲物で、その分、綱差の役目は重要でした。将軍の鷹狩りで獲物がとれないことは、将軍の威信に関わったからです。

とは言っても、綱差は元来は百姓であり、幕府役人の末端に位置しましたが、暮らしは楽ではありませんでした。加納甚内のように幕末までその職を世襲できたのは、もっぱらその技量によるものです。

加納家に、「綱差秘術の事」という古文書が残されています。それによると、綱差は朝早く野に出て、終日獲物となる鳥の棲息状態を観察し、餌をまき、日没まで歩き回ります。弁当も田の畔《あぜ》で食べました。さらに綱差の仕事ばかりでなく、自分の田畑の農作業もありました。

しかも、鷹狩りはいつ行われるかわかりません。突然の将軍御成にそなえて、こうしたことが日常的に繰り返されました。それでも御成があれば、褒美にあずかることもありましたが、御成がなければ、すべての労苦は報われずにおわるのです。

そんな加納甚内の住まいは、西小松川村の仲《ちゅう》台院《たいいん》（現在の西小松川町）に隣接していました。この寺院は一七一七年以降、幕末まで、将軍の鷹狩りの際の御膳所《ごぜんしょ》（休憩所）の一つでした。

仲台院の西側には、一七二六年に甚内が将軍から拝領し、自ら切り開いた新田がありました。「綱差新田」「綱差耕地」と呼ばれていましたが、大正初年の荒川放水路《あらかわほうすいろ》の開削によって失われています。

甚内は一七四四年二月十三日（寛保《かんぽう》三年十二月三十日）、七九歳で没し、法名《ほうみょう》を「一衆院載誉浄運唯方居士」と号し、仲台院に葬られました。

2-4 仲台院（西小松川町）

あるく

小《こ》松《まつ》川《がわ》をあるく

かつては御鷹場《おたかば》としてその獲物も豊富だった小松川。今回はこの小松川に残された、地元の名所・史跡を訪ねてみましょう。

小松川の現在

①小松川境 川親水公園《こまつがわさかいがわしんすいこうえん》（中央四丁目・本一色《ほんいっしき》一丁目・西小松川町）

小松川境川は自然河川で、すでに江戸時代以前に東西に分かれていた小松川村（現在の東小松川・西小松川町・中央・松島《まつしま》・小松川付近）を東西に分ける形で流れていたので、このような名前になったといわれています。荒川《あらかわ》・中川放水路《なかがわほうすいろ》が開削されるまでは新川《しんかわ》に注ぎ、物資を運ぶ船も通航していました。

その後、親水公園化の計画が出され、一九八二（昭和五十七）年四月二十五日に通水式が行われ、八五年には小松川境川親水公園として完成しました。

この公園は本一色の境川橋を起点とし、途中で古い用水の跡や道路が交差する菅原橋《すがわらばし》交差点の北側の一角からの流れと合流して、江戸川総合文化センターの裏手を通って八蔵橋《はちぞうばし》へ、さらにグリーンパレス（区民センター）前を通って京《けい》葉《よう》道路（境川橋）をくぐり、江《え》戸《ど》川《がわ》競艇場《きょうていじょう》手前で中川に注ぐところまで続きます。

小松川に残る寺社

②新小岩厄除香取神社《しんこいわやくよけかとり》（中央四丁目）

旧西小松川村の鎮守《ちんじゅ》です。昔、国府台《こうのだい》（千葉県市川市《いちかわ》）に接する真間《まま》（同市）の低地に入り込んだ入江から武蔵国《むさしのくに》に向かう舟は、この神社の森を目印としたので、「間々井の宮」とも呼ばれるようになったといわれています。

境内《けいだい》には、「小松菜産土神《うぶすながみ》」の碑が建てられています。吉宗《よしむね》が鷹狩《たかが》りで、この神社に立ち寄った際、食した地元の青菜に喜び、地名から「小松菜」と命名したという言い伝えが残っています。

③東小松川香取神社（中央四丁目）

旧東小松川村（現在の松江・松島・中央付近）の鎮守《ちんじゅ》で村社に列し、『日本書紀《にほんしょき》』に登場する経《ふ》津主命《つぬしのかみ》を祀っています。一二七七（建治《けんじ》三）年に勧請《かんじょう》されたといわれ、境内の大鳥居は一七八〇（安永《あんえい》九）年に建立後、一九九三（平成五）年に建て替えられました。古い鳥居は敷地に入った右側に並べられ、境内には「葛西囃子之碑《かさいばやしのひ》」があります。葛西囃子は江戸中期に葛西領で始められたという祭り囃子で、この碑は葛西囃子が一九五三年に東京都無形民俗文化財に指定されたのを記念して、囃子の保存伝承を図る東都葛西囃子睦会が一九五七年に建てたものです。

④仲 台院《ちゅうだいいん》（西小松川町）

「よむ」で触れたように、鷹狩り時の御膳所《ごぜんしょ》であった場所で、加納甚内《かのうじんない》の墓もあります。浄《じょう》土宗《どしゅう》の古刹《こさつ》で、無量 山西方寺《むりょうさんさいほうじ》といいます。

⑤源法寺《げんぼうじ》（東小松川二丁目）

浄土宗の寺で、増上 寺《ぞうじょうじ》（港区）一二世住職で、家康《いえやす》とも縁が深かった観智《かんち》国師《こくし》の法縁《ほうえん》といわれる故岳上 人《しょうにん》が一五七六（天正 四《てんしょう》）年に開山《かいざん》しました。三代将軍家光《いえみつ》から御朱印地《ごしゅいんち》六石《こく》を授けられた古刹です。慶長《けいちょう》年間（一五九六～一六一五）、この地に宇喜新田《うきしんでん》を開拓し、のちに源法寺を中興《ちゅうこう》する宇田川喜兵衛定氏《うだがわきへえさだうじ》（放岳上人）の菩提寺《ぼだいじ》で、墓地には宇田川家代々の墓があります。また、江戸町奉行 所《まちぶぎょうしょ》により歌舞伎《かぶき》興行を許された「江戸三座」の一つ、市村座《いちむらざ》の座《ざ》付作《つきさく》者《しゃ》で、一八一八（文政《ぶんせい》元）年に亡くなった福森《ふくもり》久 助《きゅうすけ》の墓もあります。

⑥善照 寺《ぜんしょうじ》（東小松川三丁目）

真言宗《しんごんしゅう》の寺で、医王山薬王院《いおうざんやくおういん》と号し、一五二二（大永《だいえい》二）年に入寂《にゅうじゃく》した隆範《りゅうはん》が開山し、一六六〇（万治《まんじ》三）年に入寂した頼玄《らいげん》が中興したと

2-5 小松川周辺

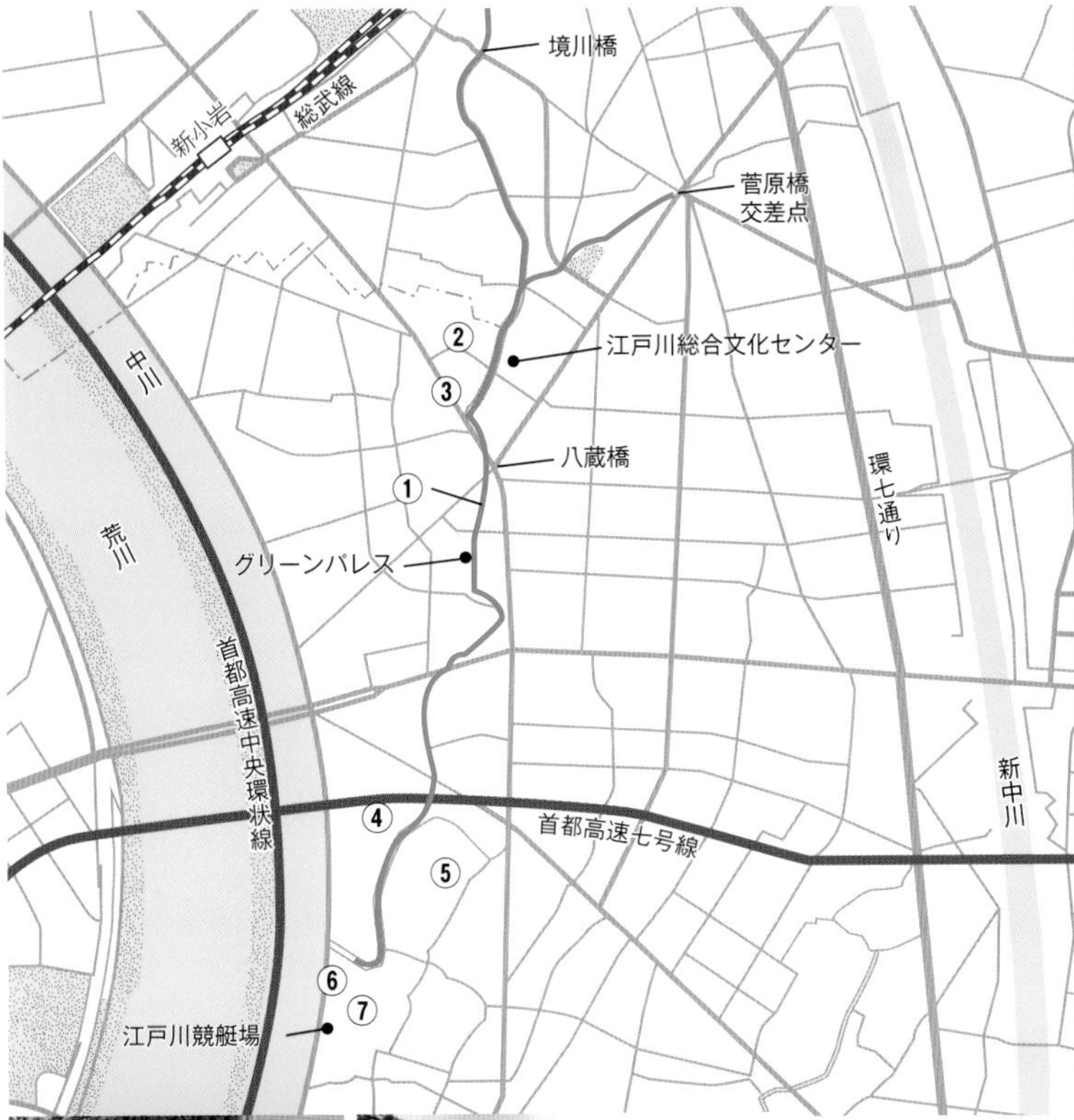

①小松川境川親水公園

上／②新小岩厄除香取神社の鳥居前
下／境内にある「小松菜産土神」碑

③東小松川香取神社
の葛西囃子の碑

④仲台院内の加納甚内の墓

⑤源法寺

いいます。古くから浮洲浅間神社（後述）の別当《べっとう》を務め、一六四八（慶安《けいあん》元）年に将軍家光《いえみつ》より六石の御朱印地を賜っています。

一六九九（元禄《げんろく》十二）年、横綱《よこづな》明石《あかし》志賀之助《しがのすけ》の引退相撲が当寺で興行されたと伝わり、不動尊《ふどうそん》の縁日に草相撲が行われたことから、「すもう寺」といわれるようになりました。一八七六（明治九）年には、この寺の本堂を教場にした、江戸川区で最初の公立小学校「葛西学校」が開校されました。

⑦浮洲浅間神社（東小松川三丁目）

一六四八年に家光から御朱印地六石を賜った神社です。船堀川《ふなぼりがわ》（中川。図2-5のさらに南を東西に流れる）向かいの旧東小松川村の飛地《とびち》の鎮守として祀《まつ》られ、荒川・中川放水路開削のため、現在は白髭《しらひげ》神社に合祀されています。区内でも古い神社の一つです。

第三節

水運と近郊農業

―新川《しんかわ》―

樋口政則

みる

江戸川区の南部を東西に流れる新川は、現在の旧江戸川の最下流部と、荒川《あらかわ》・中川《なかがわ》の最下流部をつなぐ運河で、江戸時代のはじめに整備されました。江戸東郊の低地にひろがる農村地帯は、この運河による舟運の便を活かし、生鮮野菜を江戸市中へ供給してきました。

3-1　武州葛飾郡東葛西領上下之割「青物積船中川御関所夜中通船願」（須原家文書，江戸川区郷土資料室保管）

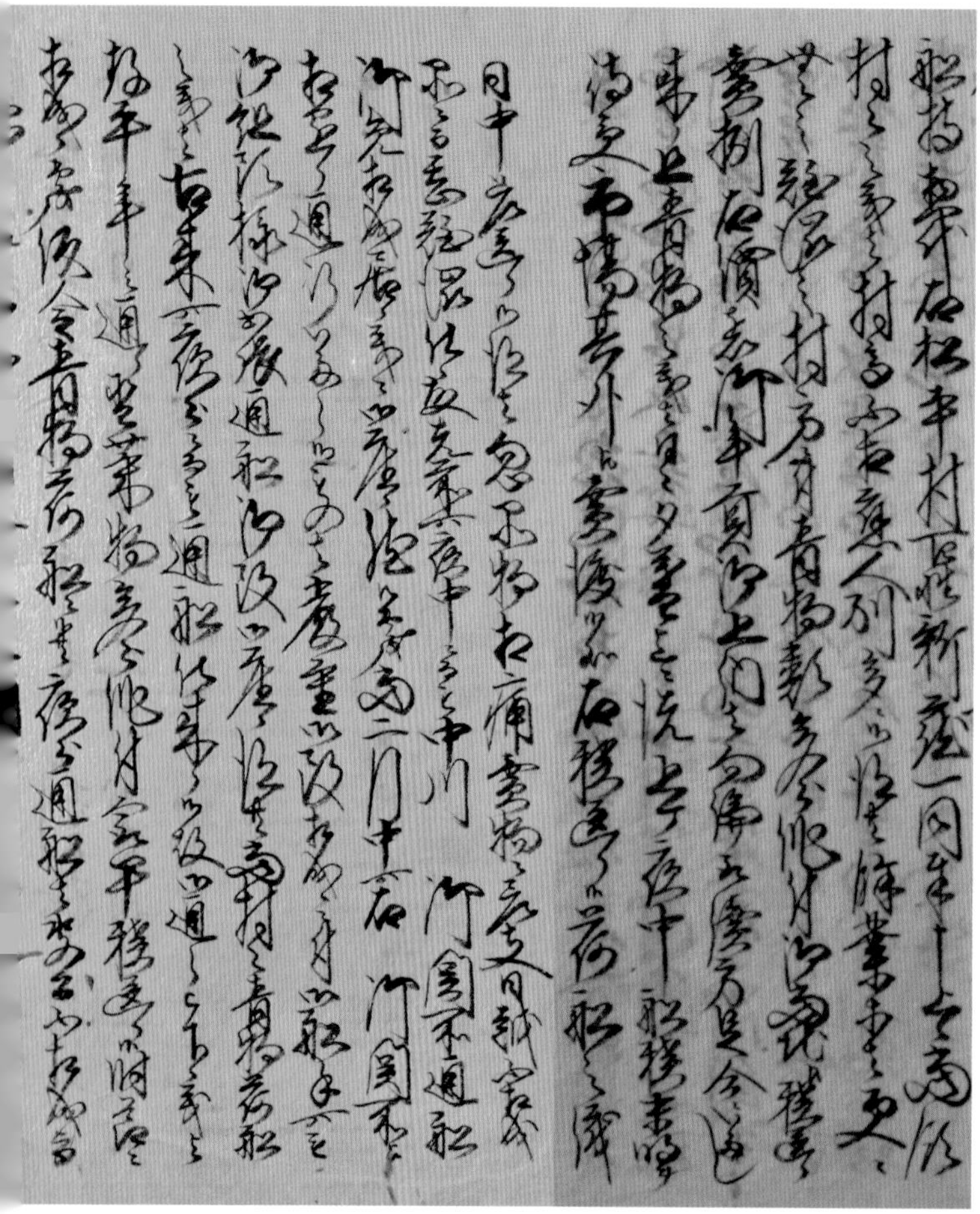

図3－1は、一八六一（文久《ぶんきゅう》元）年五月に、新川《しんかわ》の舟運を利用する沿岸五五ヵ村が代官《だいかん》林《はやし》部善太左衛門《べぜんたざえもん》役所に宛てて提出した願書の一部です。これらの村々は青物《あおもの》を栽培し、夜間に船に積み込んで江戸に輸送していましたが、同年二月、小名木川《おなぎがわ》の中川口《なかがわぐち》北岸にあった中川番所《ばんしょ》（「よむ」参照）から、番所前の船の夜間通航を禁じられてしまった結果、昼間の輸送では青物が傷み、売り物にならなくなった窮状《きゅうじょう》を訴え出ています。

新川沿岸の村々は青物栽培に力を注いでおり、その舟運を利用して生鮮野菜を江戸へ送り、帰りに肥料である下肥《しもごえ》（人間の排泄物《はいせつぶつ》を肥料にしたもの）を江戸から運んでいました。冷蔵設備のない時代だったので、夜の明ける前に出荷して傷みを防ぎました。このような輸送手段の整備と消費の拡大に伴って、青物栽培は急激に生産を伸ばしました。

ところが、船の夜間通航が禁止されたため、これらの村々は大きな衝撃を受けました。村々は、このとき以前のように夜中のうちに積み出

釈文

（／は改行）

（前略）当領／村々之義者村高不相応人別多ニ
候得共、余業等者更ニ／無之、難渋之村方ニ付、
青物類多分作付、御当地江積送り／売捌、右価
を以御年貢御上納者勿論、取続方足合ニいた
し／来り、且青物之義者日々夕暮迄ニ洗上ケ、
夜中船積、未明ヲ／待受、市場其外江売渡候
処、右積送り候荷船之儀、／日中差送り候得
者忽品物相痛、売物ニ差支、日越不相成／品ニ
而甚難渋仕候故、先前ゟ夜中ニ而も中川　御
関所通船／御免相成居候義ニ御座候、然ル処、
当二月中ゟ、右　御関所江／相懸り通行いたし
候もの者厳重御改相成候ニ付、御船手ゟも／御
組頭様御出張、通船御改御座候得共、当村々
青物荷船／之義者古来ゟ夜分ニ而も通船仕来り
候故、御通し被下候義与／存、平年之通り野菜
物多分作付、最早積送り候時節ニ／相成候処、
仮令青物荷船ニ候共、夜分通船者決而不相成旨
／被　仰出候趣承知仕、村々百性共一同驚入
（後略）

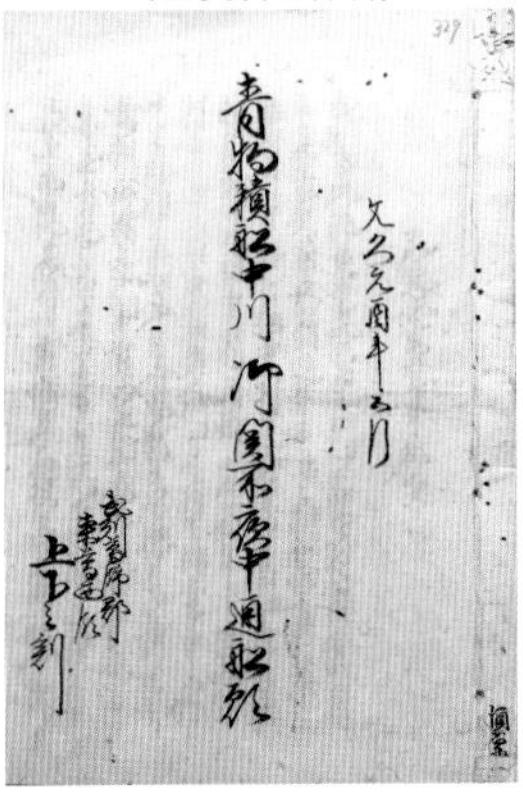

3-2 「青物積船中川御関所中通船願」表紙（須原家文書，江戸川区郷土資料室保管）

現代語訳

東葛西領《ひがしかさいりょう》の村々は、村高に比べて人口が多いのですが、とりたてて（農業以外に）産業もなく困窮《こんきゅう》しており青物をたくさん作付けして、江戸へ運んで売りさばき、その収入によって年貢に充てるだけでなく暮らしの足しにしています。青物は毎日夕暮れまでに洗い、夜間に船へ積み込んで、夜明けを待って市場そのほかへ売り渡しています。運送する荷船で昼間に送るとすぐに品物が傷み、売りものになりません。日持ちしない品物で、とても大変なので、以前から夜中でも中川御関所の通船をお許しいただいていました。ところが、今年（文久元年）二月中より中川御関所を通る船を厳しくお調べになりました。御船手《おふなて》からも組《くみ》頭《がしら》様が出向かれて、通船を改められますが、私たちの村々の青物荷船は古来より夜分にでも通船できるしきたりのため、お通しいただけると考え、平年通りに野菜を多く作付けし、すでに出荷時期を迎えました。ところが、たとえ青物（葉物）野菜であっても、夜中の通航は許さないと伺い、村々の百姓一同驚いております。

すことを認めるよう、幕府に嘆願《たんがん》しました。

中川番所は明《あ》け六《む》つ時《どき》（午前六時、季節により変動）前に開かれることはありませんでした。それを待ち、厳重な確認を受け、さらに積み荷から青物役所へ納める品を抜く作業などすると、江戸への到着が遅れてしまいます。これにより、町商人への売渡が遅くなり、品物も傷み、市場への納品もできなくなってしまうため、夜間の通行禁止は死活問題でした。

さらに、新川沿岸の青物荷船は幕府《ばくふ》御用《ごよう》の品も積んでいて（「よむ」参照）、村々には幕府の特別許可を得た船だという意識がありました。それゆえ特別の取り計らいをもって、以前のように夜間の通航が無理ならば、せめて明けの七《なな》つ時（午前四時頃）から通航できるようにと許可を求めます。この明けの七つ時も、野菜の鮮度保持や市場への供給時間を考えると、沿岸の村々にとって苦しい譲歩でした。

結局、翌年閏《うるう》八月に、青物（前栽物）荷船などの夜中の通船は、以前の通りに許可されました。これは、せめて明け七つ時より通船したいという譲歩案以上の成果で、江戸における葛西《かさい》の青物の重要性から判断されたとも考えられます。

よむ

夜間通航と青物《あおもの》

ここでは、新川《しんかわ》の近世までの歴史と、夜間通航が禁止された背景についてみてみましょう。

新川の物流

新川は以前、船堀川《ふなぼりがわ》とも呼ばれ、利根川《とねがわ》（旧江戸川）からその河口付近で西へ分かれる小河川で、中川《なかがわ》（旧中川）に通じていました。徳川《とくがわ》家康《いえやす》が江戸へ来て、江戸の町づくりがはじまると、行徳《ぎょうとく》（現在の千葉県市川《いちかわ》市南部）でさかんに作られていた塩を運ぶための流路となります。さらに、中川経由で小名木川《おなぎがわ》につながって隅田川《すみだがわ》に至るため、江戸に物資を運ぶ重要な輸送路になりました（図3－3参照）。

3-3 「嘉永改正府郷御江戸絵図」小松川（部分，江戸川区郷土資料室蔵）（北を上にして掲載）

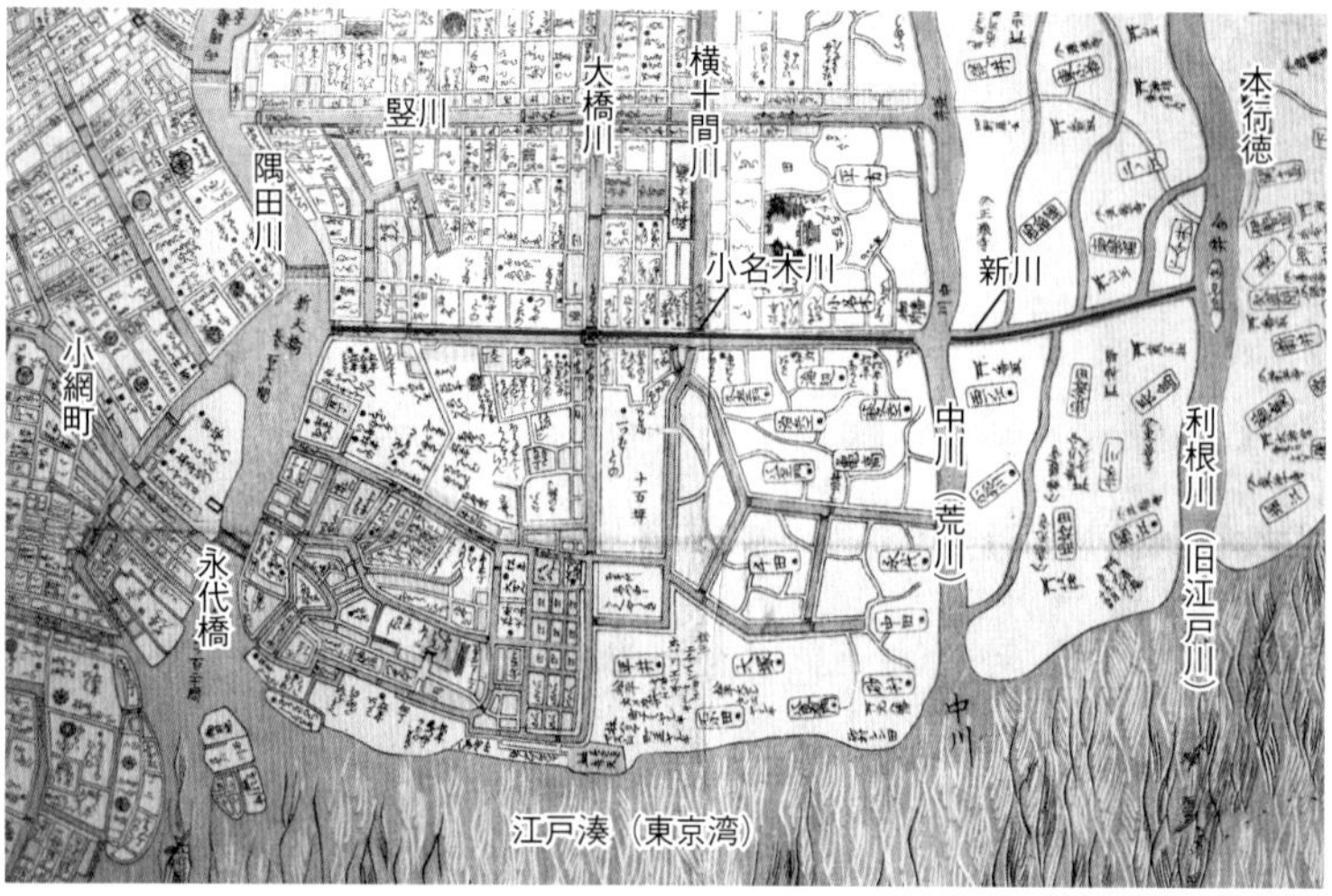

一六二九（寛永《かんえい》六）年、船堀川に接する二之江《にのえ》村（現在の江戸川六丁目付近）、現在の新川橋あたりから、川の西半分を掘り拡げて東に直線の水路が開削されますが、その頃からこの川全体を新川と呼ぶようになります。こうして、利根川―江戸川―新川―小名木川とつながる舟運路は、幕府《ばくふ》の年貢米《ねんぐまい》をはじめ、東北や北関東から江戸へ運ばれる物資輸送の大動脈になりました。

また新川では、「行徳船《ぎょうとくぶね》」を使って成田《なりた》山《さん》新《しん》勝寺《しょうじ》（千葉県）や中山《なかやま》法《ほ》華《け》経寺《きょうじ》（千葉県）に参《さん》詣《けい》する人びともさかんに往来しました。行徳船は「長渡《ながと》船《せん》」とも呼ばれ、一六三二年から江戸の小《こ》網町《あみちょう》（中央《ちゅうおう》区日《に》本橋《ほんばし》小網町）にあった「行徳《ぎょうとく》河岸《がし》」から本行 徳《ほんぎょうとく》河岸を結んでいた定期船です。本行徳村が幕府から独占権を得て営業していました。はじめは一六艘《そう》だったそうですが、一六七一（寛文《かんぶん》十一）年に五三艘、嘉永《かえい》年間（一八四八～五四）には六二艘が往来していました。

また、一六二一～二九（元和《げんな》七～寛永六）年、利根川は東京湾から銚子《ちょうし》方面へ流路を付け替えられました。これによって奥州《おうしゅう》（福島・宮城・岩手・青森の四県）から江戸へ運ばれる貨物が利根川を遡り、関宿《せきやど》（千葉県野田《のだ》市）付近の分流点から江戸川を下って、新川、小名木川を経て江戸へ入るようになります。

さらに、夕刻に境河岸《さかいがし》（茨城県猿島《さしま》郡境町《さかいまち》）を出て、未明に江戸川の新川口河岸（新川の東橋あたり）に着く船は、月六回の定期船で六斎船《ろくさいぶね》と呼ばれました。その後、新川口河岸で朝食をとり、はしけ小船に乗りかえて日本橋小網町へ向かいました。

江戸の町の発展にしたがって、このように水運が栄えた新川は、人を運び荷物を運んで賑《にぎ》わいをみせ、沿岸には味噌《みそ》・醤油《しょうゆ》・酒を売る店や料理屋が繁盛《はんじょう》したといいます。

葛西の青物生産の隆盛

一七二一（享保《きょうほう》六）年の笹ヶ崎《ささがさき》村（江戸川区北《きた》篠崎町《しのざきまち》）の村況を記した「明細帳」では、「当村前栽《せんざい》之儀は瓜《うり》・茄子《なす》・冬瓜《とうがん》作り申候間、本所《ほんじょ》筋へ出し売買仕候」とありますが、一八〇五（文《ぶん》化《か》二）年には、「五穀之外多く作り候物は、茄子・うり・かぼちゃ・いんげん・ささぎ・菜・大根を作り江戸本所辺え売出申候」となっています。同じ一八〇五年の桑川村《くわがわ》（江戸川区東葛《ひがしか》西《さい》）では、「前栽物、茄子・冬瓜・大角豆《ささげ》・冬菜等作り江戸江売出申候」とあります。そして、なかでも冬菜は、区内各地でよく作られ、別の名「小松菜」を以て多くの江戸人士から愛好賞味されたそうです。

また、「みる」で触れたように、新川沿岸の青物荷船は幕府御用《ばくふごよう》の品も積んでいました。一七七〇（明和《めいわ》七）年の船数御改《ふなかずおあらた》めの際、「立」字の御極印《おんごくいん》（図3－4参照）を貰い受けますが、この御極印とは、幕府の認可済の証拠として川船に打った焼印《やきいん》でした。「守」「文」「立」「全」といった文字がデザインされており、「立」字は船年貢高《ふねねんぐだか》が七五〇文《もん》から一貫文《かんもん》（一〇〇〇文）の川船に打たれるものでした。

3-4 御極印

守（年貢150～400文）

文（年貢450～700文）

立（年貢750～1貫文）

全（年貢１貫以上）

言（無年貢船）

角改（耕造船幷諸船鑑札）

丸改（諸船目印）

通（日除船目印）

中川番所《なかがわばんしょ》

利根川―江戸川―新川―小名木川の舟運路には大量の物資が行き交い、多くの人で賑わったため、幕府は「中川御関所《なかがわおせきしょ》」を設けて監視・統制にあたりました。この関所は当初は深川万年橋《ふかがわまんねんばし》（小名木川の隅田川口）の傍らに「川船番所《かわぶねばんしょ》」として設けられました。関東諸国から江戸へ入る舟運が増加したことにより、一六六一年に新川に近い小名木川の中川口北岸（江東《こうとう》区大島九丁目）へ移り、「中川番所」（「中川船番所」とも）と称しました。ここに移転したのは新川筋《しんかわすじ》からの舟だけでなく、海上や中川・古利根川筋《ふるとねがわすじ》を利用する船も取り締まることができたからでした。

夜間通航が禁止された理由

一八五四（安政元《あんせい》）年の開国による政治情勢の急迫は、江戸の社会を不穏なものにしました。浪士《ろうし》が横行するようになり、幕府は江戸市中の取り締まりを強化します。「みる」でふれた、一八六一（文久元《ぶんきゅう》）年の中川番所を通過する船の夜間通航を禁じたのもこのためです。

ところで、第一四代将軍の家茂《いえもち》の代について記した、幕府公式の史書『昭徳院殿御実紀《しょうとくいんでんごじつき》』（文久元年十一月十二日条）に、「中川番所のほかに、その近辺の川口で通船の改めを行うよう以前に達しをしていたが、このたび場所替えをすることにした。利根川の下今井村《しもいまいむら》（現在の江戸川区江戸川）と中川筋で、幕府の御船手組《おふなてぐみ》の者が通船の改めを行うので、そう心得て、関係の者たちに達するように」とあります。船手組が出役《しゅつやく》（出張）して通船改《あらため》が新川沿岸で行われていたことがわかります。それだけ通航がさかんになったのでしょう。この通船改では、貨物はもちろん、旅客や武器の有無についても取り締りました。

このことから、村々は以前の通りに夜間通航の許可が下りるのは難しいと判断したため、明けの七《なな》つ時《どき》過ぎには通航できるよう譲歩して許可を求めたと考えられます。

あるく

新《しん》川《かわ》をあるく

3-5 新川と海運
上図の赤枠は下図の範囲を示す

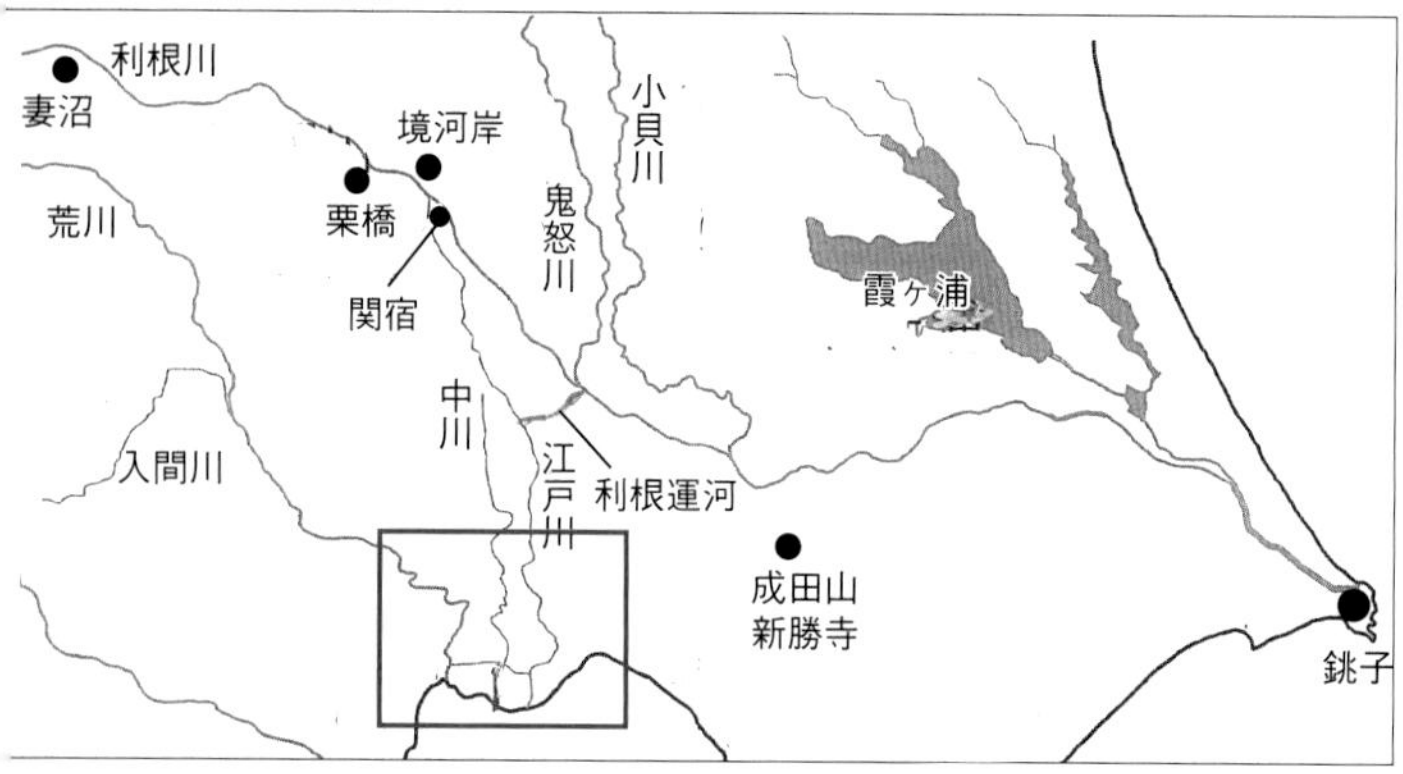

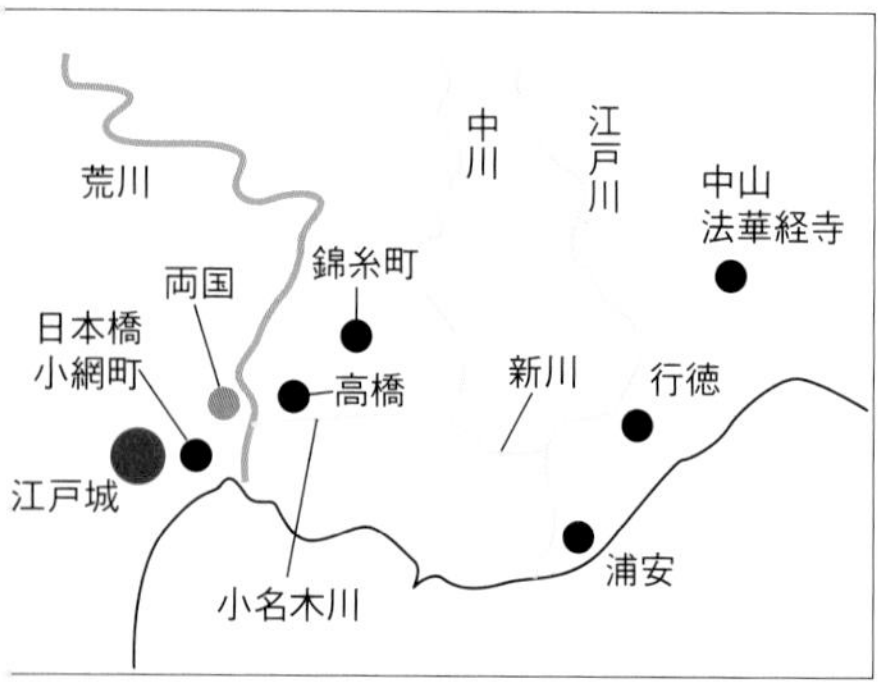

明治から昭和の新川

一八七一（明治四）年、深川万年橋《ふかがわまんねんばし》に利根川《とねがわ》丸《まる》会社が設立され、新川、江戸川を経て関宿《せきやど》から利根川へ入り、中田《なかだ》（現茨城県古河《こが》市中田地区）に達する川蒸《かわじょうき》気飛脚《ひきゃく》船《せん》利根川丸が就航《しゅうこう》しました。七年後の一八七七年、内国通運会社（三都の旧定《じょうひ》飛脚《きゃくどんや》問屋が東京に設立した運送請負の「陸運元会社」が前身）の通運丸《つううんまる》が深川扇橋《ふかがわおうぎばし》から生井《なまい》村《むら》（現栃木県小山《おやま》市生井地区）まで就航しています。通運丸は外輪船《がいりんせん》という姿から、たいへんな人気でした。

一八九〇年、利根川と江戸川を結ぶ、千葉県北西部の利根運河《とねうんが》が開鑿《かいさく》され、一八九五年には両国（中央区・墨田《すみだ》区）から銚子《ちょうし》（千葉県）へ直行する定期便が就航します。

一方、一八九七年に総武《そうぶ》鉄道が本所《ほんじょ》（現在の錦糸町《きんしちょう》）—銚子間、一九〇四年には両国—銚子間を開通させました。蒸気船では東京—銚子間に一八時間を要したのに対し、汽車が五時間で達したことにより蒸気船の利用が少しずつ減少します。

一九一九（大正八）年、東京汽船株式会社が、現江東《こうとう》区高橋《たかばし》から新川をへて行徳《ぎょうとく》にいたる航路に、通称「通船《つうせん》」と呼ばれた定期船を就航させます。のち葛飾《かつしか》汽船会社も高橋—浦安《うらやす》（千葉県）間に小型定期船「葛飾丸」を就航させました。東京方面への通学や行商にこれらが利用されました。

しかし、江戸川や中川《なかがわ》に橋が架けられ、陸上交通が整備されると、輸送の主力はそちらに移り、昭和初年に通運丸廃業、一九四四（昭和十九）年の通船廃止をもって、輸送路としての新川に終止符が打たれました。

新川の整備と現在

新川は一九四九年を含め、三度の地盤沈下による護岸の嵩《かさ》上げのあと、一九六二年から六五年にかけて江戸川側に東水門①、中川放水路側に西水門②を設置しました。

一九七二年、管理者の東京都に対し、江戸川区は「江戸川内河川整備計画」による新川の親水河川化を要望します。これをきっかけに一九七六年、東水門・西水門は閉鎖され、親水河川化に向けて環境整備が始まり、船の通航は終焉しました。歩行者用の人道橋や広場の機能を持った「広場橋」の架設、地域交流の拠点となる新川さくら館③（船堀《ふなぼり》七丁目）などが整備され、若干の護岸整備を残して親水河川化がほぼ完了しました。

現在の新川は全長約三kmで、東水門から導水、

⑩荒川ロックゲート
正面に見える川筋が小名木川で，手前の右から左へ旧中川が流れている

⑨旧小松川閘門

⑦新川火の見櫓からの眺め

⑤新川千本桜

②⑥⑦手前に西水門橋，奥に火の見櫓（中央），その右側に西水門の柱の一部が見える（2015年）

①新川東水門

新川（江戸川5丁目付近）

西側の荒川《あらかわ》排水機場④（ポンプ所）で排水することで水質浄化をはかり、水位を一定に保っています。西水門は一九七六年に閉鎖され、一部の柱を残すのみです。現在は川沿いにテラスや散策路ができ、一九九二（平成四）年から一〇種一〇〇〇本の桜が植栽され「新川千本桜」⑤として親しまれています。また一九八八年、全国で初めて河川の下に「新川地下駐車場」が作られました。二〇〇七年には、かつての西水門の手前に西水門橋⑥が架けられ、船堀街道へ戻らずに直進できることになり、便利になりました。西水門広場には、モニュメントの火の見櫓⑦があります。

　一方、洪水対策として、荒川と中川の両放水路が一九三〇年に完成しました。新川を通ってきた船がこの両放水路を横切り、小名木川《おなぎがわ》に到達できるよう、同年、異なる川の水位を調整する船堀閘門《こうもん》⑧と小松川《こまつがわ》閘門が完成します。しかし、陸上交通の発展に押され衰退し、両閘門も廃止されました。現在、大島小松川公園（小松川一丁目など）に、小松川閘門の一門⑨が保存されています。

　荒川と旧中川の水面の高さは、最大で約三m異なり、両方の川に設けた「荒川ロックゲート（閘門）」⑩（小松川一丁目）にて、水面をどちらかの高さに調節して船を通します。幅一四m、前後のゲート間が六五mで、二〇〇五年十月に完成しました。

　小名木川の北岸には江戸時代に中川番所⑪があり、現在はその跡地の北側に江東区に中川船《ふな》番所《ばんしょ》資料館⑫があります。

第四節 浅間《せんげん》神社と富士信仰
——篠崎《しのざき》——

樋口政則

みる

江戸時代、江戸庶民の間に広まった宗教の一つに、富士山信仰（富士信仰）から興《おこ》った「富士講」があります。多くの枝講が生まれ、勇壮な「のぼり祭り」で知られる旧下篠崎村の篠崎浅間神社は、江戸川区における「富士講」の中心となり、その隆盛を支え、現在に伝えています。

釈文

（／は改行）

（前略）六拾三オニして、享保十八丑ノ三月／十日妻子に向ひ、我常々六十八オ／ニして不二山入定《ふじさんにゅうじょう》と申渡しかど、子細／有之、今日登山の思立也、と妻／子に白苧《しらお》一裂宛《ひときれずつ》与ひ、我ヲ／念ずる心有らバ不二江向ひ拝／礼せよ、と御伝江の御詠哥《ごえいか》を／授ケ、六月十日江府《ごうふ》を御立、同十三／日に愚翁某方《ぐおうそれがし》江御着有て、翌／十三日ニ卯の上刻愚翁召連れ、／唐断食《からだんじき》ニ而釈迦《しゃか》の割石《わりいし》ニ立／給ふ、夫より入定の室ニ入玉《たま》ふ／其時我三十一日之内、汝《なんじ》ニ仙元《せんげん》／大菩薩《だいぼさつ》の御開き一々講し聞／すへし、我に給仕し、我講する／処を一々筆ヲ以記し置、一巻に／綴り、末々信心之輩《やから》江伝《つた》ひ、其外／汝克見開き、衆生を化度《けど》／せよ、と尊命《そんめい》ヲ語る、則七月十三日／午刻ニ遷化《せんげ》し玉ふ、是誠に／仙元大菩薩の変身疑ふ処ニ／有らす、と稽首《けいしゅ》して、右御伝江／一々書記し畢《おわんぬ》

田辺重郎左衛門豊矩

現代語訳

（前略）（食行《じきぎょう》身禄《みろく》は）六三歳の時、享保《きょうほう》十八（一七三三）年三月（六月の誤りか）十日に、妻子に向かい、「私は常日頃、六八歳になったら富士山に入定《にゅうじょう》する、と言ってきたが、思うところがあり、今日登山することに思い至った」と告げられました。そして妻子に白苧《しろそ》を一切れずつ与え、「私のことを祈る気持ちがあるなら、富士山に向かい拝礼せよ」と「お伝えの御詠歌《ごえいか》」を妻子に授け、六月十日に江戸をご出発になりまし

4-1　「三十一日のお伝え」（部分，巻子装，個人蔵）

に私を伴って、空断食（食物を絶つ）のまま「釈迦の割石」に立たれました。それから入定のため（烏帽子岩《えぼしいわ》横の）室にお入りになりました。その時、「私はこれから三一日間、汝に仙元《せんげん》（浅間《せんげん》）大菩薩《だいぼさつ》のお教えを一つずつ話して聞かせよう。私に仕えて教える内容を一つ一つ筆記し、一巻の巻物に綴《つづ》り、のちのち浅間大菩薩を信心する者たちに伝えよ。その他、汝《なんじ》はよく教えの内容を理解し、多くの人びとを教え導くように」と尊いお言葉で命ぜられました。そして七月十三日午刻（正午頃）にお亡くなりになりました。これこそ、（身禄様は）本当に浅間大菩薩の変身であられること疑いなしと、深く頭を垂れ、右の御教えを一つ一つ書き記しました。（後略）

＊入定　修行を続けながら入滅すること。
＊白苧　苧《カラムシ》（イラクサ科の多年草）から繊維をとって織ったもの。
＊釈迦の割石　富士山白山岳（釈迦ヶ岳）頂上付近にある岩。
＊化度　教え導いて救うこと。
＊浅間大菩薩　富士山を神格化した浅間大神が神仏習合にて菩薩化した。
＊田辺重（十）郎左衛門豊矩　重郎右衛門の誤り。富士山北口の住人で食行身禄の弟子。のちに吉田口の御師《おし》となった。御師は特定の社寺や霊山を拠点に信者の居住地を巡回して布教やお札配りをする一方、参詣者に対しては、参拝・宿泊などの世話をした。

「三十一日のお伝え」は、富士講《ふじこう》の中興《ちゅうこう》の祖とされる食行《じきぎょう》身禄《みろく》が、富士山七合目（現七合五勺《しゃく》）で断食行《だんじきぎょう》に入り臨終を迎えるまでの三一日間、入定《にゅうじょう》の介添えをした弟子の田辺重《たなべじゅう》（十）郎《ろう》右衛門《えもん》豊矩に毎日語った教えを書いたものです。身禄没後に写本《しゃほん》で流布《るふ》しました。臨終《りんじゅう》までの身禄の来歴や教えが書かれ、「富士講」の最高経典として、「拝み」という祈りの際、読誦する詠歌となっています。

図4－1は江戸川区内の富士講の一つで、現在も活動している「下鎌田《しもかまだ》割菱《わりびし》八行《はちぎょう》講《こう》」の講《こう》元《もと》（講の運営の中心人物）に伝わる写本の一部です。

富士講は富士山信仰を基盤として団体（「講」）を組み、月並《つきなみ》では講元などの家に集まって礼拝します。年に一度は希望者全員で、あるいは代表者が富士山に登拝《とはい》し、家族や地域社会の安寧と繁栄を祈願するなどの活動を行いました。

身禄は伊藤伊兵衛《いとういへえ》という俗名を持つ伊勢《いせ》出身の商人で、一三歳で江戸へ出て、一七歳で富士信仰の道に入ります。一七二二（享保《きょうほう》七）年頃から食行身禄を名乗り、江戸の富士信仰の中心的指導者の一人として活動します。六三歳での入定を決め、「理想世界の出現」を求めて江戸を出発しました。富士山頂の聖地「釈迦《しゃか》の割《わり》石《いし》」付近では入定することが困難だったため、七合五勺の烏帽子岩《えぼしいわ》のかたわらで断食行に入り、一七三三年七月十三日（一説には十六日）臨終《りんじゅう》を迎えました。

よむ

江戸川区の富士信仰

食行《じきぎょう》 身禄《みろく》の教えにより広まった富士講《ふじこう》の歴史と、江戸川区内での展開を見てみましょう。

富士信仰と富士講の歴史

富士山を神として尊崇《そんすう》する信仰は、古くからみられました。富士山は一七〇七（宝永《ほうえい》四）年にも大噴火した活火山で、その火山の神「浅《せん》間《げん》」を鎮《しず》める祭祀《さいし》は九世紀には始まっていました。律令《りつりょう》の細則をまとめた『延喜式《えんぎしき》』には、駿《する》河国《がのくに》（静岡県）と甲斐国《かいのくに》（山梨県）に、富士山を信仰対象にした「浅間神社」の記載もあります。その後、修験《しゅげん》の場となり、室町時代には一般の人びとにも富士信仰が広がり始め、信者による登拝《とはい》が行われるようになりました。江戸時代に入ると、神話の中で火中出産をした木花咲耶姫《このはなさくやひめ》と浅間神とを同一視するようにもなります。

また、永禄《えいろく》年間（一五五八～七〇）に、修験者の角行《かくぎょう》 藤仏《とうぶつ》が静岡県富士宮《ふじのみや》市の洞穴「人穴《ひとあな》」で修行し、「仙元《せんげん》（＝浅間）大日《だいにち》」の啓示を受けたとして、のちに富士講の基礎となる教えを布教するようになります。その後、日旺《にちがん》・旺心《がんしん》・月旺《げつがん》と続く弟子らが育ち、元禄《げんろく》時代（一六八八～一七〇四）には多くの弟子が布教に活躍しました。月旺の弟子に月行《げつぎょう》・月心《げっしん》がおり、「みる」で紹介した身禄は月行の弟子でした。

富士塚《ふじづか》の登場

身禄の入定《にゅうじょう》後、彼の弟子たちは身禄が生前から行っていた富士講の結成を信者に促しました。さらに一七二五（享保《きょうほう》十）年頃から起こった飢饉《ききん》や物価高騰も、多数の富士講が関東地方に誕生する要因になりました。江戸で爆発的に流行した富士講は庶民に受け入れられ、一七七〇年代（明和《めいわ》七～安永《あんえい》八年）には「江戸八百八講、講中八万人」といわれました。

その頃、多くの庶民が富士山へ登拝をしようとしましたが容易ではなく、そのため各地で富士山をかたどった「富士塚」を身近に築造して、信仰のよりどころとしました。一七八〇（安永九）年、身禄の弟子である高田藤四郎が旧戸塚《とつか》村《むら》（新宿《しんじゅく》区）に築いた高田富士《たかだふじ》が最初といわれ、以降の江戸やその周辺の富士塚の多くはこの高田富士を模して構築され、昭和初年頃まで築かれました。

富士塚は、富士山の北麓から溶岩を運び、富士山の容姿に似せて積んだり、丘や古墳を富士に見立てたりして築造されました。そこには一合目から頂上までの登山道や、何合目かを表す合目石も造られ、五合目には、実際の富士山の五合目にもある小御岳《こみたけ》神社が祭祀されています。また富士山の山頂に浅間神社奥宮《おくみや》があるように、富士塚に宮を設置したところも多くあります。

これらの富士塚には、先達《せんだつ》三十三度大願成就の碑、石尊大権現《しゃくそんだいごんげん》碑、猿田彦《さるたひこ》神の碑、南無《なむ》 妙《みょう》法蓮華《ほうれんげ》経《きょう》の碑、庚申塚《こうしんづか》、地蔵塚、大小の天狗の石像など、各講が建てた碑や塚が多く見られます。

江戸の多くの人びとが富士塚を訪れ、特に富士山の山開きの日には、富士塚に参拝する習慣がありました。『江戸名所図会《えどめいしょずえ》』にも富士塚が描かれるほど、富士講は広がりをみせたのです。

一方、その隆盛とは裏腹に、徳川幕府から公認は得られず、さらには「世直り」を説く信仰が危険視され、禁令まで出されました。

明治維新を迎えると、各地に在住する指導者「先達」に支えられながら、活動も活発になり、関東の各地にますます多くの富士塚が築かれます。しかし、昭和に入って富士登山が容易になるとレジャー化し、各地の富士講は急速に姿を消しました。

江戸川区の富士講の中心地

上篠崎《かみしのざき》一丁目の篠崎浅間神社（図4－5参照）は九三八（天慶《てんぎょう》元）年五月創建といわれ、江戸川区内で最も古い神社です。九四〇年、平貞盛《たいらのさだもり》が平将門《まさかど》の乱を鎮めるため、将門降伏の祈願をこめて金幣《きんぺい》（金色の幣《ぬさ》）と弓矢を奉納したと伝えられています。祭神として木花咲耶姫が祀られ、江戸時代後半には江戸で富士信仰がさかんになったこともあり、近隣や江戸市中からの参詣《さんけい》が多くなりました。

参道を進み、社殿右手に鎮座する下浅間御嶽《みたけ》宮の前に、一八四〇（天保《てんぽう》十一）年建立の富士講碑（図4－2参照）があります。上部に富士山を象徴する山の形の下に講の紋を入れた「笠印」が、その両側には瑞雲《ずいうん》にのった日輪《にちりん》と月輪《がちりん》が、中央には「元祖食行身禄価」と大きく彫られています。「価」は正しくは「侚」の文字で、富士講の造字らしく、「くう」と読み、先師の敬称です。碑の下部には三猿が彫られています。「見ざる聞かざる言わざる」ではなく、三匹が向き合い合掌《がっしょう》している図です。

猿は山の神の使いとされており、図4－3の「富士山絵札」と呼ばれる神札には、二匹の猿が向き合って合掌する姿が描かれています。また、富士山吉田口の麓《ふもと》、馬返《うまがえ》し付近には、向き合って合掌する石造の猿を見ることができます。

篠崎浅間神社に富士塚はないものの、区内の富士塚の石碑を見ると、各地に講が結成されていたことがわかります。近隣の鎌田《かまた》や今井《いまい》地区の「割菱八行講《わりびしはちぎょうこう》」や「丸星講《まるほしこう》」、葛西《かさい》の「丸葛講《まるかつこう》」「山玉講《やまたまこう》」、船堀《ふなぼり》の「登山講《とざんこう》」などです。これらは富士塚や講員の家で毎月の拝みや山開き、火祭りなどの行事を行っていました。年に一度の富士山への登拝もさかんであったようです。

七月一日は篠崎浅間神社の例祭日で、通称「のぼり祭り」（区指定無形民俗文化財）と呼ばれています。隔年で境内に一二間（約二二m）の一〇本の幟《のぼり》をたてるのでこの名があります。この神社には、西之庭《にしのにわ》（西篠崎）・下之庭《しものにわ》（下篠崎）・本郷・中図師《なかずし》（中之庭）・上之庭《かみのにわ》（上篠崎）の五つの氏子の地区があり、地区ごとに六月三十日未明から昼前まで幟を二本ずつ、人力で立てます。大勢で綱をひくさまは壮観です。

4-2 浅間神社の富士講碑
（江戸川区登録有形文化財）

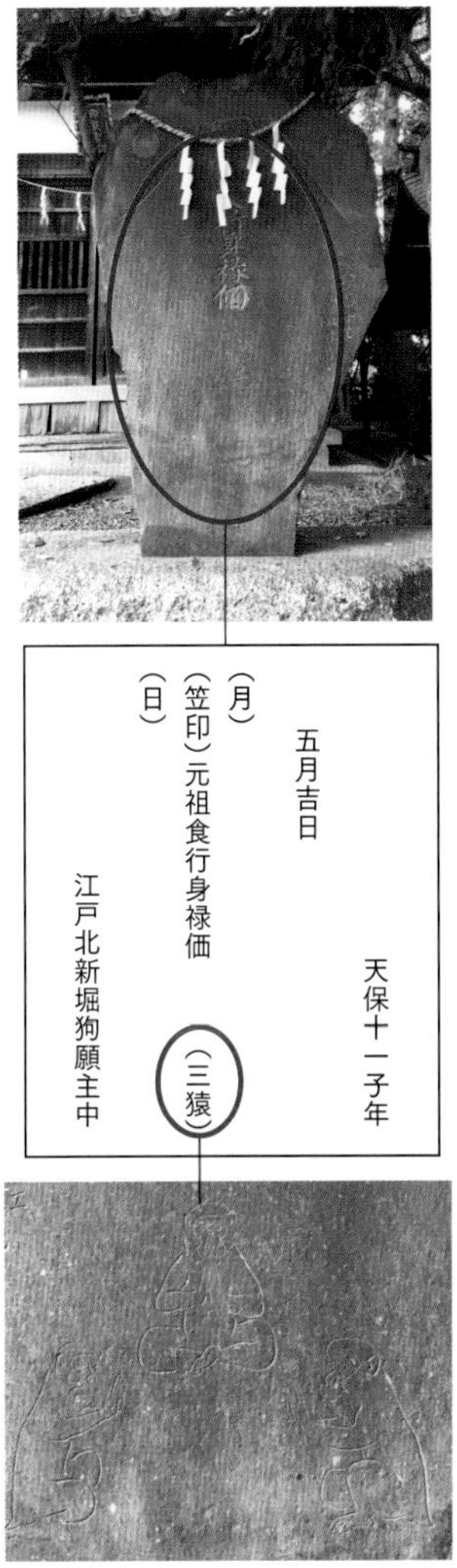

4-3 富士山絵札の一例

4-4 下鎌田の富士塚での山開き
図4-1の史料が伝来している下鎌田割菱八行講により行われた。この講は天保年間（1830～44）に，行徳（現千葉県市川市）にあったといわれる割菱講から分かれたとされている。

第四章 江戸川区

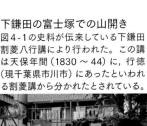

あるく

富《ふ》士《じ》塚《づか》をあるく

江戸川区に残る富士塚の多くは、区の登録有形文化財や登録有形民俗文化財となっています。いくつかを見ていきましょう。

瑞江《みずえ》駅周辺

上鎌田《かみかまだ》の富士塚①（天祖《てんそ》神社・南篠崎《みなみしのざき》町二丁目）

一八八六（明治十九）年に旧上鎌田村の丸星《まるほし》講《こう》の人びとによって築造されたもので、近年氏《うじ》子《こ》たちにより修復工事が行われました。丸星の「星」は築造時の先達《せんだつ》、星野氏にちなむようです。頂上には「浅間神社」と刻まれた石祠が祀られています。

下鎌田の富士塚②（豊田神社・東瑞江二丁目）

一九一六（大正五）年、旧下鎌田村の「下鎌田割菱八行講《わりびしはちぎょうこう》」の人びとによって築造されました。塚の石碑によると、一九二四年の「築山」碑があり、このとき再築されたとも考えられ、さらに古い可能性もあります。別の一九五二（昭和二十七）年の碑文に「御中道御内外八海扶桑教《ふそうきょう》 割菱元講富士登山七十五度大願成就」とあり、年一度の登山とすれば、一八七七年頃には講が活動していたようです。全山ボク石（溶岩）で覆われ、正面には「く」の字形の登山道がつくられ、中腹に石祠が祀られています。二〇〇三（平成十五）年に道路改修に伴う境内整備により、現在の位置へ移築されました。今も小規模ながら富士講の活動が続いています。

今井の富士塚③（香取《かとり》神社・江戸川三丁目）

全体がボク石で覆われ、頂上近くがそそり立ち、富士山の山容が強調されています。登山道は前後に設けられ、そこだけ普通の岩石が階段状に敷かれています。頂上には石祠が祀られ、登山道の途中には「浅間大神」の碑があり、烏帽子岩《えぼしいわ》と元祖食行《じきぎょう》 身禄《みろく》の碑も配されています。一九三〇年に上今井割菱八行講によって、香取神社に築造されました。

葛西駅・船堀《ふなぼり》駅周辺

雷《いかずち》の富士講碑④（真蔵院《しんぞういん》・東葛西《かさい》四丁目）

現在、雷香取神社の南側は道路になっていますが、以前は香取神社の社殿があり、北側の、香取神社を持社とする真蔵院（雷不動《ふどう》）にまたがって、雷の富士塚がありました。一九九〇年に道路ができ、その石の一部と石碑が真蔵院境内に移されて保存されました。石碑は七基あり、いずれも「〇玉講《まるたまこう》」の講紋（玉）を刻んでいます。

中割《なかわり》の富士塚⑤（中割天祖神社・東葛西七丁目）

旧東《ひがし》宇喜田村《うきたむら》の丸葛西講中《まるかつかさいこうちゅう》によって、昭和初年に築造されました。一九三〇年の紀年碑《きねんひ》があり、碑の背面にある講員氏名によると、丸葛西講は八〇名を超える講員を擁《よう》していました。一九八八年、天祖神社の移転に伴い、現在地へ移築復元（一九八九年三月竣工）されています。

長島《ながしま》の富士塚⑥（香取神社・東葛西二丁目）

ボク石と丸石で築造され、頂上に「浅間神社」と刻まれた石碑があります。一九〇八年に「長島桑川山玉参拝講《くわかわやまたまさんぱいこう》」の人びとによって築かれ、一九一七年に地元の有志によって改築されました。講はなくなりましたが、山開き（七月一日）と火祭り（八月二十六日）の行事は行われています。

桑川の富士塚⑦（桑川神社・東葛西一丁目）

一九二九年に、旧桑川村の「山玉参拝講」によって築造されました。桑川村の鎮守に塚を築くにあたり、一村民が畑の土を寄付したと伝えています。頂上の石祠には一九六六年の銘があります。

船堀の富士塚⑧（日枝《ひえ》神社・船堀六丁目）

一八九二年、地元の登山講によって築造されたものです。高さに比べて面積は広く、椀状に盛土された容姿は、他の富士塚と違った印象を与えます。石碑は二基で、登山講は明治時代に廃絶したと伝えています。

平井《ひらい》駅周辺

安養寺《あんようじ》の富士塚⑨（安養寺・平井六丁目）

境内の弁天池の横にあります。一八八四年頃、池を拡張したときの土を盛り上げて築いたと伝えています。

平井の富士塚⑩（諏訪《すわ》神社・平井六丁目）

大正年間、地元の丸富講《まるとみこう》によって丸石とボク石で築かれました。頂上の石碑は一九二〇年の造立銘があります。境内の絵馬堂には、一九一三年に丸富講が奉納した図額が掲げられています。

逆井《さかさい》の富士塚⑪（浅間神社・平井三丁目）

建造年代は不明ですが、「当山再築小松川《こまつがわ》村」と記した一八八四年の碑があり、富士塚自体が浅間神社となっています。倒壊防止のため、一九五〇年代にコンクリートで覆いました。

4-5 江戸川区の富士塚

⑩平井の富士塚

⑨安養寺の富士塚

篠崎浅間神社

①上鎌田の富士塚

⑪逆井の富士塚

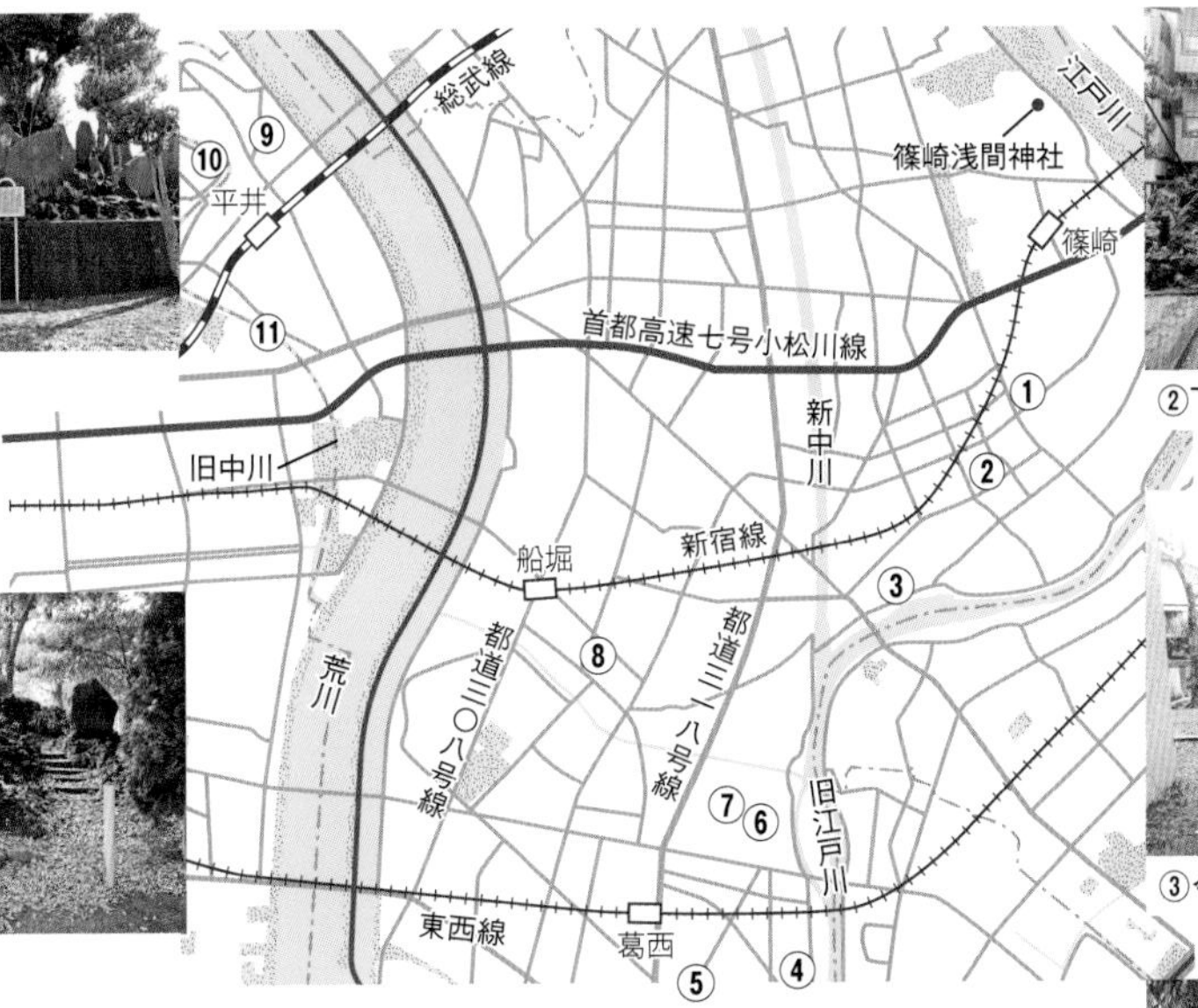

②下鎌田の富士塚

③今井の富士塚

⑧船堀の富士塚

④雷の富士講碑

⑦桑川の富士塚

⑥長島の富士塚

⑤中割の富士塚

第五節

葛《か》西《さい》浦《うら》の海《の》苔《り》と沿岸漁業

樋口政則

みる

現在の葛西《かさい》地区北部は、一八八九（明治二十二）年の市制町村制施行によって編成された葛西村に相当します。半農半漁の村で、現荒川河口南方の「葛西浦」にて漁《りょう》を行っていました。明治時代には、海苔《のり》養殖を基幹《きかん》とする沿岸漁業がさかんになります。そんな時代から現在の葛西地区へと変わる様子を見てみましょう。

5-1 葛西浦漁業協同組合紀功碑（1931〈昭和6〉年）

釈文

（／は改行）

葛西浦漁業組合

葛西浦産業、以二海苔一為二大宗一、介捲《かいまき》副レ之雖《かかるといえども》レ繫、近時之開発、業績甚盛、他日之隆運可レ期焉、按／明治十五年漁業組合準則発布、十八年地方有志者拠二其準則一、組二織東京内湾漁業組合一、／規二画神奈川県三十二浦・東京府十五浦・千葉県五十三浦一、定二其範囲一、二十二年於二其範囲／内一創二設葛西浦海苔養殖業組合一講二海苔採取之法一、不幸帰二失敗一、組合長橋本君、不二少屈撓一／而、励二従業者一続行弗《おこたらず》レ懈、遂《ついに》得二成功一、三十六年漁業法施行、乃解二散東京湾漁業組合一、更《あらためて》組二織／葛西浦漁業組合一拡二張海苔養殖場一、明年東京府・千葉県漁業者海面境界論起、橋本君居／中周旋、得二各浦漁業者同意一、確二定境界一、且為二日露戦勝記念一設二置海苔記念場一四十二年交二／渉浦安漁業組合一、請レ分二譲二万五千坪一、設二置牡蠣《かき》養殖場一乃以海苔・介捲業二組為二一団体一／夫葛西浦前面、受二江戸川中川之流注一、浅沙干潟極広濶《こうかつ》矣故、養殖海苔介類為二好適之区一／昔時不レ知二開発天産之副利一、今也開二発其天産一、斯業益致二盛大一、是不レ啻《ただに》二一地方之副利一、抑《そもそも》国／富之一資源也、頃《このごろ》者漁業組合長石川君与同人謀、立二碑記一、斯業之沿革並刻二従業功労者／姓名一以示二百世一、請二余文一乃拠レ状掲二其梗概一如レ此

農林大臣町田忠治書

現代語訳

葛西浦の産業は海苔を中心とします。介捲《かいまき》（貝捲《かいまき》）漁による貝採取がこれに次ぎ、最近の開発により、業績はとても盛んで、将来の発展も期待できるでしょう。考えてみますと、明治十五（一八八二）年に漁業組合準則が発布され、同十八年には地方の有志がその準則に拠り東京内湾漁業組合を組織しました。神奈川県三二浦、東京府一五浦、千葉県五三浦を区切り、その範囲を定めることを計画しました。二十二年にはその範囲の中に葛西浦海苔養殖業組合を創設し、海苔採取の方法を研究しましたが、残念ながら失敗に終わりました。しかし、組合長の橋本《はしもと》（省吾《せいご》）君は少しもくじけず、従業者を励まし続行して懈《おこた》らず、ついに成功しました。三十六年には漁業法が施行されたので東京湾漁業組合を解散、あらたに葛西浦漁業組合を組織し、海苔養殖場を拡張しました。翌年東京府と千葉県漁業者との間に海面境界問題が起こり、橋本君はその中にあって仲裁にあたり、各浦漁業者の同意を得て境界を確定させました。さらに日露《にちろ》戦争の戦勝記念として海苔記念場を設置し、明治四十二年、浦安漁業組合と交渉して、二万五〇〇〇坪の分譲を受けて、牡蠣《かき》養殖場を設置しました。そこで海苔・介捲業の二組を一団体にまとめました。そもそも葛西浦の前面は江戸川と中川の流れ注ぐのを受けて、浅い汀《みぎわ》や干潟《ひがた》が広がり、海苔や貝類を養殖する好適地です。昔は天産《てんさん》のもたらす利益を開発する方法を知りませんでした。今やその天産を開発し、この産業はますます盛んになっています。これはただ一地方の利益だけでなく国を豊かにする一つの資源です。そこでこの頃、漁業組合長石川君（石川辨蔵《いしかわべんぞう》、二之江町か）と橋本君が、碑を立ててこの産業の沿革と従業功労者の姓名を刻し、後世に残すことを計画しました。私（農林大臣町田忠治）に碑文を依頼されたので、以上のようなあらましを述べることとなりました（後略）。

図5－1は一九三一（昭和六）年十一月に建立された、葛西浦《かさいうら》漁業組合の紀功碑《きこうひ》です。高さ三五五cm、幅一三四cmで、当時の組合事務所構内に建てられました。碑文には組合設立の経緯や変遷、当時の組合長だった橋本省吾《はしもとせいご》の功労、なども記されています。橋本は一八五五（安政《あんせい》二）年に東京府南葛飾《みなみかつしか》郡下今井村《しもいまいむら》に生まれ、村会議員・東京府会議員などをへて、一八九四年に衆議院議員となった政治家です。

また、裏面には発起人七二名と功労者三七〇名の氏名が刻まれ、その範囲は当時の東宇喜田《ひがしうきた》・長島《ながしま》・桑川《くわがわ》・下今井《しもいまい》・二之江《にのえ》・船堀《ふなぼり》・西宇喜田《にしうきた》の各町に及んでいます（図5－2参照）。

一九六四年に同組合が解散したため、石碑は六六年に、当時東葛西九丁目にあった中割天祖《なかわりてんそ》神社に移設、その後、新たな道路造成で一九八八年に神社が現在の同七丁目へ移転するのに伴い、翌年に今の地に移転しました。

5-2 葛西浦漁業組合に加入した人びとの町

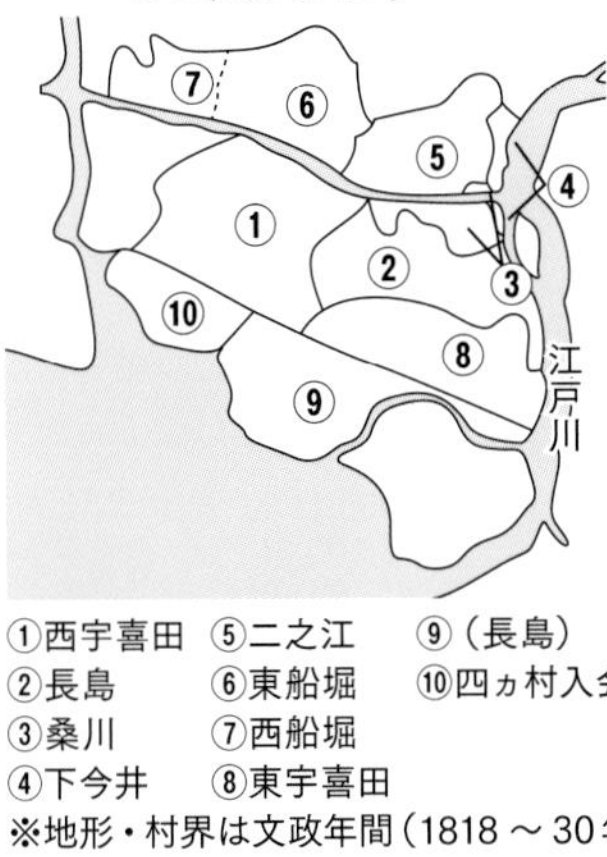

①西宇喜田　⑤二之江　⑨（長島）
②長島　⑥東船堀　⑩四ヵ村入会
③桑川　⑦西船堀
④下今井　⑧東宇喜田
※地形・村界は文政年間（1818～30年）のもの

よむ

葛《か》西《さい》の漁業と埋め立て

「みる」でふれた石碑建立の背景や、葛西地域の漁業と埋め立てについて見てみましょう。

葛西浦の漁業と漁業組合

江戸時代、葛西浦の生業の大半は農業と漁業の兼業で、海苔《のり》採取のほか、地引網《じびきあみ》漁、白魚《しらうお》漁、貝採取などが行われていました。他の地域と同様に、集落と地続きの浜はその集落の漁場として、沖合は複数の集落が協同で使用する「入会《いりあい》」として、それぞれ利用していました。

一八七五（明治八）年の太政官布告《だいじょうかんふこく》により、明治政府は海面の官有宣言を行い、漁場の利用には、府県の許可が必要になりました。そのため江戸内湾の漁業は混乱し、乱獲《らんかく》も目立つようになります。結局、翌年に布告の一部が取り消され、旧来の慣習を尊重した取り締まりが地域に委ねられました。一八八四年末に同業者間の規則を定めた「同業組合準則」、八六年に「漁業組合準則」が発布され、全国各地で漁業従事者から水産製造業者まで同業組合が組織され、体制が整備されました。

そのようななか、一八八一年頃から東宇喜田村《ひがしうきたむら》の森興昌《もりおきまさ》が、佐久間七郎兵衛らと乾海苔《ほしのり》の研究を行い、事業化します。東京湾の海苔は、それまで主に大森《おおもり》（六巻二章三節参照）や品川などで生産されていましたが、一八八六年、荒川《あらかわ》河口南方の葛西浦が東京府から養殖場として認可され（図5－5参照）、葛西海苔として生産されます。乾海苔作りは明治二十年代から同村を中心に急速に発展しました。

一八八八年には東京府・神奈川県・千葉県の東京湾沿岸の一五一町村が参加する「東京湾漁業組合」ができました。江戸川区は東宇喜田《ひがしうきた》・西宇喜田・長島《ながしま》・桑川《くわがわ》・下今井《しもいまい》・二之江《にのえ》・東船堀《ひがしふなぼり》・西船堀の八ヵ村が参加し、橋本省吾《はしもとせいご》がこの組合の地方取締に就任しました。

一九〇二年に漁業法が制定されると、この八ヵ村によって葛西浦漁業組合が組織され、翌年十一月に認可をうけて、橋本が組合長を務めました。こうして漁業組合の整備により、葛西浦は海苔養殖と乾海苔の製造（図5－3参照）などが発展しました。

漁業権の放棄

葛西浦の漁業はアジア・太平洋戦争の影響を受け、減産しますが、戦後の一九四九（昭和二十四）年に水産業協同組合法が施行されると、新たに「葛西浦漁業協同組合」が組織され、水産業の復興を進めました。一九五〇年五月、漁港法が制定されると、東京都は江戸川区堀江《ほりえ》町《ちょう》（図5－5の「南葛西」付近）地先の葛西水域に

5-3 1941年頃の東京湾内の海苔・貝類漁場

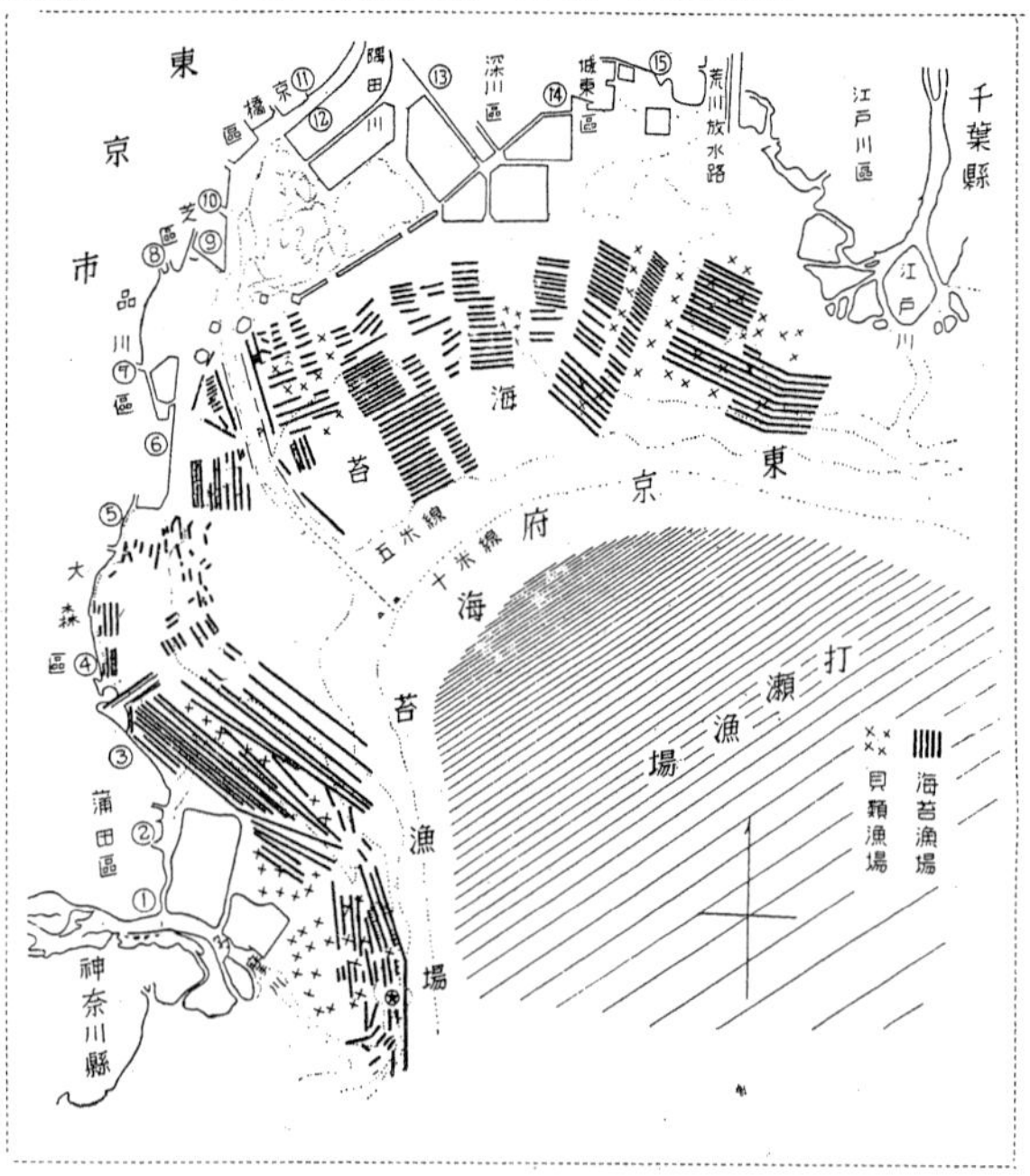

漁港を整備する方針を立て、翌年からその整備計画が始まりました。

　しかし、一九五五年頃から東京湾の漁業はさらに減産しました。湾岸の工業化による排水や人口増に伴う汚水の流入による水質の変化が大きな要因と考えられています。

　あわせて一九五九年の伊勢湾台風を契機とした防災対策、六四年の東京オリンピックのための道路・空港整備、首都にふさわしい貿易港の整備が考慮され、東京湾の整備計画も変化していきました。

　漁業を存続したい漁業者と、東京港湾の拡張計画を進める東京都との対立もありましたが、一九六二年に葛西浦漁業協同組合は高潮《たかしお》対策を見返りに、漁業権の放棄と葛西漁港の取り消しを申請し、六四年に葛西漁港の計画廃止が決まりました。

葛西沖埋め立て計画の概要

5-4 昭和30年代の葛西海岸堤防蒲島水門（江戸川区郷土資料室蔵）

　江戸時代から明治期、葛西村の西から南東にかけての海岸線には、「潮除堤《しおよけづつみ》」と呼ばれる堤防がありました。江戸川区誕生後の一九三四年、この堤防の改築計画が決定し、五七年に葛西海岸堤防が完成しました（図5－4参照）。
　もともと、この堤防の周辺地域は、整備された道路に面する宅地以外は排水の悪い低湿地帯でした。しかし、海岸堤防の外には、海面下に没した数十万坪におよぶ民有地があり、一九五〇年代後半から六〇年代にかけての人口急増により、新たな住宅地として注目されます。
　また、千葉県の臨海工業地帯の発展に伴い、京葉《けいよう》と京浜《けいひん》を結ぶ鉄道・道路などの交通機関の整備が計画され、この地域は埋め立てによって市街化に向かっていきました。それにより、交通機関の用地を確保し、市場や流通センターなどの関連施設の建設も見込まれたのです。
　一九五五年頃、当時の江戸川区長、佐藤富一郎が堤外民有地の地主と協議し、区の事業として埋め立てを東京都に申請しました。しかし、東京都から民間地主の事業組合による事業とするように指導があり、結局公益法人組織（江戸川南部開発事業組合）による事業に変更されました。事業には漁業組合の同意が必要とされ、難交渉のすえ、漁業権の放棄に際して補償金を支払うことなどで合意しています。一九六一年十一月には、「財団法人江戸川区南部開発協会」を発足させ、公有水面埋め立てを申請しました。

埋め立ての完了

　埋め立て計画の進むなか、当時の海岸堤防の高さをA.P.＋六mから七mに補強すること、埋め立てが実現しないときはA.P.＋八mとすることが東京都から提案され、財団側もこれを受け入れました。「A.P.」とは「ARAKAWA Peil」（「荒川工事基準面」）の略称で、荒川などでの河川管理・工事で使われる高さのことです。東京都中央区新川《しんかわ》にある霊岸島《れいがんじま》水位観測所の最低水位をもって定められており、T.P.（東京湾平均海面（東京湾中等潮位＝海抜））とA.P.の関係はA.P.＝T.P.－一・一三四mとなります。A.P.＋八mは約海抜九m程度です。

　一九七一年にようやく「葛西沖開発土地区画整理事業基本方針」が知事決定され、埋め立て工事は七三年一月に始まり、八七年にほぼ竣工《しゅんこう》しました。埋め立てによって造成された地区は平均でA.P.＋七mを実現しています。一九八八年十二月にはJR京葉線が開通し、葛西臨海公園駅も開業しました。翌一九八九（平成元）年には、葛西臨海公園が開園、葛西臨海水族園もあわせて開館しています。

あるく

海岸堤防跡をあるく

ここでは、高潮《たかしお》関連の史跡や葛西《かさい》海岸堤防の跡をめぐって、葛西地区の防潮や埋め立ての歴史をたどってみましょう。

旧海岸線を南へ

東京メトロ東西線の西葛西駅を出て、約一km ほど北、北葛西三丁目の行船《ぎょうせん》公園まで歩くと、二対の灯籠《とうろう》①が立っています。これは、一九一七（大正六）年の高潮被害で全壊した葛西村を救済した、井上友一《いのうえともいち》東京市長の墓前に当時の村民が贈ったもので、被害の大きさと救済への謝恩が刻まれています。墓地改修により、遺族によって里帰りし、災害への備えを喚起《かんき》する記念碑として、当地に移設されました。

公園から都道三〇八号線を南に下り、荒川《あらかわ》方向に向かうと、東西線が江戸川区に入るガード下に、葛西海岸堤防の護岸②（西葛西二丁目）が一部残されています。この護岸が埋め立て前の葛西浦の海岸線でした。ほかの護岸はほぼ姿を消していますが、地図のうえでも、実際の街並みの中でも、この旧海岸線（図5－5赤線）をたどることができます。

「旧葛西海岸堤防」のプレートがはめ込まれた護岸の断面には、一九五七（昭和三十二）年に作られた部分に「A.P.五・三m」、一九六七年に嵩上げされた部分に「A.P.七・五m」とそれぞれ表示されています。その向かい側、旧葛西海岸堤防の護岸の北側道路の歩道には、旧葛西海岸堤防の来歴を記載した記念碑があります。

旧葛西海岸堤防の護岸を見て、東西線のガードをくぐると清新町《せいしんちょう》になります。高層住宅群の手前を道路に沿って進み、江戸川区営球場の手前を右（南）に折れると旧海岸線がそのまま道路になって南に下ります③。

道沿いに南下すると右側に、一九九一（平成三）年、新長島川《しんながしまがわ》の流路跡に開園した新長島川親水公園④（清新町二丁目）が見えてきます。新長島川は、かつて東京湾に注いでいた長島川《ながしまがわ》が埋め立てられ、出口がなくなった河口付近に人工的に設けられた河川でした。その東岸が旧海岸線に、西側が埋め立てによる開発地域になります。同じように葛西地区を東から西へ流れていた左近川《さこんがわ》の河口も埋め立てられ、新しく延長された流路は新左近川《しんさこんがわ》となりました。一九九三年に開園した新左近川親水公園⑤（臨海町一～三丁目）の北岸が旧海岸線と接しており、最近まで現存した海岸水門⑥は左近川が東京湾に流れ込む出口でした。両公園とも旧海岸線を今に伝えるスポットです。

水門をこえて

旧海岸線は海岸水門から南下し、現在の南葛西と臨海町の境となっています。このあたりは旧海岸線が遊歩道となっていて、南葛西三丁目の大きな屈曲《くっきょく》地点から少し下ると、旧護岸が一部保存されています。ここは「将監《しょうげん》の鼻《はな》」⑦と呼ばれた突端でした。現在は、護岸の上にその地名を伝える石碑（臨海町三丁目）が建てられています。

環状七号線の堀江《ほりえ》団地の交差点を越えると、やや南に下りながら旧海岸線沿いに道路が続きます⑧。やがて高速湾岸《わんがん》線と堤防の間にわずかに東京ディズニーランドのホテルの屋根が顔をみせると、旧江戸川の護岸に突き当たり⑨、旧海岸線は終わります。

5-5 葛西海岸周辺

③江戸川区営球場付近
画面右が旧海岸線

②左／旧葛西海岸堤防の護岸　右／旧葛西海岸堤防記念碑
（2005年設置）

①行船公園の灯籠

④新長島川親水公園

⑤新左近川親水公園

⑥海岸水門（2018年撮影）

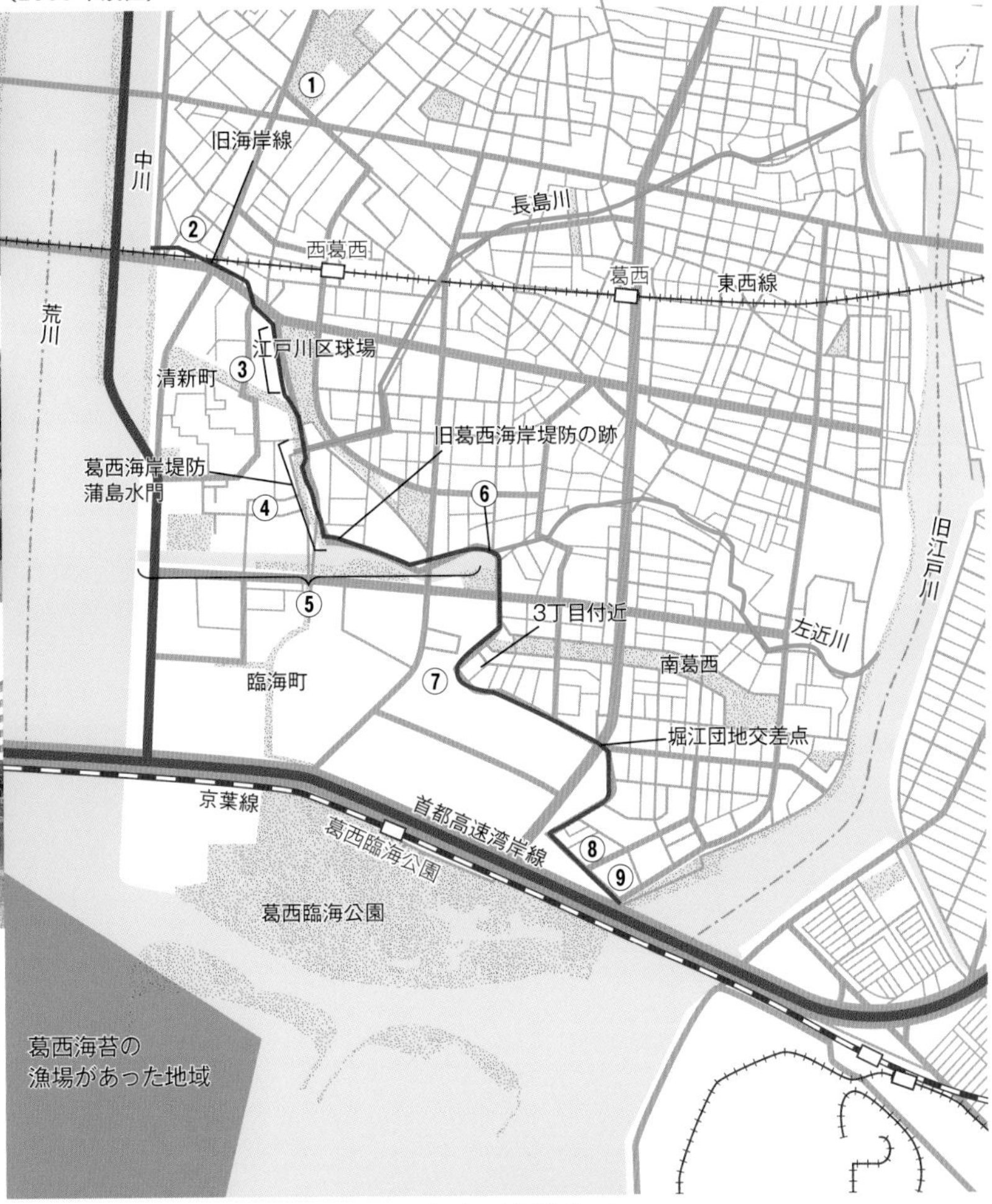

葛西海苔の漁場は『江戸川区史』を参考に概略の場所を記した。

⑦左／将監の鼻の碑付近の保存されている旧堤防
右／将監の鼻の碑

⑧南葛西5丁目付近
右の石垣が旧海岸線

⑨南葛陸橋付近
右下の石垣が旧海岸線で，突き当りが旧江戸川の護岸。奥の朱色の橋は湾岸道路舞浜大橋

参考文献

蘆田伊人編集校訂『新編武蔵風土記稿』第二巻、大日本地誌大系八、雄山閣、一九八一年
市川市史編纂委員会編『市川市史』第二巻、吉川弘文館、一九七四年
岩科小一郎『富士講の歴史』名著出版、一九八三年
江戸川区『江戸川区史』全三巻、江戸川区役所、一九七六年 【図4－3】
江戸川区教育委員会事務局教育推進課文化財係編『江戸川区の富士講と富士塚』江戸川区教育委員会、二〇一八年
江戸川区教育委員会社会教育課編『江戸川区の民俗』一～四、江戸川区教育委員会、一九八九～九三年
江戸川区教育委員会社会教育課編『江戸川ブックレットNo.6　古文書にみる江戸時代の村とくらし1　鷹狩り』江戸川教育委員会、一九八九年
江戸川区区政情報室区史編纂室編『江戸川区政五〇年史』江戸川区、二〇〇一年
太田尚宏「享保改革期における「御場掛」の活動と植樹政策」竹内誠編『近世都市江戸の構造』三省堂、一九九七年
小木新造・陣内秀信・竹内誠・芳賀徹・前田愛・宮田登・吉原健一郎編『江戸東京学事典』三省堂、一九八七年
河名登『河岸に生きる人びと―利根川水運の社会史―』平凡社、一九八二年 【図3－4】
児玉幸多監修『水戸佐倉道分間延絵図』東京国立博物館蔵『水戸佐倉道分間延絵図』解説篇、東京美術、一九九〇年
白土貞夫・羽成裕子『水郷汽船史』筑波書林、一九八四年
丹治健蔵『関東河川水運史の研究』法政大学出版局、一九八四年
根崎光男『犬と鷹の江戸時代―〈犬公方〉綱吉と〈鷹将軍〉吉宗―』吉川弘文館、二〇一六年 【図2－3】
樋口政則『写真集江戸川区の昭和史』千秋社、一九九〇年
平野榮次『富士信仰と富士講』平野榮次著作集1、岩田書院、二〇〇四年
宮崎ふみ子「近世末の民衆宗教―不二道の思想と行動―」『日本歴史』三四四、一九七七年
宮崎ふみ子「富士への祈り―江戸富士講における救済観の展開―」青弓社編集部編『富士山と日本人』青弓社、二〇〇二年
村上直・根崎光男『鷹場史料の読み方・調べ方』雄山閣出版、一九八五年
山崎久登『江戸鷹場制度の研究』吉川弘文館、二〇一七年
山本鉱太郎『川蒸気通運丸物語―明治・大正を生き抜いた利根の快速船―』崙書房、一九八〇年
山本光正『成田街道―房総の道―』聚海書林、一九八七年

＊四章で引用した図表番号を、文献名に続けて【　】内に示した。原図に加筆・着色などの改変を行ったものもある。

年表

年代		事項	
縄文時代		東京の低地一帯が海面上昇（縄文海進）。集落・貝塚が形成。	1-1, 2-1
弥生時代		武蔵野台地の縁辺で環濠集落が営まれ，鉄製の農工具が普及。	
古墳時代	前期	隅田川沿いに低地集落が営まれ，ガラス製品が利用される。	
飛鳥時代	645（大化元）	大化の改新。穂積咋ら８人が東国の「国司」となる。	
奈良時代	721（養老５）	下総国葛飾郡大嶋郷の戸籍が作成される。	2-1
	735（天平７）	京都で出土した木簡に「武蔵国足立郡」の記載。足立という地名の初見。	
	767（神護景雲元）	足立郡出身の丈部不破麻呂が武蔵国造となる。	
平安時代	843（承和10）	武蔵国など18ヵ国で飢饉。	
	938（天慶元）	現在の江戸川区に篠崎浅間神社が創建。	4-4
	1028（万寿５）	下総で平忠常の乱。	
	1156（保元元）	保元の乱。武蔵武士が多数参加。	
	1159（平治元）	平治の乱。以降，平知盛など平氏一門が武蔵守に補任。	
	1180（治承４）	源頼朝，武蔵入り。葛西清重・豊嶋清光・江戸重長らを配下とする。	
鎌倉時代	1221（承久３）	承久の乱。武蔵武士の多くが幕府方に属す。	
	1285（弘安８）	霜月騒動。安達泰盛一族が執権北条貞時に討たれる。	
	1333（元弘３・正慶２）	新田義貞挙兵，武蔵国入り。鎌倉で幕府を滅ぼす。	
南北朝時代	1337（延元２・建武４）	足利直義，江戸郷前島ほか，円覚寺領の諸荘園を安堵。	
	1352（正平７・文和元）	観応の擾乱で足利直義が鎌倉で毒殺。新田義興・義宗が宗良親王を奉じて挙兵。	
	1358（正平13・延文３）	新田義興，足利基氏に攻められ，矢口渡で自害。	
	1368（応安元）	武蔵平一揆。	
室町時代	1397（応永４）	鎌倉公方足利氏満，渕江郷石塚村（現栗原の一部）を円覚寺黄梅院に寄進。	
	1398（応永５）	「葛西御厨田数注文」が作成される。	
	1416（応永23）	上杉禅秀の乱。武州南一揆は上杉禅秀方に，武蔵平一揆は鎌倉公方足利持氏方につく。	
	1454（享徳３）	享徳の乱。足利成氏が関東管領上杉憲忠を殺害。	
戦国～安土桃山時代	1456（康正２）	太田道灌，江戸城築城に着手。	
	1473（文明５）	長尾景春の乱。関東各地の武士も参戦。	
	1482（文明14）	足利成氏，上杉方と和睦。享徳の乱終結。	
	1509（永正６）	連歌師宗長，武蔵に下向。紀行文『東路の津登』に現江戸川区の地名が登場。	
	1538（天文７）	第一次国府台合戦。柴又・金町付近が戦場となる。	2-2
	1546（天文15）	古河公方の足利晴氏が河越合戦で北条氏康に敗れる。	2-2
	1559（永禄２）	北条氏康が作成させた役高帳が「小田原衆所領役帳」としてまとめられる。	
	1560（永禄３）	南関東一帯で大飢饉発生。	
	1564（永禄７）	第二次国府台合戦。金町・柴又・青戸付近も戦場となる。	2-2
	1583（天正11）	北条氏政が江戸城主となる。	
	1590（天正18）	豊臣秀吉の小田原攻め。徳川家康，江戸城に入城。	
	1594（文禄３）	千住大橋，伊奈備前守忠次により竣工。	1-3, 3-3
	1596（慶長元）	宇田川喜兵衛が宇喜新田を開発。	1-2
江戸時代	1603（慶長８）	徳川家康，征夷大将軍に任命。江戸幕府を開く。	
	1604（慶長９）	日本橋を五街道の起点として諸道整備。	
	1609（慶長14）	普賢寺新田（現綾瀬・東綾瀬・東和付近）に開発定書を発給。足立区東部の新田開発が進む。	1-2
	1610（慶長15）	篠原伊予が伊予新田を開発。	

	1616（元和2）	石出掃部亮吉胤，荒川水除堤を築く。	
	1617（元和3）	田島図書が一之江新田を開発。	
	1625（寛永2）	千住宿が日光道中初宿に定められる。	1-3, 3-3
	1628（寛永5）	江戸大地震。江戸周辺55ヵ村が御鷹場に指定される。	
	1629（寛永6）	見沼下流部に八丁堤が築かれ，見沼溜井が造成。柴又帝釈天が創建。	1-1, 2-1
	1657（明暦3）	明暦の大火。	
	1660（万治3）	葛西用水が開削される。亀有上水を本所方面に給水開始。	1-2
	1667（寛文7）	小塚原に回向院別院が建立される。	
	1689（元禄2）	松尾芭蕉，千住から「奥の細道」の旅を開始。	1-3
	1704（宝永元）	利根川・中川・荒川などの洪水で江戸と周辺村々に被害。	
	1707（宝永4）	宝永噴火。富士山の火山灰が江戸に降り積もる。	4-4
	1716（享保元）	幕府，鷹狩り制度を復活。	4-2
	1726（享保11）	加納甚内が網差新田の開発を開始。	4-2
	1727（享保12）	見沼溜井の新田開発。見沼代用水の開削事業が始まる。	1-1
	1729（享保14）	幕府勘定吟味役の井沢弥惣兵衛が中川・小合溜井（水元公園内）を開削。	2-1
	1730（享保15）	1719年に廃止された本所上水を葛西用水に転用。	
	1735（享保20）	千住掃部宿市場吟味により千住市場を開設，幕府の御用市場となる。	
	1736（元文元）	幕府，将軍吉宗の命により小菅御殿を造営。	
	1771（明和8）	前野良沢・杉田玄白が千住小塚原刑場で刑死者の解剖実見を行う。	3-3
	1783（天明3）	浅間山大噴火。江戸に火山灰が降り積もる。	
	1815（文化12）	千住宿の飛脚問屋中屋で酒合戦が開催される。	1-3
	1831（天保2）	幕府，小菅御殿跡に江戸町会所の籾倉を設置。	
	1841（天保12）	老中水野忠邦，天保の改革を開始。	
	1846（弘化3）	江戸と周辺農村で洪水による被害。千住・小塚原で浸水。	
	1853（嘉永6）	ペリーが浦賀に来航。	
	1854（安政元）	日米和親条約調印，下田・箱館開港。	4-3
	1855（安政2）	安政大地震。千住でも旅宿が焼失。小菅の籾倉も倒壊。	2-5
	1856（安政3）	台風で洪水が発生。千住で数百人が死亡。	
	1858（安政5）	日米修好通商条約調印。安政の大獄。	
	1862（文久2）	生麦事件。坂下門外の変。	
	1867（慶応3）	大政奉還。王政復古の大号令。	
明治時代	1868（明治元）	江戸を東京と改称。東京府庁開庁。足立・荒川・江戸川・葛飾区域は武蔵知県事に属す。	
	1869（明治2）	正覚寺（現小菅1丁目）に「小菅仮学校」が設立される。	
	1871（明治4）	廃藩置県。小菅県は廃止され新たに東京府に編入。	
	1872（明治5）	小菅煉瓦製造所が操業を開始。	1-4
	1878（明治11）	郡区町村編制法により現在の足立区域は東京府南足立郡，荒川区域は北豊島郡，江戸川区域と葛飾区域は南葛飾郡に編入される。小菅監獄設置。	2-3
	1879（明治12）	第1回東京府会開催。南千住に千住製絨所が創業。	3-4
	1882（明治15）	東京馬車鉄道会社の新橋―日本橋間開通。	
	1883（明治16）	日本鉄道会社の上野―熊谷が仮開業。	3-2
	1885（明治18）	隅田川汽船が創業，千住大橋―吾妻橋間で就航する。	
	1886（明治19）	荒川堤防上に3,000本以上の八重の里桜を植樹。	1-5
	1888（明治21）	東京市区改正条例が施行。東京湾漁業組合設立。	3-1, 4-5
	1889（明治22）	大日本帝国憲法発布。第1回東京市会選挙。市制町村制に伴い町村合併が実施される。	
	1890（明治23）	利根運河が開鑿。	4-3
	1894（明治27）	日清戦争勃発。総武鉄道の市川―本所間開通。	2-5, 4-1
	1895（明治28）	日清講和条約調印。甲武鉄道市街線（現総武線）開通。	
	1896（明治29）	日本鉄道，土浦線の田端―土浦間開通。隅田川貨物停車場・北千住駅・南千住駅が開業。	
	1899（明治32）	東武鉄道の北千住―久喜間開通。帝釈人車鉄道が柴又―金町間で開業。	
	1904（明治37）	日露戦争勃発。	
	1905（明治38）	日露講和条約調印。総武鉄道の本所－両国間開通。	4-1

	1906（明治39）	日本鉄道が国有化され，土浦線が常磐線と改称。 3-4
	1910（明治43）	大水害が発生。荒川（下流）開削，江戸川改修工事を行う。
	1911（明治44）	荒川放水路工事が始まる。 2-3, 2-4
	1912（明治45）	京成電気軌道の曲金—柴又間，押上—伊予田間開通。東京市からワシントンに桜の苗木を贈る。 1-5, 4-1
大正時代	1913（大正2）	京成電気軌道の高砂—金町間開通。王子電車（現都電荒川線）開通。 2-1, 3-1
	1914（大正3）	第一次世界大戦勃発。
	1919（大正8）	江戸川放水路が完成。東京汽船が定期船を就航。 4-3
	1922（大正11）	三河島汚水処分場の運用を開始。
	1923（大正12）	関東大震災。東京市内は死者・行方不明者数6万8,660人。
	1924（大正13）	千住新橋完成。
	1925（大正14）	東京電燈株式会社が千住火力発電所を稼働。 1-4
昭和時代	1927（昭和2）	金融恐慌始まる。千住大橋改架工事が完了。
	1930（昭和5）	荒川放水路が完成。 2-4
	1931（昭和6）	柳条湖事件。満州事変勃発。
	1932（昭和7）	南足立郡・南葛飾郡など府下5郡82町村を東京市に編入，20区を新設。
	1935（昭和10）	同潤会が職工向け住宅を千住緑町に建設。東京市，汚水処分場の一部を供用して三河島公園を開設。 1-4
	1937（昭和12）	盧溝橋事件勃発。日中戦争開始。
	1938（昭和13）	国家総動員法公布。市立荒川図書館開館。
	1939（昭和14）	第二次世界大戦開始。
	1941（昭和16）	ハワイ真珠湾攻撃，太平洋戦争勃発。
	1943（昭和18）	東京都制施行。東京市各35区を市に準じる特別区とする。
	1945（昭和20）	東京大空襲。アジア・太平洋戦争終結。
	1946（昭和21）	都立江戸川図書館が小岩小学校内に設置される。
	1958（昭和33）	汚水問題で本州製紙江戸川工場にデモが起こる。
	1962（昭和37）	荒川図書館開館。地下鉄日比谷線の北千住—人形町間開通。毎日大映オリオンズの本拠地東京スタジアム完成。 3-4
	1963（昭和38）	中川放水路（新中川）完成。日暮里大火。千住火力発電所廃止。
	1964（昭和39）	東海道新幹線が開業。東京オリンピック開催。
	1965（昭和40）	江戸川区郷土資料室開設。荒川放水路を荒川と改称，北区岩淵より下流全体を隅田川と呼ぶことになる。
	1967（昭和42）	葛飾区立葛飾図書館開館。
	1969（昭和44）	足立区立中央図書館開館。地下鉄千代田線の北千住—大手町間開通。
	1972（昭和47）	総武地下新線の東京—千葉間で運転開始。
	1973（昭和48）	葛西沖埋め立て工事開始。 4-5
	1976（昭和51）	総武線の東京—品川間開通。
	1979（昭和54）	北足立市場が入谷に開場，足立市場の青果部が移転。
	1986（昭和61）	足立区立郷土博物館開館。
平成時代	1989（平成元）	葛西臨海公園・葛西臨海水族館が開館。
	1991（平成3）	葛飾区郷土と天文の博物館が開館。
	1998（平成10）	荒川ふるさと文化館が開館。
	2000（平成12）	都営地下鉄大江戸線が全線開業。
	2005（平成17）	つくばエクスプレス（首都圏新都市鉄道）が開業。
	2007（平成19）	「旧三河島汚水処分場喞筒場施設」が国の重要文化財に指定される。
	2008（平成20）	日暮里・舎人ライナー開業。
	2010（平成22）	汐入地域の再開発事業が完了。 3-5

＊8巻の関連記事を，事項欄末尾に「章−節」のかたちで示した。

編者　＊本巻担当

池《いけ》　享《すすむ》　一橋大学名誉教授
櫻井《さくらい》良樹《りょうじゅ》　麗澤大学教授
陣内《じんない》秀信《ひでのぶ》　法政大学特任教授
西木《にしき》浩一《こういち》＊　東京都公文書館統括課長代理（史料編さん担当）
吉田《よしだ》伸之《のぶゆき》　東京大学名誉教授

執筆者

亀川《かめかわ》泰照《やすてる》　荒川区立荒川ふるさと文化館学芸員
眞田《さなだ》尊光《たかみつ》　川村学園女子大学准教授
多田《ただ》文夫《ふみお》　足立区立郷土博物館学芸員
谷口《たにぐち》榮《さかえ》　葛飾区産業観光部観光課学芸員
野《の》尻《じり》かおる　荒川区立荒川ふるさと文化館学芸員
樋口《ひぐち》政則《まさのり》　江戸川区郷土資料室学芸員

編集協力者

小松愛子／髙橋元貴／初田香成

序章の扉の地形図

東辻賢治郎

一章～四章の扉の写真

鈴木知之

みる・よむ・あるく　東京の歴史 8
地帯編5　足立区・葛飾区・荒川区・江戸川区

二〇二〇年（令和二）三月十日　第一刷発行

編　者　池　享
櫻井良樹
陣内秀信
西木浩一
吉田伸之

発行者　吉川道郎

発行所　株式会社　吉川弘文館
郵便番号一一三―〇〇三三
東京都文京区本郷七丁目二番八号
電話〇三―三八一三―九一五一〈代表〉
振替口座〇〇一〇〇―五―二四四
http://www.yoshikawa-k.co.jp/
組版・装幀＝朝日メディアインターナショナル株式会社
印刷・製本＝藤原印刷株式会社

ISBN978-4-642-06833-8